Der Ausnahmezustand ist
der Normalzustand, nur wahrer

Wolfram Ette • Anne D. Peiter

# Der Ausnahmezustand ist der Normalzustand, nur wahrer

## Texte zu Corona

BÜCHNER

ISBN (Print) 978-3-96317-235-9
ISBN (ePDF) 978-3-96317-772-9





Cover und Layout: DeinSatz Marburg | tn

Druck und Bindung: Schaltungsdienst Lange oHG, Berlin
Die verwendeten Materialien sind zertifiziert als FSC-Mix.
Printed in Germany



Bibliografische Informationen der Deutschen Nationalbibliothek

Die Deutsche Nationalbibliothek verzeichnet diese Publikation in der Deutschen Nationalbibliografie, detaillierte bibliografische Angaben sind im Internet über http://dnb.de abrufbar.

www.buechner-verlag.de

# Inhalt

Einleitung ... 7

Feedbacks der Krise ... 17

V-Effekte des Sozialen ... 25

Philologie der Krise ... 49

Die Eingeschlossenen ... 63

Wissenschaft und Politik ... 97

Von der Macht der Zahlen ... 107

Gespenster des Digitalen ... 117

Die Maske ... 135

Hier und anderswo ... 143

Leben und Tod im Leben ... 157

Wie es zugeht ... 199

Verschwörungstheorie ... 205

Ökonomisches ... 229

Dialektik der Aufklärung ... 243

Massensehnsüchte ........ 261

Erinnerungen an die Zukunft ........ 267

Der Atem ........ 275

Anmerkungen und Nachweise ........ 281

# Einleitung

## Schreiben als Selbstverteidigung

Das hier vorliegende Unternehmen ist kein streng wissenschaftliches. Gleichwohl sind wir: ein Wissenschaftler und eine Wissenschaftlerin. Das ist der Beruf, in dem wir seit Jahren und Jahrzehnten tätig sind und in dessen Artikulationsweise wir uns auskennen. Dennoch werden mit dem, was wir hier tun, die Gewohnheiten des wissenschaftlichen Diskurses strapaziert. Warum? Erster und nächstliegender Grund ist, dass uns Zeit, Raum und vielleicht auch die Fähigkeit zur wissenschaftlichen Distanzierung im Fall von Corona nicht gegeben waren. Wir waren und sind überwältigt von dem, was um uns herum passiert. Die großen und die kleinen Ereignisse durchdringen unseren Reizschutz, gehen unter die Haut, lassen uns schlecht schlafen. Über solche Dinge kann man nicht mit dem kühlen Abstand der Wissenschaft arbeiten. Es wäre ein Verrat an der Erfahrung, die wir täglich, tagtäglich machen. Wir würden so tun, als könnten wir das, was uns überfordert, beherrschen.

Das Schreibverfahren, für das wir uns weniger entschieden haben, als dass uns der Gang der Dinge in diese Richtung drängte, möchten wir als eine Art Notwehr, als Selbstverteidigung charakterisieren. Aus allen möglichen Richtungen drängen die Ereignisse auf uns ein; eine gute Kämpferin und ein guter Kämpfer müssen flexibel sein, reaktionsschnell, in alle Richtungen agil. Und sie dürfen nicht schematisch auf einzelne Formen der Selbstverteidigung fixiert sein. So umfassend der Angriff auf das Gewohnte ist, als den wir Corona wahrgenommen haben, so umfassend und erfindungsreich muss die Verteidigung sein. Deswegen mischt das vorliegende Buch die Genres und Textformen; deswegen empfinden wir es als großen Glücksfall, dass wir für diese Selbstverteidigung nicht allein, sondern zu zweit sein durften. Und schon dies:

zwei gleichberechtigte, aber nicht gleiche Stimmen, die neben-, über- und untereinander herlaufen und nicht danach trachten, sich in eine argumentativ herausdestillierte höhere Wahrheit aufzulösen – auch das ist im Kern eigentlich nicht wissenschaftlich und will es auch nicht sein. Dieses Buch führt keine Entscheidung herbei, es lädt Sie, die Lesenden, vielmehr dazu ein, bei der Lösung eines Problems mitzuhelfen, das wir – vielleicht – nur gemeinsam lösen können.

## Der Essay als Form

Die Mischung der Genres, der Themen, die je und je unterschiedliche Zusammensetzung von Allgemeinem und Einzelnem in jedem der folgenden Texte, ihr diskontinuierlicher Zusammenhang, der eher als eine Konstellation denn als ein System beschrieben werden sollte, die Lückenhaftigkeit auf der einen, das Festhalten am Exemplarischen auf der anderen Seite: Dies alles sind Elemente eines Verfahrens, das Adorno unter dem Titel ›Der Essay als Form‹ fasste. Er verband damit den Anspruch eines unreglementierten Denkens, das sich der Erfahrung öffnet, anstatt sie szientifisch zu neutralisieren. Wir teilen diese Auffassung, möchten sie aber in einer bestimmten Weise zuspitzen. Die Coronaerfahrung war und bleibt eine Krisenerfahrung. Das heißt: Sie ist eine Erfahrung der ständigen Überforderung. Der gesamte Alltag änderte sich, mit Familie vielleicht noch mehr denn als weitgehend alleinlebender Mensch. Ununterbrochen passierten überall auf der Welt wichtige Dinge, und über all das hinaus, was wir über die Medien zur Kenntnis nehmen konnten, flutete die veränderte Alltagserfahrung in uns hinein, wollte beobachtet, notiert und verstanden werden. Der Essay, der sich um ein Ganzes nicht schert, sondern gerade das nimmt, was ihm vor Augen liegt, erscheint vor diesem Horizont als die Gestalt der Geistesgegenwart, zu der wir jetzt fähig sind. Es besteht schlicht zu wenig Zeit, darüber nachzudenken und umständlich abzuwägen, was wichtig ist und was nicht. So nahmen wir das, was uns gelegen kam und was sich jeweils aufdrängte, wir vertrauen es der Öffentlichkeit an und hoffen darauf, dass auch das abseitig Scheinende seine Verbindung mit der Zeit und seine Verbindlichkeit für sie erweisen wird.

Der Essay ist ein Versuch, dem Denken eine Wendung zu geben, durch die das Subjektive und das Objektive in ein anderes Verhältnis treten als in einer nur wissenschaftlichen Abhandlung. Zunächst einmal spielt das Subjektive überhaupt eine tragende Rolle. Seit Montaigne, der den modernen Essay als Selbsterforschung des von transzendenten Ordnungen allein gelassenen Ichs beginnen lässt, hat sich daran nicht viel geändert. Der Essay ist Erforschung des gelebten Lebens aus einer bestimmten, meiner, also subjektiven Perspektive. Was er damit kritisiert, ist eine Wissenschaft, die die Erfahrung des gelebten Lebens um eines Objektivitätsideals willen verdrängt, dessen Erreichung einem vielleicht Anerkennung innerhalb der *scientific community* verschafft, aber den Preis gesellschaftlicher Unverbindlichkeit zu zahlen hat. Geisteswissenschaften, die dem Erkenntnisprinzip der Naturwissenschaften einfach nur nacheifern, geben sich selbst auf. Ihre Objektivität wird damit erkauft, dass sie niemanden mehr interessieren. Der Essay, der sich darüber hinwegsetzt, erinnert die Geisteswissenschaften an ihr eigenes, verdrängtes Fundament.

Das heißt nicht, dass er nichts Objektives an sich hätte. Seine Objektivität ist aber anders beschaffen als die eines mathematischen Beweises, einer korrekt erhobenen Statistik oder einer literaturgeschichtlichen Abhandlung. Jean Améry hat das sehr schön formuliert. Er schreibt im Vorwort zu seinem Essay ›Über das Altern‹: »Lag einerseits der subjektive Charakter solcher Notizen von Beginn an für mich auf der Hand, so habe ich doch andererseits danach gestrebt, durch eine aus allen Blickwinkeln vollzogene, permanente Widerspiegelung der gefassten Gedanken, durch ständiges sich selbst anfechtendes und korrigierendes Nachdenken, das niemals den Widerspruch scheute, dem Unternehmen eine Drehung ins Mehr-als-Subjektive zu geben.« Ein Subjektiv-Objektives entsteht also daraus, dass das Subjekt seiner eigenen Widersprüchlichkeit inne wird und diese thematisiert, auch wenn es dabei nicht zu einer Synthese gelangt. Keine subsumptive, durch Einordnung und Klassifikation hergestellte Objektivität also, sondern eine, die sich dialektisch herstellt und in gewisser Hinsicht nie ganz fertig ist.

Es ist also nicht bloß der uns überfordernden Krise geschuldet, dass wir uns gelegentlich widersprechen, dem oder der anderen ebenso wie uns selbst. Wir betrachten uns grundsätzlich als Lernende. Es gibt kein Lernen als das im Widerspruch. Das Hin und Her, das Sowohl-als-auch, das Einerseits-andererseits, sie gehören zu unserem intellektuellen Verhalten dazu, das in der Krise, in der eh niemand weiß, wo ihm oder ihr der Kopf steht, sein intentionales Korrelat gefunden hat.

## Sozialer Essay

Und noch mehr. Wir würden das, was wir hier tun, überfordert mit der Wirklichkeit im Ausnahmezustand fechtend, als ›sozialen Essay‹ bezeichnen. Der Begriff lehnt sich an den der sozialen Plastik an, der von Joseph Beuys in den 1970er Jahren geprägt wurde, um das spezifische Verhältnis von Kunst und politischer Praxis zu bezeichnen, an dem ihm gelegen war. Dieses Verhältnis versuchen wir auf die Wissenschaft zu übertragen.

Wir verstehen uns nachdrücklich als Philologe und Philologin. Wir glauben in einem fast verzweifelten Grade an die wirklichkeitsprägende Macht des Wortes. Einer Konjunktion, einem Komma oder einer Präposition sind lange Erwägungen gewidmet, weil es die uns mögliche Korrektur einer vom Wort bestimmten und verhunzten Wirklichkeit ist. Aber wir betreiben das nicht um seiner selbst willen. Wir sind Textkritiker nicht des Wortes, sondern der Wirklichkeit. Der Fetischismus literarischer Bildung, dieser verwesende bürgerliche Hausvorrat, der von Generation zu Generation mit schwindender Überzeugungskraft durch die Universität geschleift wird, interessiert uns nicht. Uns interessiert, was nützt, was etwas aufschließen kann in der großen Ratlosigkeit, in der wir uns befinden. Unsere Intention ist der Text, der in die Wirklichkeit eingreift und sie durch Erkenntnis verändert.

Eine Bedingung dafür ist seine Unvollständigkeit. Wir bieten kein System, sondern eine Konstellation von Gedanken, die an manchen Stellen fragmentarisch bleiben und abreißen. Das heißt, wir fordern die Leserinnen und Leser auf zum Mitmachen. Das Unvollendete ist ein Arbeitsauftrag – zum Teil, weil wir nicht weiter konnten, weil uns selbst nichts mehr eingefallen ist zu unserem Thema, zum Teil aber auch, weil wir nicht weiter wollten, in der Ansicht, dass die intellektuelle Kontrolle über einen beweglichen Gegenstand, der sich ständig verändert und uns nicht gegenübersteht, sondern in dem wir uns als eines seiner Elemente befinden, ein Phantasma, eine Ideologie und letztlich selbst eine intellektuelle Bankrotterklärung ist. Wer sagt, er habe Corona verstanden, lügt. Wir machen Vorschläge, bieten Denkmodelle und detailversessene Deutungen an, in der Hoffnung, dass andere – Sie, die Leserinnen und Leser – es aufgreifen und daran weiterarbeiten. Darauf kommt es an. Nur dann wird ein Essay zu dem, was er sein soll: zu einem Werkzeug. Nur dann ist es ein sozialer Essay, ein Experiment zwischen uns.

Dass wir diesen Aspekt betonen, hängt auch mit den Bedingungen zusammen, unter denen diese Textsammlung entstanden ist. Denn es handelt sich ja nicht um das Werk eines/r Einzelnen, sondern um ein Durcheinanderwirken zweier sehr verschiedener Perspektiven. Auf der einen Seite: ein ehemaliger Westdeutscher mit ostdeutschen Wurzeln, seit 20 Jahren in Chemnitz lebend, also in dem auf interessante Weise heruntergekommenen Stiefkind der Republik, in dem die Folgen der Wiedervereinigung spürbarer sind als woanders. Auf der anderen Seite: eine Deutsche auf der Insel La Réunion, in einem der Übersee-Départements der République Française, Überbleibsel kolonialer Macht, Wurmfortsatz Europas im Indischen Ozean. Blicke aus der Peripherie der nördlichen Hemisphäre, Blicke aus der Peripherie der südlichen Hemisphäre. Dies ist das, was uns trennt, und es ist das, was uns verbindet. Es ist ein Glücksfall, dass wir uns zum gemeinsamen Schreiben in 9 000 Kilometer Entfernung zusammengefunden haben. *»Die Sache ist ein Verhältnis zwischen Menschen«*: Nie ist uns dieser Satz Hella Tiedemanns klarer geworden als in dieser Situation. Und die so verstandene ›Sache‹ ist eben das Verbindungsstück zwischen Wissenschaft, Erfahrung und Praxis, dem wir mit der Gattungsbezeichnung des sozialen Essays eine Form zu geben versucht haben.

## Gewaltige Details

Die Umwerfung herkömmlicher Größenverhältnisse ist entscheidend für unser Vorgehen. Es geht um Dinge, die man als »gewaltige Details« zu bezeichnen hätte. Diese sind nicht das »Ganze«, sind nicht das »Große«, und doch dürfen sie als das gelten, was gerade noch – in Ansätzen wenigstens – fassbar ist und im politischen, sozialen und wirtschaftlichen Chaos, das dem Versuch zur Eindämmung der Epidemie folgte, Ausblicke auf komplexe Zusammenhänge freigibt. Zu sagen, wir interessierten uns für Details, bedeutet also, dass wir, »künstlich« gleichsam, Dinge vergrößern. Übertreibung und bewusste Unverhältnismäßigkeit sind unsere Sache. Wir treiben das hervor, was sich dank des Kleinsten und im Kleinsten von der großen Bedrohung zeigt. Das Ziel: auf diese Weise so etwas wie »Sichtbarkeit« herstellen.

Dabei ist der Titel des Buches entscheidend. Ist nicht vieles, was durch die Pandemie zur Wirklichkeit wurde, ist nicht die plötzliche Außerkraftsetzung von Normalität schon in der vorherigen Normalität enthalten gewesen? Anders formuliert: Ist das, was als Ausnahmezustand wahrgenommen wird, vielleicht etwas, was der Frage nach dem, was wir zuvor für normal hielten, völlig neue Dimensionen verleiht – nämlich erneut: die Dimension eines Details, das im Wortsinn »schlagartig« seine Bedeutung erweist, nicht länger vernachlässigt und als Nebensache beiseitegeschoben werden darf? Die Ausnahme – existiert sie schon viel länger? Existiert sie, weil wir immer nur von Normalitäten ausgingen?

## Zwei Zeitordnungen

Die Texte dieses Buches wurden zu großen Teilen zunächst auf einem Blog publiziert, den der Autor seit 2013 betreibt und im März 2020 zu einer Art Corona-Extrablatt umbaute. Für das Buch lösten wir die strikte chronologische Reihenfolge der Blogtexte auf, sortierten Texte und Textschnipsel auseinander und ordneten sie verschiedenen Themen zu, deren Aufeinanderfolge vom Gedanken eines logischen und ästhetischen Zusammenhangs bestimmt war. Auch dies ist freilich eine Momentaufnahme. Gut möglich, dass unsere Ordnung und Auswahl in zwei oder fünf Jahren anders ausfallen würden. Ob sie damit automatisch wahrer werden würden? Das steht dahin. Mit Walter Benjamin sind wir der Meinung, dass jede Wahrheit, die existenziell belangvoller ist als der Satz des Pythagoras, einen »Zeitkern« hat; dass sie Durchschlagskraft überhaupt nur in einer bestimmten historischen Situation gewinnt und auch nur dann, wenn diese historische Situation in ihrer Unverwechselbarkeit mit bedacht und mit reflektiert wird.

Die thematische Neuordnung und Umgruppierung der Blogtexte heißt nicht, dass ihr Zeitkern aufgelöst würde. Es heißt vielmehr: Transposition in eine andere Zeitordnung, in der sich die Zeit in einer zweiten Zeit reflektiert. Beides zusammen könnte den Gehalt dieses historischen Moments treffen. Denn dieser ist viel mehr als bloß chronologisch. Krisen sind Phasen, in denen Zeiterfahrungen sich verdichten. Alles ist voll von Gegenwart, Zukunft und Vergangenheit. So gewinnen alte Texte plötzlich eine Relevanz und schlagen wie ein Meteorit in die wunde Oberfläche der Gegenwart ein. Zukunftshoffnungen und Ängste brechen in dieser Gegenwart auf, die zwischen Utopie und Apokalypse schwanken. Alles scheint möglich und alles scheint unmöglich. Das, was wir Wirklichkeit nennen, erscheint als Behältnis von Parallelwelten und unterschiedlichen historischen Verläufe, die möglich sind. Dieser turbulenten Zeiterfahrung, in der sich Verschiedenstes und Widersprechendes überlagert, dieser Gleichzeitigkeit von Zukunft, Gegenwart und Vergangenheit versucht die thematische Ordnung zu entsprechen. Sie treibt heraus, was in der scheinbar schlichten Folge latent enthalten ist. Das wenigstens hoffen wir.

## Entselbstverständlichung

Wir haben uns geübt in der Kunst des Zitierens. Wir versuchen, sprachliche Wirklichkeiten auszustellen, die wir während der »ersten Welle« gefunden haben. (Mitunter haben auch umgekehrt diese sprachlichen Versatzstücke uns gefunden. Sie drängten sich auf, sie fielen oder stachen ins Auge. Dieses war wahrscheinlich, weil begierig aufs Kleinste, schon auf neue, unerhörte Weise geweitet.) Geleitet wurden wir stets von dem Gedanken, dass Sache und Sprache keineswegs voneinander getrennte Dinge sind, sondern eines aus dem anderen hervorwächst. Die »Philologie der Krise«, denen Teile des Buches gewidmet sind, soll verdeutlichen, dass die Art und Weise, über das Erlebte zu sprechen, direkten Einfluss darauf hat, ob Wirklichkeiten erkannt werden können und ob kollektive Reaktions- und Schutzmöglichkeiten möglich bleiben oder nicht.

Was das ist – die Wirklichkeit –, das ist natürlich gar nicht leicht zu sagen. Doch die sogenannte »zweite Welle«, die zurzeit der sogenannten »ersten« folgt – möglicherweise stecken wir, wenn dieses Buch an die Öffentlichkeit gelangt, mitten in der dann so genannten »dritten«, die sich vielleicht mit neuen Mutationsformen des Virus auseinandersetzt, von denen die britische Entwicklung jetzt, im Dezember 2020, den Anfang darstellen könnte (in Wirklichkeit sind sie alle nur Teil einer einzigen, zusammengehörenden, durch uns selbst hervorgebrachten Entwicklung): All das zeigt, dass Wirklichkeiten zunehmend in Frage gestellt werden, sogar die einzige Wirklichkeit, derer wir uns sicher sein können, nämlich, dass wir eines Tages sterben werden, und jetzt vielleicht eben an diesem Virus.

Es gibt eine soziologische Einsicht, die in diesem Kontext von fundamentaler Bedeutung ist: Sobald Menschen glauben, dass etwas wirklich sei, haben ihre Überzeugungen wirkliche Folgen. Die Folgen sind unabhängig davon, ob das Geglaubte wirklich existiert oder nicht. In dem Augenblick, in dem jemand davon überzeugt ist, etwas sei wirklich, wird er sich gemäß dieser Überzeugung verhalten, das heißt, in diesem Sinne, durch sein Verhalten nämlich, auf die Wirklichkeit Einfluss nehmen. Am Beispiel der Verschwörungstheorien tritt die Richtigkeit dieser These in erschreckender Klarheit hervor. Weil massiv wirklich ist, dass Menschen glauben, der Virus existiere nicht, leben sie entsprechend dieser Überzeugung – sie leben gemäß dieser, ihrer Wirklichkeit und bringen so neue, handfeste Wirklichkeiten hervor.

Bei allem Tastenden, Versuchsweisen, das unserem Essay anhaftet, gibt es also doch Gewissheiten: Gewiss ist, dass wir uns mit dieser Form der Hervorbringung von Wirklichkeit auseinanderzusetzen haben, dass sie zentral ist. Wir wenden uns gegen die Aufrechterhaltung von Selbstverständlichkeiten, das heißt von Normalität in diesem verschwörungstheoretischen Sinne. Normalität erscheint stets von Neuem als das Produkt eines Prozesses, den man als die »Verselbstverständlichung« von Wirklichkeit bezeichnen könnte. In Wirklichkeit entspricht sie aber vorwiegend dem Bedürfnis, sich selbst verständlich und damit dem bisherigen Alltag verhaftet bleiben zu können. Alles soll bleiben, so wie es ist. Der Einbruch des Neuen in die Wirklichkeit wird als Störung abgewiesen. Die Vehemenz, mit der behauptet wird, bestimmte Dinge seien selbstverständlich oder müssten es umgehend wieder werden, zeigt jedoch zumindest eines, nämlich, dass eigens gesagt werden muss, die Dinge seien selbstverständlich. Die bloße Thematisierung zeigt an, dass etwas in Fluss geraten und ein riesiger, kollektiver Aushandlungsprozess darüber im Gang ist, was noch als normal gelten darf oder soll und was nicht.

Wir haben versucht, uns in diesem Prozess stimmlich zu artikulieren und selbst gleich in doppeltem Sinne in Distanz zu Selbstverständlichkeiten zu treten: zu dem, was wir von uns selbst verstanden zu haben glaubten, und zu dem, was uns in Bezug »auf Welt« bis dahin als verständlich gegolten hatte. In dieser Hinsicht stellt der Ausnahmezustand eine enorme emotionale wie intellektuelle Herausforderung dar. Doch eben nicht als Ausnahme. Die Ausnahme als Ausnahme ist ganz uninteressant, denn sie geht vorbei, bleibt selbst in dem Moment, in dem sie ist, zurück hinter dem, was keine Ausnahme ist. Uns interessiert die Ausnahme also als Ausnahme, die – sprichwörtlich und doch keineswegs »selbstredend« – die Regel bestätigt, die Ausnahme, die eine ist und doch keine ist und vielleicht noch nie eine gewesen ist.

# Feedbacks der Krise

## Schlaflosigkeit

Warum schlafe ich – wie offenbar viele andere Menschen – so schlecht? Es ist nicht der Bewegungsmangel allein. Den habe ich auch sonst manchmal, und ich schlafe trotzdem. Es ist auch nicht das Essen. Ich esse so ausgewogen wie immer. Es ist auch nicht die Arbeit. (Doch hier hat sicher die radikalste Veränderung stattgefunden.) Aber nur die Arbeit?

Es ist etwas anderes. Es ist eine Unruhe, in der sich alles konzentriert, was ich von Gegenwart und Vergangenheit weiß. Alle in ihnen enthaltenen Möglichkeiten scheinen auf. Alle Katastrophen. Alle einstigen Beschleunigungsprozesse und der Verlust von Kontrolle, der mit ihnen einherzugehen pflegte. Systemumbrüche. Diktaturen. Wirtschaftliches Chaos. Und vieles mehr.

Also ist es eigentlich die Diskrepanz zwischen der derzeitigen Ruhe und dem Kommenden, zwischen Warten und Erwartetem, die mir den Schlaf raubt. Ich sitze im Garten, die Bananenstauden wachsen, der Mangobaum spendet Schatten, nur selten ist aus der Ferne das Geräusch eines einzelnen Autos zu hören, die Temperaturen sind jetzt schon, trotz des strahlend blauen Himmels, tropisch-winterlich, das heißt äußerst angenehm usw. usf.

Furchtbarkeit des guten Lebens, Dankbarkeit aber zugleich dafür, nicht in einer winzigen Wohnung gefangen zu sein, stattdessen einen Garten zu haben, Bananen und einen Mangobaum, die Sonne im Gesicht. Also macht mir das Angst, was ich liebe, glaube schon halb zerstört, was ich gerade genieße, hätte gern, es ginge so weiter, fürchte, dass es so kommen wird (dass es so weitergeht), wusste, fühlte ja schon vorher, dass es auf keinen Fall so weitergehen konnte wie bisher.

Und jetzt ist der Moment gekommen. Das Gefühl des Umschlags. Dabei sitze ich weiterhin unter Bananenbäumen, in der Sonne, in einer Ruhe, in die noch nicht einmal mehr der Autolärm dringt. Der Umschlag im Verharren. Das Verändern-Wollen im Genuss fortdauernder Kontinuitäten.

Ich liege schlaflos wegen meiner eigenen Widersprüchlichkeit. Mitten in tiefster Nacht wälze ich mich im Bett wegen meines Platzes an der Sonne.

## Krise als Beschleunigung

Krisen sind Beschleunigungsmaschinen. Sie setzen mit explosionsartiger Geschwindigkeit Parallelwelten frei. Man sollte sie erst einmal nebeneinander stehen lassen. Es ist richtig, dass der Ausnahmezustand, der sich mehr und mehr anbahnt, dazu genutzt werden könnte, Szenarien für ernstere Ernstfälle durchzuspielen und den Abbau demokratischer Rechte zu erproben. Aber handelt es sich deswegen um eine Verschwörung, einen Plan von wem auch immer? Ganz offenbar ist das System gerade Subjekt geworden und steuert das Handeln der Menschen, dirigiert ihren Affekt- und Vernunfthaushalt. Und da treten Selbstzerstörungsbedürfnisse ebenso zutage wie robuste Strukturen, die wir fast schon vergessen hatten und die dem widerstehen. Einerseits Abbau demokratischer Rechte im Namen einer Epidemie, deren Verlauf schwer abzuschätzen ist. Andererseits Verzicht auf vielleicht liebgewordene, aber überflüssige Konsumgewohnheiten, auf ein Sozialverhalten, das auf den Müllberg der Geschichte gehört. Hamsterkäufe und Kampf um den Platz bei dm; zugleich neue Formen selbstorganisierter Fern- und Nah-Solidarität, die nun ausprobiert werden und von denen man hofft, dass sie sich auch in der Zeit nach der Krise, vor der nächsten, bewähren. Es hat diese zwei Seiten, mindestens. Der Klimawandel ist gerade vom Tisch. Diese quälend langwierige Gattungskatastrophe, in der wir uns bewegen, ist für den Moment aus dem Gesichtskreis der Öffentlichkeit verschwunden und hat der fasslicheren und insgesamt handhabbar erscheinenden Epidemie Platz gemacht, angesichts derer die Politiker demonstrieren können, dass sie, *after all*, doch zu was nutze sind. Wie praktisch! Allerdings bietet genau das auch eine Chance, das so dringend notwendige Gattungsbewusstsein zu erlernen. Wo überschneiden sich individueller Körper und Gesellschaft breiter und wirksamer als während einer Epidemie? Biopolitik ist nicht nur eine Verfügung von oben, sie kann auch von unten kommen. Einerseits werden wir Zeug:innen einer egoistischen und zugleich selbstzerstörerischen Unvernunft, die als nackter Wesenskern der gegenwärtigen Gesellschaftsform vor Augen tritt. Andererseits tun so viele Menschen genau das Gegenteil. Manchmal denke ich, dass nun der brutale Klassencharakter genau dieser Gesellschaft herausgetrieben wird – vieles wird auf dem Rücken der einkommensschwachen Bevölkerungsteile ausgetragen, die die für selbstverständlich gehaltene Grundversorgung aufrechterhalten. Dann aber sehe ich sie in ihren Kleingärten sitzen wie eh und je, und denke: Nein, gerade sie können manchmal auf solidere Lebensverhältnisse zurückgreifen als manche, die im gut bezahlten Homeoffice allmählich den Koller kriegen. Vor oder hinter die Klassenverhältnisse schiebt sich das Verhältnis von Stadt und Land, Ost und West, Nord und Süd. Sie alle verlangen nach neuer Bewertung. Ist das, worüber man sich als Untertanengeist der Deutschen gerne lustig machte, jetzt vielleicht das Richtige, das eine landesweite Ausgangssperre verhindern könnte? Vernunft und Widersinn, praktische Klugheit und blinder Irrationalismus liegen dicht beieinander und sind nicht voneinander zu unterscheiden. Kultur fällt gerade aus. Jedenfalls die, die nicht im Netz stattfindet. Heißt das, dass sie insgesamt in schweren Zeiten entbehrlich ist, oder lehrt es uns, etwas an ihr zu schätzen, das uns aufrechterhält, auch und gerade dann, wenn es ums Leben geht? Balkonsingen, Hausmusik? Ich habe keine Antworten auf diese Fragen, aber es scheint mir wichtig, sie zu stellen. Krisen sind Beschleunigungsmaschinen. Sie entmächtigen uns als souveräne Subjekte. Aus dem heißen, rasend rotierenden Zentrum fliegen Brocken heraus: neue Formen der Kollektivität, böse und gute; Möglichkeiten jedenfalls, die uns versperrt schienen. Für sie den Sinn zu schärfen, ist im Moment die wichtigste Aufgabe.

## Panik

»*I want you to panic.*« Das hat uns Greta Thunberg vor einigen Monaten ans Herz gelegt. Jetzt sieht man, was dabei herauskommt. Denn wenn man es schafft, sich ihren Sirenengesängen zum Trotz von den Verschwörungstheorien fernzuhalten, lässt sich die gesellschaftliche Dynamik dieser Tage nur auf eine einzige Art und Weise erklären: dass wir uns in einem kollektiven

Angstzustand befinden. Diese Angst hat keinen konkreten Gegenstand. Oder anders: Sie geht darüber hinaus, dass viele Menschen sterben werden und das Gesundheitssystem zusammenbrechen könnte. Eine tiefere, unbestimmtere Angst scheint darin auf – eine Angst, die Thunberg prophetisch erfasst, wenn sie von Panik spricht. Es ist die Angst vor uns selbst; Angst davor, dass herauskommt, was wir angerichtet haben; dass wir eine Selbstzerstörungsmaschine gebaut haben, die nicht mehr abgeschaltet werden kann, dass alles außer Kontrolle gerät und dass dies nur der Anfang gewesen sein wird. Psychologisch befinden wir uns, mühsam zurückgehalten, in einer Feedbackschleife, durch die sich Furcht über Angst in Panik verwandeln kann. Und in Aggression. Und in Selbstzerstörung.

## Notstand

In gewissem Sinne herrscht Notstand, wenn auch in einem weitergehenden Sinne als in der in den 1960er Jahren so hart umkämpften Notstandsgesetzgebung der Bundesrepublik, die andere Entscheidungswege und Anordnungsbefugnisse nur für sehr spezielle, genau umrissene Fälle, wie etwa die sofortige Verteidigung des Landes, vorsah. Jetzt entsteht ein formaler Notstandsbegriff: Notstand herrscht dann, wenn sich die Geschwindigkeit von Ereignissen und das Tempo demokratischer Entscheidungen nicht mehr synchronisieren lassen. Das heißt dann, wenn die Zahlen davon galoppieren. Notstand ist ein Beschleunigungsphänomen. Er tritt dann ein, wenn lineare und nichtlineare Prozesse aufeinanderprallen. Lineare Prozesse sind planbar. Produktionsvorgänge und Entscheidungsabläufe lassen sich steigern, aber im Prinzip nur in direkter Proportion zu dem verausgabten Input. Habe ich doppelt so viel Zeit zur Verfügung, kann ich doppelt so viel produzieren – Klopapier oder Entscheidungen. Was aber gerade vor sich geht, sind nichtlineare Prozesse. Das »exponentielle« Wachstum der Zahl von Corona-Infizierten, die sich in immer kürzerer Zeit verdoppelt, sodass bereits in dem Moment, in dem die Nachricht, in Deutschland gebe es 27 436 Infizierte, das Robert-Koch-Institut verlässt, diese Zahl bereits veraltet ist und nicht mehr stimmt, von dem Zeitpunkt, an dem sie in der Nachrichtenredaktion des Deutschlandfunks verlesen wird, einmal ganz zu schweigen. Die Zahl fixiert und simuliert Beherrschbarkeit, auch wenn und gerade weil sie längst überholt ist.

Die meisten Prozesse, mit denen wir es zu tun haben, sind nichtlinearer Natur: Populationsentwicklungen, der Klimawandel, das Geschehen an der Börse. Auch der globale Infektionsprozess ist ein Vorgang der Populationsentwicklung – des Covid-19-Virus nämlich, das für seine Vermehrung im hochentwickelten Kapitalismus mit seiner dicht gedrängten menschlichen Biomasse günstige Vermehrungsbedingungen vorfindet. Linearität ist die Ausnahme, das Unwahrscheinliche. Vielleicht war Naturbeherrschung nie etwas anderes als die Schaffung von Inseln der Linearität, die von Menschen beherrscht werden, deren Verläufe sich vorhersagen ließen, in einem Meer nichtlinearer Systemprozesse. Systeme prozessieren nichtlinear, exponentiell und über Feedback-Schleifen, die sich beschreiben, aber nicht vorhersagen lassen. Deswegen gibt es diese »Kipp-Punkte«, von denen jetzt so viel die Rede ist, wenn das System durch besonders gute oder besonders schlechte Umweltbedingungen aus dem aufwandsarmen Gleichgewichtszustand gerissen wird, in dem es sich normalerweise befindet. Dann herrscht aus der Sicht eines linearen Systems, das auf Vorhersagbarkeit eingerichtet ist, Notstand.

## Auszeit

Natürlich hat alles zwei Seiten. Während die einen Sonderschichten fahren, bleiben die anderen verordnetermaßen zu Hause. In jedem Fall bekommt das Leben einen anderen Rhythmus. Familien sind im Guten wie im Schlechten auf sich zurückgeworfen. Spannungen und Gewalt können ebenso zunehmen wie die glückliche Erfahrung nicht so durchgetakteter Tagesabläufe. Wir lernen, wie man es ohne die Attraktionen des Konsums miteinander aushält. Wer alleine ist, hat überraschend viel Zeit. Womit sie füllen? Mit einem guten Buch oder einer Serie, die ich schon lange mal ohne lästige Unterbrechungen durchschauen wollte? Noch mehr als vorher verlagert sich unsere Kommunikation aufs Internet und die digitalen Kanäle, Nah- und Fernbeziehungen werden neu sortiert. Wir überlegen: Was ist wichtig, worauf kommt es an? Klar, Essen, Trinken, medizinische Versorgung. Aber wir beginnen, uns endlich einmal vorzustellen, was alles nötig ist, um selbst diese Dinge auf dem Niveau, an das wir uns gewöhnt haben, aufrechtzuerhalten. Wie viele Menschen, Maschinen, Energie, wie viel Arbeit und Arbeitskraft steht hinter einem einzigen Supermarktregal! Wir begreifen, dass unsere Kultur alles Mögliche ist, aber nicht robust. Ein barockes Gefühl: All das, was so festgemauert vor uns steht, bedarf unablässiger menschlicher Arbeit zu seiner Aufrechterhaltung. Aus den sichtbar gewordenen Lücken einer Welt, die wir unwillkürlich für vollautomatisierbar halten, blickt das müde Antlitz aller arbeitenden Menschen. Was, wenn es fortfällt? Dann sinkt alles in sich zusammen, wie die Welt in Eichs Termitentraum. Wir bekommen ein wenig Achtung vor all denen, die weiter arbeiten und die auch so noch immer komplizierte Notgesellschaft in Bewegung halten: den Transport und die Verteilung von Lebensmitteln, die Netze von Strom, Wasser und den Daten, aus denen unsere Welt besteht. Nichts davon ist mehr selbstverständlich. Und das ist erst einmal gut so. Was ist wichtig, was ist überflüssig? Das fragen wir uns jeden Tag. Fast will es scheinen, als gewönnen wir für Momente den Blick zurück, auf den es gattungsgeschichtlich und völlig unabhängig von dieser Epidemie vor allem anderen ankommt: den Blick über den Tellerrand unserer Konsumgesellschaft, die nichts sieht als sich selbst und anderes sich vorzustellen nicht mehr in der Lage zu sein scheint.

Aber der Preis ist hoch. Auch das stellen wir fest. Wir bewegen uns durch einen täglich dichter werdenden Wald von Notverordnungen. All das wird uns gegen unseren Willen von denen vorgegeben, die die Vertretung des Gemeinwohls für sich beanspruchen. Die Demokratie wird ausgesetzt. Auch das hat zwei Seiten. Wir lernen: Es gibt nicht bloß die Freiheit unbegrenzter Bedürfnisbefriedigung, sondern eine zweite, die durch Unterdrückung sichtbar wird, eine Freiheit der Freiräume, die uns nicht oder nur schwer wegzunehmen sind. Diese Freiräume haben wir vergessen, wir haben sie inmitten der blendenden Warenwelt, die unserer Bedürfnisbefriedigung dient, aus dem Blick verloren. Ich will keinem existentialistischen Begriff der Freiheit das Wort reden, jener Freiheit, die unter gleich welcher Bedrängnis sich behauptet, ja sich vielleicht sogar bewährt. Eine nur innere Freiheit ist Ideologie und verlogene Propaganda all derjenigen, die schon immer an der Abschaffung der wirklichen Freiheit interessiert waren. Daraus abzuleiten, dass es gar nichts sei mit der Gedankenfreiheit, ist aber auch nicht richtig. Sophie Scholl spielte ihrem im Gefängnis sitzenden Vater jeden Abend das Lied »Die Gedanken sind frei« auf der Blockflöte vor; sie wollte ihn stärken und in einer Lage, die äußerlich aussichtslos war und in der allein auf die Widerstandskräfte der Gedanke, Wünsche und Erinnerungen verwiesen war, ist ihr dies vielleicht auch gelungen.

So schlimm ergeht es uns nicht. Aber der eine oder die andere stößt vielleicht während der Einschränkungen, seien sie mild wie in Deutschland oder vergleichsweise streng wie in Frankreich, auf diesen Vorbehalt, diese innere Reserve, die sie oder er nicht so gefühlt haben mag.

Bleiben wir ruhig und lassen das Experiment auf uns wirken. Seien wir misstrauisch all denen gegenüber, denen an der Wirtschaft alles, an der Freiheit nichts gelegen ist! Achten wir auf die autoritären Bedürfnisse, denen die Pandemie als Mittel willkommen ist, um durchzugreifen und den Ausnahmezustand zu proben! Seien wir aufmerksam auf die Rhetorik des nackten Lebens! Sie könnte ein schlechtes Mittel zum schlechten Zweck sein. Achten wir auf die Witze! Sie waren schon immer Gesten innerer Freiheit, die auf die äußere Anspruch erhob und ihre Verweigerung zum Gespött macht. Genießen wir die Schönheit des Moments in dem Bewusstsein, dass er jederzeit zu Ende sein kann! Das ist ja vor allem die Freiheit, die uns in der Auszeit zuwächst. Ein wenig Musik, staubiger Dunst über dem Waldrand, die Stimme meines fernen Freundes, ein einsames Auto im allgemeinen Stillstand …

## Fragen

So vieles verstehe ich nicht. Dass jetzt der Erhalt von Menschenleben oberste Priorität haben soll, klingt ja gut. Aber bisher war das System nicht zimperlich. An den Kapitalismus mit menschlichem Antlitz glaube ich nicht. Handelt es sich um eine kollektive Angstreaktion vor einem Prozess, der sich nicht kontrollieren lassen könnte? Vollzieht sich der Wechsel von der Wirtschaft zur Wissenschaft als leitendem Paradigma politischer Prozesse aus Not und Hilflosigkeit? Gleichwohl laufen die wirtschaftlichen Prozesse weiter und es kann gut sein, dass wir in eine neue Stufe der Monopolisierung eintreten. Die kleinen Unternehmen werden sterben wie die Fliegen. Die Umwelt wird gleichwohl eine Zeit lang aufatmen. Auf welchem Tag in diesem Jahr wird wohl der *Earth Overshoot Day* fallen? Wie lange werden wir brauchen, um das wieder aufzuholen? Klar ist: Wenn diese Krise überstanden ist, wird nur noch eines zählen: Wirtschaft, Wirtschaft und nochmals Wirtschaft. Fuck climate! Fuck Nachhaltigkeit! Wir haben größere Sorgen und die Klimanörgler sind erst einmal abgeräumt.

## Morgendliches Erwachen

Ich kann mich nur selten an meine Träume erinnern. Nach ein paar Sekunden sind sie zerstoben. Aber gerade jetzt nehme ich an, dass die Corona-Gefühle, die sofort einsetzen – die Frage, wie kann man sich auf das, was so fundamental anders ist als sonst, einen Reim machen –, sich aus dem Material dieser Träume formen, die ich nicht kenne und mir zumindest eine Idee von ihnen geben. Oder ist es umgekehrt? Ich ahne also etwas von dem, von dem ich nichts weiß.

# V-Effekte des Sozialen

## Sehnsucht

Vor dem Supermarkt treffe ich eine frühere Nachbarin. Ich habe sie eine ganze Weile nicht mehr gesehen. Eine schöne Frau, noch immer, doch vom Leben gezeichnet, viele gescheiterte Beziehungen, die letzte, die ich miterlebte und in der wieder einmal alles anders werden sollte, hat ihr eine kleine Tochter hinterlassen, die sie in Liebe und Armut erzieht. Ein wenig Esoterik gibt ihr Halt. Ein Zeitalter der Liebe, so sagte sie mir vor einem Dreivierteljahr, werde anbrechen.

Ich habe selbst eine Trennung hinter mir, bin beschädigt, ratlos, suchend, extrovertiert und introvertiert zur gleichen Zeit. Alles gleichzeitig. Sie weiß noch nichts davon, das verrät gleich ihre erste Frage. Also erzähle ich, gebe einen Abriss dieses einzigartigen Jahres.

Irgendwann liegt in der Luft – ich merke es an der beiderseitigen, ständigen Unterschreitung des gebotenen Mindestabstands –, wie schön es doch wäre, zusammenzuliegen und sich zu trösten. Die Wärme zu spüren, nicht zu reden, den Körpern eine Kommunikation überlassen, die nicht aus Ansteckung besteht. Zusammen schlafen – ja, vielleicht. Ist aber nicht der Hauptpunkt. Es geht um die Nähe von Körpern.

Aber wir haben eine Epidemie, die uns zu Unberührbaren macht. Wir kommunizieren auf Distanz, idealerweise über körperlose Medien, die alles, was von uns ausgeht, desinfizieren. Wir sind kein Paar, das noch Rechte hat. Was, wenn wir eines würden? Jetzt gleich? Oder wenigstens ein halbes? Wie es sich halt ergäbe? Ist es kein Recht, sich einem anderen Menschen anzunähern, wenn man ihn/sie begehrt? Ist der sexuelle Akt die einzig erlaubte Form der Nähe?

Hinzu tritt, dass ich mir vorkomme wie auf dem Präsentierteller. Die anderen Kund:innen (nicht zahlreich) und das angemietete Wachpersonal (zahlreich), das jedem von uns einen zuvor desinfizierten Einkaufswagen zuweist, haben uns, so scheint es mir, die ganze Zeit im Visier. Argwöhnisch registrieren sie alle aus der Reihe tanzenden Bewegungen. Wie weit werden sich die beiden einander annähern? An welchem Punkt muss man eingreifen und sie auseinander treiben?

Ich werde von meinen eigenen Untertanenphantasien erdrückt, die das, was mich zu Beginn nur als schwacher Impuls streifte, mit einem Mal reizvoll bedeutsam erscheinen lassen, wie eine Wunde, die sich durch häufiges Berühren entzündet. Nach dem ersten Begehren entsteht ein zweites, ein drittes, ein viertes, aber nicht aus ihm, sondern aus der ohnmächtigen Opposition gegen die Einschränkung unseres Lebens, in der Opposition also gegen mich selbst, der ich mir ja einen Gutteil davon zusammenphantasiere.

Ich bin total konfus und was ich von der Frau eigentlich will, weiß ich schon gar nicht mehr. Derweil läuft das Gespräch weiter und weiter. Es hat sich mittlerweile der Epidemie zugewendet. Sie neigt zu Verschwörungstheorien, ich versuche, freundlich zu bremsen. Und sie erzählt von der Blockwart-Mentalität in dem Haus, in dem sie wohnt und das ich kenne. Ich kann mir gut vorstellen, welche Fenster sich öffnen, wenn ich morgens dort aus der Tür treten würde.

Erschöpft gebe ich auf und verabschiede mich. Ein gemeinsamer Impuls verbindet uns beim Weggehen: aufeinander zuzugehen und uns zu umarmen. Etwas davon nehme ich mit, überall dorthin, wo wir uns als verstreute Massenpunkte bewegen.

## Im Supermarkt

An einer Kasse im Supermarkt: Die Kassiererin bittet um die Einhaltung des vorgeschriebenen Abstands. Die Frau vor ihr, die Kundin, dürfte nicht da sein, wo sie ist: Sie ist zu nah herangerückt an die Kasse. Sie verhält sich, als wäre das Stehen an der Kasse weiterhin etwas Normales. Aber normal ist jetzt nichts mehr. Die Kundin dürfte zudem gar nicht sein, wo sie ist – nicht nah an der Kasse und selbst nicht die vorgeschriebenen Schritte entfernt von ihr –, denn sie wartet auf das Ergebnis des Tests, der in wenigen Stunden erweisen wird, ob sie den Virus hat oder nicht. Trotzdem ist sie da. Da und zu nah. Nicht zu Hause, nicht in fernster Ferne, sondern in allernächster Nähe, sodass die Kassiererin Angst bekommt.

Diese weiß aber gar nicht, dass sie allen Grund hat, vor dieser Kundin Angst zu haben. Sie weiß nicht, dass diese auf das Ergebnis des Tests wartet. Aber sie weiß, dass der Abstand in jedem Fall zu gering ist. Und sie sagt, dass die Welt jetzt alles ist, was der Fall ist: der Zufall nämlich, der heraufbeschworen werden könnte, wenn die Frau (die sie für normal hält, das heißt für gefährdet und gefährlich wie wir alle, doch nicht für besonders gefährlich, nicht für eine, die auf das Ergebnis ihres Tests wartet), wenn die Frau krank wäre. Die Kassiererin besteht also auf der Einhaltung des Abstands. Die Kundin ihrerseits weiß, dass der Zufall, der gerade die Welt geworden ist, in ihrem Fall besonders nahe liegt: Das Ergebnis des Tests wird in wenigen Stunden eintreffen. Und trotzdem ist sie da. Und will einkaufen. Vielleicht, weil in wenigen Stunden der Test eintreffen wird? Und weil sie vorher etwas zu essen nach Hause bringen will?

In jedem Fall bringt der Hinweis der Kassiererin, sie stehe zu nah an der Kasse, sie in Rage. Mit einem schnellen Schritt nähert sie sich noch mehr, verringert den Abstand bis zum Äußersten – und hustet aus nächster Nähe der Kassiererin mitten ins Gesicht.

Jetzt ist der Fall der Fälle, für den der Abstand vorgeschrieben worden war, ein wirklicher Fall geworden: ein Kriminal- und vielleicht sogar (das wird sich in wenigen Tagen zeigen) ein Mordfall. Die Kundin hat der Kassiererin ins Gesicht gehustet. Die Kundin, die auf das Ergebnis ihres Tests wartet, also weiß, dass ihr Körper vielleicht schon seit Tagen eine biologische Waffe ist, nutzt diese Waffe und richtet sie (das heißt sich) gegen den Körper der Kassiererin. Die Bitte um Abstand wird als Provokation wahrgenommen, gerade weil so wahrscheinlich ist, dass der Abstand – doch das kann die Kassiererin gar nicht wissen – in diesem Fall wirklich im höchsten Maße geboten wäre.

Und weil die Kassiererin, ohne es zu wissen, die Wahrheit trifft (die Wahrheit in all ihrer dramatischen Wahrscheinlichkeit), versucht umgekehrt die Kundin, die Kassiererin mit dieser ihrer (der Kassiererin) Wahrheit (die sie, die Kundin, selbst noch nicht recht anerkennen mag) zu treffen. Es ist, als wäre die Kassiererin (ohne es zu wissen) der Kundin an Wissen voraus gewesen und als hielte es die Kundin nicht aus, dass die Kassiererin (die nur für den Fall der Fälle auf der Einhaltung des Abstands zu bestehen versuchte) unwissentlich die Wahrheit gesprochen hat. Die Kundin bestraft also die Kassiererin für eine Wahrheit, von der diese gar nichts wusste. Und doch wusste die Kundin die Wahrheit, weil das Wissen sich in der gegebenen Situation stets auf deren Möglichkeit bezieht – die Möglichkeit von Wahrheiten, die man nicht gern verkörpern möchte: die Möglichkeit von Krankheit und Tod. Die Kassiererin anzuhusten bedeutet demnach, die Wahrheit auf sie abwälzen zu wollen, und wenn das Abwälzen nicht gelingt (denn irgendwie weiß ja auch die Kundin, dass ihr Krankheit und Tod bevorstehen könnten), dann soll die Wahrheit zumindest zu einer geteilten werden. Wenn man schon selbst krank wird, soll auch diese andere, die ungewollt daran erinnert hat, dass man selbst krank werden könnte (und zwar vielleicht schon in Kürze), krank werden und sterben. Man nutzt, was man in sich trägt. Man genießt im Moment der Rage, dass man keine Waffe braucht. Man ist die Waffe. Doch zugleich behauptet man durch den Angriff – die Hustenattacke im neuen, schrecklichen Wortsinn –, man selbst sei angegriffen worden.

Die Kundin aber weiß als einzige, unbezweifelbare Wahrheit, dass ihr eine Macht zugewachsen ist, die sie nie zuvor besessen hat. Nie hätte sie sich in normalen Zeiten mit einer Pistole oder einem Messer auf eine Kassiererin gestürzt. Nie wäre sie zu einer Mörderin geworden. Oder anders: Nie hätte sie zu einer Mörderin werden *können*. Höchstens zu einer Kundin, die, aus einer plötzlichen Rage heraus, jemanden (z. B. eine Kassiererin) anspuckt. Aber vielleicht auch das nicht, denn jemanden anspucken ist im Normalfall eine zwar symbolisch hochgradig verwerfliche – nicht aber tödliche – Gewalt.

Oder doch? Ist vielleicht in jedem Anspucken schon der Wunsch, den anderen zu töten, enthalten? Und zur wirklichen Tötung wird das Verspritzen der eigenen Körpersäfte dann, wenn ansteckende Krankheiten den Radius dessen, was als Waffe zu definieren wäre, erweitert haben? Bricht an den Kassen der Supermärkte ein Krieg im Kleinen aus? Ein Krieg, der sich im Großen wiederholen könnte?

Man spuckt dem Gegner, der Gegnerin ins Gesicht. Man spuckt ihn oder sie mit seiner Zukunft an, als Antizipation des Todes, der dann sozusagen von allein kommen wird, ohne weitere Beihilfe des:der Täter:in. Die Krankheit macht an ihrer Stelle die Arbeit. Man behauptet die Natürlichkeit des Todes des anderen und genießt doch zugleich das Bewusstsein, dass man das Natürliche zur Waffe, also zum Ergebnis der eigenen Kunstfertigkeit, zu machen vermochte. Und das ohne jeden Aufwand! Und weil man die Krankheit selbst nicht angreifen, sondern sie nur behandeln kann – als Erfahrung einer Form von Hilflosigkeit, ja Demut –, muss man die Krankheit künstlich aus sich ausstoßen und den:die Schuldige:n, den es nicht gibt, durch sie treffen.

Die falsche Projektion wird zum Projektionsstrahl der eigenen, infizierten Spucke. Die Möglichkeit, mit großer Leichtigkeit andere zu töten, wird nicht als Aktion gesehen, sondern als Reaktion. Man greift nicht an, sondern fühlt sich in erster Linie umgekehrt angegriffen. Die Kasse des Supermarkts wird zur Frontlinie eines neuen Krieges. Opfer der Krankheit geworden zu sein, die sich in Form des ausstehenden, schon in Bearbeitung befindlichen Tests bereits in einem ausbreitet, ruft die Gewissheit hervor, es müsse jemanden gegeben haben, der einen hatte krank machen oder einem gar den Krieg erklären wollen. *A la guerre comme à la guerre*: Man handelt dieser Logik entsprechend. Man spuckt. Spuckt zurück. Man hat das Projektil im Mund.

Entscheidend darin ist die Vermischung aller Zeitebenen. Als auf Seiten der Kundin die Ansteckung erfolgte, war die Kassiererin vermutlich weder da noch gar verantwortlich. Aber schlicht dadurch, dass sie auf die Kundin trifft, als diese auf das Eintreffen einer dramatischen Nachricht wartet, wird sie zur Verursacherin von etwas erklärt, was Tage zuvor stattgefunden haben muss: die Ansteckung. Sie – die Kassiererin – wird, ohne es zu wollen, zur Botin, die die Botschaft bringt. Und wie so häufig in der Geschichte ist das Leben von Boten extrem gefährdet. Der sagt, was ist, hat bewirkt, was ist. Schlimmer noch: Er ist, was ist. Die Kassiererin wird zur Trägerin der Krankheit erklärt, obwohl sie – wahrscheinlich – noch gar nicht krank ist. Dadurch aber, dass ihr ins Gesicht gehustet wird, bestätigt die Tat, was – vielleicht – noch gar nicht tatsächlich war: In wenigen Tagen wird die Kassiererin ihrerseits krank werden. Und sobald das eingetroffen sein wird, ist nicht mehr wichtig, dass sie in dem Moment, in dem sie die Botschaft überbrachte, noch gar nicht krank gewesen ist und folglich auch die Kundin nicht hat krank machen können. Es reicht, dass sie krank werden wird (und also geworden sein wird), um sagen zu können, sie sei tatsächlich krank und habe demnach krankmachend auf die Kundin eingewirkt.

Hier haben wir ihn wieder, den Mechanismus der »verfolgenden Unschuld«. Wie im Krieg. Weil man angegriffen hat, ist man angegriffen worden. Weil die eigene Rage einen überwältigt hat, muss man den anderen überwältigen. Das ist keine Redundanz, sondern wird als legitimer Grund erlebt: Man hustet.

Doch der Husten kommt, ohne dass die herkömmlichen juristischen Kategorien griffen. So wie nach den großen historischen Katastrophen die subjektive Unschuld, die aus der Umkehrung des Verhältnisses von Opfer und Täter:in resultiert, lärmend von sich zu reden versteht, versichernd, man habe überhaupt nichts getan, habe schlicht auf eine Bedrohung reagiert, die auf einen eindrang, so wird auch hier, beim juristischen Nachspiel des Angriffs an der Kasse, die Kundin von sich sagen können, dass sie das Unglück gehabt habe, krank zu sein und darum gehustet zu haben. Die Täterin wird sich als Opfer der Krankheit darstellen und als Opfer die Unmöglichkeit erklären, zugleich auch Täterin gewesen zu sein. Denn beides scheint nicht miteinander vereinbar zu sein: Täterin kann man nur sein, wenn man nicht Opfer war.

Diese Argumentation, die auf einer perversen Art von Selbstmitleid beruht, ist nichts Neues. Sie ist antizipierbar als Resultat des verwirrten Umgangs mit Zeit. Denn ein weiteres Argument, um sich zu verteidigen, wird darin bestehen, die Zukunft vor der Gegenwart rangieren, sie letzterer vorangehen zu lassen: Hätte man die Kassiererin nicht angehustet, hätte diese einen angehustet. Denn der andere ist, da potenziell krank, immer schon der Feind, den es auszulöschen gilt. Und die Behauptung, sie – die Kassiererin – hätte husten können, wenn man's selbst nicht getan hatte, ist psychodynamisch eigentlich nicht mehr unterscheidbar von dem Satz, sie – die Kassiererin – habe gehustet und darum habe man – erneut der Logik von Aktion und Reaktion folgend – selbst husten müssen. Die mögliche Reaktion der Kassiererin, die auf die Tatsache des Hustens der Kundin hätte folgen können – ein zukünftiges Ereignis also –, wird zu einem tatsächlichen, jetzt schon vergangenen erklärt (sie hat gehustet) und damit die Tatsächlichkeit der eigenen Tat herabgedrückt.

Sollte es aber so weit kommen, dass die Ärzte ihr helfen müssen (und es vielleicht auch können), bleibt doch die Tatsache bestehen, dass es auch anders hätte kommen können. Die neue Devise hätte darum zu lauten: Im Zweifel immer gegen den:die Angeklagten. Denn ohne dieses Insistieren auf der Notwendigkeit, dass man sich vorstellen können muss, was man herstellen kann – hier die Krankheit des anderen –, ist ein Zusammenleben schlicht nicht möglich. Ohne Phantasie verkommt der Husten zum Krieg und die Krankheit zur Freude, die Waffe jederzeit mit sich zu führen.

Nicht als etwas, was man einem aus der Hand schlagen kann, sondern als etwas, was mit einem verwachsen ist, also gar nicht bekämpft werden kann. In dieser Hinsicht wäre der Husten die Superwaffe schlechthin. Sogar im Moment äußerster Schwäche kann er aus dieser noch die Stärke ziehen, die Hustenattacke zu steuern, über ihre Stoß- und Flugrichtung zu bestimmen, das heißt, sich als handlungs- und tötungsfähig zu erleben. Also zu leben. Denn es gibt diese Art von Leben bei Menschen, die nur in dem Moment an die Wirklichkeit ihrer selbst zu glauben verstehen, in dem sie das »Weltvertrauen«, das uns zu einer menschlichen Gemeinschaft macht, täuschen.

Furchtbar daran ist, dass das Ganze sich in der reinen Banalität abspielt. Ein Supermarkt ist ja kein Schlachtfeld, und die Rechnung, die einem die Kassiererin reicht, im Normalfall keine Entscheidung über Leben und Tod. Dass aber gerade eine Schlange vor einer Supermarktkasse zur Bühne einer solchen Gewalt hat werden können, zeigt, wie die derzeitigen Beschleunigungsprozesse uns zu überrumpeln drohen. Es gibt keinen Übergang mehr zwischen einem »normalen« Streit an der Kasse und einem Streit, der zum Abschuss eines tödlichen Spucke-Projektils führt. Die Krise ist da, plötzlich, man muss ihrer Eskalation gewärtig sein, und doch widerstrebt es einem, anzuerkennen, dass der Atem der Gewalt uns schon früher ins Gesicht wehte. So etwas wie ein zivilisatorisches Grund- oder Weltvertrauen ist noch da, grundlos auch dieses. Denn zum Leben in und mit der Welt gehört, dass man, wie Améry wusste, darauf vertrauen können muss, dass der andere nicht über die eigene Hautgrenze in einen einzudringen versucht.

Hier aber ist das Eindringen so perfide, weil es selbst nicht einmal wehtut und doch ein Akt höchster Gewalt ist. Man gibt sich als Hustender harmlos und produziert doch *»harm«* (im Sinne der englischen Sprache verstanden). So beginnt es. So hat es schon in anderen Situationen begonnen. Und der nächste Schritt ist dann stets, dass man die Rage nicht nur als Rage auslebt und -hustet, sondern sie systematisiert und zur Verbreitung der Krankheit im großen Stil macht. Es hustet sich so gut gemeinsam.

## Stallwärme von ferne

Begegnen sich Menschen jetzt auf der Straße, grüßen sie sich. Nicht immer, aber deutlich häufiger als vorher. Es ist ein Gruß von Verschworenen. Man macht zwar nicht etwas Verbotenes, wenn man spazieren geht oder den Hund ausführt, aber zumindest etwas Unerwünschtes, das über kurz oder lang weiter eingeschränkt werden könnte. Es ist paradox, auf eine Bedrohung dadurch zu reagieren, dass man sich voneinander entfernt. In den meisten Fällen suchen die Menschen Stallwärme. Sie müssen den betonten Verzicht auf sie ausgleichen, durch diese zaghaften Gesten der Überbrückung Wärme herstellen, die heute – es ist wieder kalt geworden und es weht ein schneidender Wind über die Saale – rasch verwehen.

## Der Steinwurf

Schreie vor dem Gartentor. Schreie in der Stille, die jetzt schon seit Tagen herrscht. Der Nachbar steht da, nur halb angezogen, nackter Oberkörper, sein gleichfalls nacktes Baby auf dem Arm. »Unsere Autos sind kaputt!« Er ist vollkommen aufgelöst. Ich bleibe auf Distanz, versuche, zu verstehen. Er sei in der Küche gewesen. Plötzlich mehrfaches Krachen. Personen in einem vorbeifahrenden Auto hätten begonnen, die parkenden Autos mit Steinen zu bewerfen. Ich hole den Schlüssel, schließe das Gartentor auf, gehe zu unserem Auto (wir haben keine Garage), nicht ohne zum Nachbarn und seiner Aufgeregtheit eine gewisse Distanz zu wahren. An der Fahrertür zwei winzige Schrammen im Lack. Das ist alles. Der Stein liegt daneben. Er ist faustgroß. Ich hebe ihn auf, beruhige den Nachbarn, so gut ich kann, wahre Distanz, jetzt noch mehr als zuvor. Warum muss er herumschreien, sein und unser Auto seien kaputt, wenn der Steinwurf nicht mehr bewirkt hat als zwei kleine Schrammen?

Aber natürlich bleibt die Tatsache bestehen, dass es jemand für nötig gehalten hat, gemeinsam mit anderen Freunden parkende Autos mit Steinen zu bewerfen. Doch beim Gedanken an die Schreie des Nachbarn denke ich plötzlich, dass die Unbekannten eigentlich nicht fremde Autos beworfen haben, sondern vielmehr die Stille. Die Steine waren gegen die ungewohnte Ruhe gerichtet. Ob die Autos dabei auch wirklich Schaden nehmen würden, war vielleicht ganz einerlei. Wichtiger waren das Geräusch beim Aufschlag der Steine auf den Karosserien sowie die Schreie der Besitzer, die darauf folgen würden.

Und ich, die ich den Steinschlag nicht gehört habe, aber dafür die Schreie des Nachbarn, versuche, den Stein immer noch in der Hand, mir die Freude am Geräusch der aufschlagenden Steine vorzustellen, die nun wiederum ich nicht gehört habe (jeder hat etwas gehört, doch keiner das Gleiche). Und mit einem Male ist es, als stünden die Steinwerfer in der Person des Nachbarn vor mir, denn der hat so wie jene das Bedürfnis, Geräusche zu verstärken, in diesem Fall dadurch, dass er der Zerstörung eine Amplitude zuweist, die diese gar nicht hat. Er hätte offenbar gern gehabt, dass ich wiederum der Verstärker seiner Schreie wurde, mithin das Blech abgeben würde, das seiner Aufgeregtheit durch neue Schreie Widerhall verleihen würde.

Für mich aber hat er auf den ersten Blick – nämlich den auf die Schrammen an der Fahrertür unseres Autos – bloß Blech geredet und darum ermesse ich hier noch nicht, dass es ihm eigentlich viel lieber gewesen wäre, wenn ich, als sein Echo, in echte Verzweiflungsschreie über unsere zerstörten Autos ausgebrochen wäre. Wir hätten dann eine nachbarschaftliche Schreigemeinschaft gebildet, die einen klaren Gegner markierte: die Steinewerfer, die sich in der Tat unsere Autos als Accessoires und Symbol unbekannter Feinde ausgesucht haben. Durch gemeinsame Schreie hätten wir, der Nachbar, sein Baby und ich, die Stille durchbrochen, durch die nun schon seit Tagen jeder mit sich allein ist. Wir hätten, indem wir uns in Aufgeregtheiten hineinlebten, eine Gemeinschaft geformt, nach der der Nachbar ein augenscheinlich großes Bedürfnis empfindet. Man weiß das ja: Die Kohäsion ist dann am besten, wenn sie von außen angegriffen wird. Und der Virus reicht schon nicht mehr.

Ich war zu sachlich. Zur Sache gehörte aber für den Nachbarn, dass in die stille Aufgeregtheit, die nun schon seit Tagen herrscht, jemand Steine schmeißt, und in der Tat musste ich beim zweiten Blick – nämlich dem Rückblick auf das Ganze – zugeben, dass das ein Wurf gewesen war, der aufgrund seiner Sinnlosigkeit Interesse verdient. Wenn der Steinwurf erfolgreicher gewesen wäre und zum Beispiel die Fensterscheibe auf der Fahrerseite zerschlagen hätte, wäre eine Geschichte in Gang gekommen, die einigermaßen kompliziert geworden wäre: Scherben vom Fahrersitz fegen, verbleibende Glasreste aus den Rahmen lösen, einen Karton finden und zuschneiden, um die Fensteröffnung zu schließen, Plastiktüten der richtigen Größe auftreiben, denn Regen kündigte sich an. Und Klebeband, um das alles festzumachen, hätte ich natürlich auch nicht gehabt, und die Versicherung, der man das Ganze hätte melden müssen (weil Scheiben teuer sind), wäre geschlossen gewesen. Und eventuell vorhandene Formulare wären im Chaos meines Haushalts unauffindbar gewesen. Und die Post geschlossen. Und Briefmarken nicht im Haus. Und die Verspätung bei der Benachrichtigung der Versicherung sicher ein Grund, den Antrag auf Erstattung der Kosten abzulehnen. Und der Kfz-Mechaniker im Zwangsurlaub. Und die Zulieferer, die aus 9 000 Kilometer Entfernung die neue Scheibe hätten herbeischaffen müssen, nicht erreichbar. Und so weiter und so fort. Wenn man sich wirklich vorstellt, was ein simpler Steinwurf für Welten in Bewegung gesetzt hätte, die normalerweise funktionieren und ganz unbemerkt bleiben, dann sind die Gleichgültigkeit, mit der ich die Mini-Schrammen auf unserem Auto betrachtete, und die Schnelligkeit, mit der ich nach ein paar beruhigenden Worten den Nachbarn stehen ließ und ihn wieder seiner Stille und seinem Baby überantwortete, eigentlich ein Beweis für eine eklatante Phantasielosigkeit.

Wirklich erschreckend an dem Steinwurf ist damit letztlich etwas ganz anderes. Wenn es keine Wut war, die die Steinewerfer antrieb, dann vielleicht bloße Langeweile. Der Alltag in kleinen Wohnungen, vielleicht mit nörgelnden Eltern und nervigen, kleinen Geschwistern, die Reduzierung der Ausgehzeit auf maximal eine Stunde pro Tag (und das auch nur mit ausgefülltem Formular, in die die genaue Uhrzeit einzutragen ist), das Verbot, Freunde zu sehen oder über den engsten Familienkreis hinaus sein soziales Leben fortzuführen, hatten offenbar schon eine Woche nach Inkrafttreten der ersten Maßnahmen ihre Spuren hinterlassen.

Die Beobachtung, dass es Langeweile in der allgemeinen Katastrophe geben kann, das ist etwas, was einen dann aber doch zum Schreien bringen kann. Denn es ist so ungeheuerlich, was sich ein wenig weiter oben am Hang – im Krankenhaus von Bellepierre das jetzt die exponentiell zunehmende Zahl von Kranken aufzunehmen versucht, und zwar mit völlig unzureichenden Mitteln und viel zu wenig Personal – abspielt, dass man doch meinen dürfte, es könne die eigene Langeweile ein wenig in Relation gesetzt werden zu der Tatsache, dass Ärzt:innen, Krankenpfleger:innen, Krankenwagenfahrer:innen und andere mehr sich sehnlichst ein paar Augenblicke von Langeweile herbeiwünschen. Niemandem ist es verwehrt, sich zu langweilen, aber diese Langeweile in Steinwürfe umzusetzen, um der riesengroßen Katastrophe ein paar banale Zerstörungen – Autoscheiben, Lackschäden – hinzuzufügen, wirkt, als fühlten sich die Steinewerfer zu allem und jedem legitimiert.

Eine merkwürdig ambivalente Mischung ergibt sich: Zu viel Ruhe und Ordnung herrschen – also muss man in die schnell ein paar Steine schmeißen. Zu viel Chaos herrscht aber auch, und das lädt dazu ein, es weiter zu verstärken. Ausnutzung eines mit anderen Problemen beschäftigten Staates und lustvolle Verschlimmerung dieser Probleme durch das eigene Tun greifen ineinander. Natürlich sind die Verschlimmerungsversuche nicht mehr als die zwei Schrammen, die jetzt unsere Fahrertür zieren. Aber aus anderen Situationen weiß man recht gut, wie leicht der Wurf, der da eben noch ganz beiläufig und nicht besonders gekonnt aus dem vorbeifahrenden Auto erfolgte, systematisiert und ausgeweitet werden kann.

Das ist noch keine Anarchie. Und doch erscheint es mir mit einem Male bedeutsam, ja lebenswichtig, den Spuren des Steinewerfens in meinem eigenen Leben nachzuforschen. Auch ich selbst versuche ja seit Tagen, mit meiner Familie in einem *huit clos* zu leben, möglichst glücklich, möglichst entspannt, ohne zu viel herumzuschreien, ohne zu nervös zu sein, ohne zu sehr der Langeweile zu verfallen. Also schreibe ich. Und weil nicht viel passiert in einem Häuschen, in dem man Schule abhält und Essen kocht und Wäsche wäscht und Alltag so gut wie möglich aufrechtzuerhalten versucht, schafft man sich selbst anhand der winzigen Gelegenheiten, durch die dann doch von außen etwas zu einem hineindringt, Ereignisse, die gar keine sind.

Der Nachbar hat wegen der zerstörten Autos zu schreien begonnen. Ich schreie nicht, sondern schreibe, aber das ist eigentlich nichts anderes. Der Nachbar hat die Schramme zu einer Katastrophe großgeredet. Ich rede meinerseits seine Schreie zu etwas Notierenswertem hoch. Das Schreiben ist also in Wirklichkeit auch ein Schrei, und zwar einer, der, darin wiederum den Steinewerfern und dem Nachbarn ähnlich, aus der Langeweile hervorbricht. Man weiß, eine historische Zäsur vollzieht sich. Etwas Wichtiges. Aber es ist etwas, an dem man gar nicht wirklich teilhat, denn man sitzt zu Hause und erfüllt die staatlich verordnete Aufgabe, möglichst wenig mit der Außenwelt zu tun zu haben. Gleichzeitig weiß man aber sehr gut, wie sehr einen die Dinge draußen angehen und dass die Konsequenzen der Ruhe, die jetzt noch herrscht, in ein Chaos umschlagen könnte: Das sanitäre Chaos haben wir bereits, das ökonomische wird folgen, das politische ist mit ihm verschwistert, und ans soziale wagt man erst gar nicht zu denken. Insofern ist ein Nachdenken über einen Steinwurf, der nichts weiter als eine Schramme bewirkt hat, eine Unverhältnismäßigkeit ersten Ranges und damit lächerlich.

Aber das Lächerliche ist mitunter vielleicht doch das Zentrum weltgeschichtlicher Ereignisse. Ich stelle meine Ruhe über die Unruhe des Nachbarn, gebe mich abgeklärt, und verbringe schreibend jetzt sicher schon mehr Zeit mit dem Thema als er. Denn er hat herum- und mich herausgeschrien aus dem Haus, nur um sich danach wieder ruhig in sein eigenes zurückzuziehen. Aber ich sitze immer noch mit dem Gefühl da, dass »Täter«, die mitten in der Katastrophe Langeweile empfinden, eine bekannte Figur sind, die Schlimmes ankündigen. Sie unverhältnismäßig aufzublähen, hat nicht zum Ziel, unserem Auto durch die Forderung nach Schadensersatz bei der Versicherung eine neu lackierte Tür zu verschaffen. Vielmehr kommt mich das Bedürfnis an, überall den Lack weiter abzukratzen und die Gefährlichkeit der Langeweile unter dieser dünnen, gar zu dünnen Schicht freizulegen.

## Negativ

In Italien hat ein Student seine Freundin umgebracht, die wie er Medizin studierte. Er glaubte, sie habe ihn angesteckt. Ein Test, der nach dem Mord durchgeführt wurde, zeitigte ein negatives Ergebnis.

## Sich-Stützen

Rom, Frühjahr 2020. Ein verheiratetes Paar geht gemeinsam raus, Luft schnappen. Die Frau ist müde, stützt sich auf den Arm ihres Mannes. Gleich kommt die Polizei und schnappt nun sie. Eine Regelwidrigkeit liegt vor: In der Öffentlichkeit darf man sich nicht auf jemanden stützen, auch nicht auf den Arm des eigenen Mannes, auch nicht dann, wenn man müde ist. Man darf zusammen wohnen, essen, an einem Tisch sitzen, das Leben des anderen teilen. Man darf sich auch des Abends müde gemeinsam ins Bett legen. Oder in voller Wachheit, mit aller Lust der Welt. Niemand kann das kontrollieren. Man schläft nicht nur. Man schläft miteinander.

Draußen hingegen ist Distanz angesagt. Da der Sinn davon nicht einzusehen ist und das Ansteckungsrisiko zwischen diesen zwei Menschen durch Körperkontakt während eines Spaziergangs in keiner Weise gesteigert sein dürfte (man schläft ja eh in einem Bett), kann es also nur um die Durchsetzung von Symbolik für die Öffentlichkeit gehen. Man weiß nicht, wer ein Paar bildet und wer nicht, und darum verbietet man allen Paaren, als solche in Erscheinung zu treten.

Eine Dezenz wird verordnet, die so weit geht, dass die Missachtung der vorgeschriebenen Distanz mit Strafzahlungen belegt wird. Eigentlich geht es um die Einübung von Disziplin, fast als würde jedes normale Verhalten draußen – man geht gemeinsam spazieren – jetzt, weil als normal zu klassifizieren, eine reale Gefahr enthalten. Die Normalität also wird strafbar, doch das Ziel ist es, Normalität wieder herbeizuführen.

Nur wird dadurch, dass das Selbstverständlichste nur noch zu Hause erlebt und nicht mehr nach draußen getragen werden darf, eine Grenzlinie gezogen zwischen hier und dort. Normalität wird auf das Reservat des Häuslichen beschränkt. Draußen muss man vorspielen, gestisch beweisen, dass man das verstanden hat. Und wenn das, was zu Hause erlaubt ist, doch nach draußen schwappt (z. B. indem man unwillkürlich den Arm des:der Partner:in nimmt), dann wird man eben als nicht bühnentauglich zurechtgewiesen – und zur Kasse gebeten.

Wie heißt nun aber das Stück, das da gespielt wird? Es heißt: Vorder- gegen Hinterbühne. Die Vorderbühne, das ist das Draußen. Es ist der Raum, der dem Publikum zugänglich ist. Es ist das, wo, staatlich verordnet, von jeder Geste Bewusstheit und eine perfekt durchdachte Gestik verlangt werden darf. Man spielt den anderen vor, dass man weiß, dass man auf die gemeinsame Bühne getreten ist. Erwartet wird, dass man das nicht nur spielt, sondern dass man's ernst nimmt. Eine Rollenidentifikation wird aufs Programm gesetzt, die in Wirklichkeit reine Identifikation mit den Erwartungen des Publikums ist.

Weil das Publikum nur dann Publikum sein kann, wenn es sich nach draußen begibt, ist es Publikum und Bühnenakteur in einem. Denn das jeweilige Paar, das nicht zeigen darf, eines zu sein, wird ja nicht nur kontrolliert, sondern ist, von der Perspektive der anderen Paare aus gesehen, zumindest mutmaßlich selbst eine Kontrollinstanz, also Publikum: Es könnte, während es selbst in körperlicher Distanz seinen Spaziergang absolviert und versucht, als Paar nicht in Erscheinung zu treten, über die anderen Paare wachen, auf dass auch sie Distanz wahren und als Paare nicht in Erscheinung treten. Mit anderen Worten: Jeder verlässt die Hinterbühne des eigenen Zuhauses und fühlt sich berufen zu gleich zwei Funktionen – Schauspieler:in und Zuschauer:in in einem sein. Und da es mühsam und ein Akt der Selbstbeherrschung ist, nicht den Arm des:der Partner:in zu nehmen, steht natürlich zu befürchten, dass man diese Mühe, nur weil man sie selbst auf sich nimmt, auch von den anderen verlangen wird.

Und wenn man dann in die eigene Hinterbühne zurückkehrt, die Wohnungstür hinter sich schließt und, abgeschirmt von allen Blicken, die Bettdecke aufschlägt, um gemeinsam ins Bett zu gehen, tut man etwas, von dem natürlich eh alle wissen, weil alle es genauso handhaben. Draußen hält man als Paar Distanz zueinander, um sich nicht gegenseitig anzustecken bzw. vorzuspielen, man tue alles, um Ansteckung zu vermeiden. Und drinnen streckt man sich gleich danach in wohliger Gemeinsamkeit im Bett aus, denn solange man's nicht hat – das Es –, lebt man eben normal weiter, ohne Anwendung eingeübter, künstlicher Gesten.

Und Publikum der anderen ist man dann auch nicht mehr, noch nicht einmal, wenn man den Nachbarn ins Fenster hineinsehen kann. Dass da wieder an einem gemeinsamen Tisch gegessen wird, ist normal für die Hinterbühne, man blickt ein wenig hinein ins Leben der anderen und stört sich nicht im Geringsten daran, dass es drinnen so ganz anders zugeht als draußen. Denn die Strafzahlungen gelten ja wirklich nur für die Vorderbühne.

Was nun aber die Strafzahlungen so interessant macht, ist, dass sie einer Art Theaterticket entsprechen. Wer nur zusehen will, jedoch selbst nicht mitprobt, mitspielt auf dieser Riesenbühne, die ausnahmslos *alle* am Bühnengeschehen beteiligen will, der muss blechen. Es handelt sich um Personen, die sich als reine Zuschauer erwiesen und so sich selbst außerhalb der Bühne gestellt haben. Wenn alle die Mühe des Spiels auf sich nehmen und zum Beispiel ein einzelnes, Arm in Arm gehängtes Paar nicht, dann ist eben retrospektiv Eintritt zu zahlen. Nur das unterscheidet die heutige Großbühne von den Theaterbühnen. Es gibt einen Einheitspreis, die Polizei hat ihn festgelegt. Und weil die Zahl der agierenden Schauspieler bedeutend ist und die Inszenierung teuer erkauft, ist auch der Eintritt nicht ganz billig.

## Erklärungsnot

Ein Mann, der der Polizei gegenüber rechtfertigen können will, warum er sein Haus verlässt und wirklich gar nicht anders kann, als rauszugehen, schreibt sich sein eigenes Formular, mit dem eidesstattlichen Hinweis: »Muss Drogen holen«.

## Gläser und Spinat

Bin ich eigentlich darum so genau in der Befolgung der Vorschriften, die der Bevölkerung auferlegt worden sind, weil eine Gehorsamsbereitschaft in mir steckt, die ich durch die Beschäftigung mit Diktaturen und Gewalt immer hatte bekämpfen wollen – als eines der Grundübel der Moderne?

Angst hat in meiner Kindheit eine große Rolle gespielt, vor allen Dingen die Angst vor unkontrollierten Bewegungen. Ein Schlüsselerlebnis, täglich wiederkehrend und mich bis heute bis zur Weißglut reizend: Man konnte sein Trinkglas nicht in der Nähe des Tischrandes aufstellen, ohne dass meine Mutter es nahm und – »vorsichtshalber« – stärker in die Mitte des Tisches rückte. Dieser Zugriff auf das Eigene – aus dem Glas trank ja ich und nicht sie – ist Ausdruck einer permanenten Einmischung gewesen, die weit hinab reicht in individualpsychologische und familiäre Strukturen von gleich mehreren Generationen. Denn das Trinkglas, das ich, in einer Geste des Protestes, aus der Mitte des Tisches wieder zu ergreifen pflegte, um es noch stärker und jetzt erst wirklich in der Nähe des Tischrandes abzustellen, als Provokation, war natürlich nicht nur als Aufkündigung gemeinsamer Regeln gedacht, die man für die gemeinsamen Mahlzeiten zu etablieren versuchte. Das Trinkglas war der Ausgangspunkt für die nicht auszurottende Unordnung, die mein Leben mit Dingen kennzeichnet. So penibel sauber und aufgeräumt die Welt war, in der ich meine Kindheit verbrachte, so chaotisch und wenig sauber ist das Zuhause, das ich mir als Erwachsene geschaffen habe. Es hat etwas damit zu tun, dass ich als Kind oft nicht selbst Ordnung machen musste. Das machte meine Mutter an meiner Stelle. Aber über die fehlende »Erziehung« in diesem Bereich hinaus wollte ich auch nicht in dieser Ordnung der Trinkgläser und ihrer möglichen Abstürze leben, und daher ist mein Chaos vor allen Dingen eine *Wahl.*

Jetzt frage ich mich aber, warum ich in anderen Bereichen doch wieder so ungeheuer diszipliniert bin und, um im Bild zu bleiben, Gläser an den Tischrändern der Ausgangssperre nicht zu den Meinen erklären mag. (Ich moralisiere nicht und bekehre auch niemanden. Aber ich bleibe selbst in der vorgeschriebenen Tischmitte und finde sie richtig.) Hat das damit zu tun, dass ich zwar den Gehorsam in vielerlei Hinsicht losgeworden bin, die Angst, die für meine Mutter Grund fürs Trink-Glas-Verrücken war, hingegen nicht? Denn immer, wenn man trank, trank sie schon mit, weil man ja irgendwann aufhören würde, zu trinken, und dann das Glas wieder abstellte.

Wenn Angst und Gehorsam unmittelbar zusammengehören und ich zwar mit Trinkgläsern bewusst ungehorsam umgehe, mit der Angst vor Absturz aber nicht, einfach weil ich doch dem mütterlichen Modell verhaftet bleibe – verschoben vielleicht auf anderes –, dann bin ich doch sehr viel mehr dem Ordnungsgedanken unterworfen, als mir lieb ist. Und dann steckten in meiner Disziplin bezüglich der Ausgangssperre und meiner Angst vor ihrer baldigen Aufhebung doch noch die Tischsitten von einst.

In der Tat erinnere ich mich, bei einem Besuch, den wir, wie jedes Jahr, den Geschwistern und Verwandten meiner Eltern in der DDR abstatteten, auf unvergessliche Weise verzweifelt gewesen zu sein, verzweifelt darüber, dass ich die Sitten nicht einzuhalten vermochte.

Man aß Spinat. Die Tante, die den Tisch bereitet hatte (ja, bereitet), war unverheiratet und kinderlos, stand, mit einem Wort, in Bezug auf die Definition von Tischrändern und -mitten noch einmal als Steigerung meiner eigenen Mutter da. Ihr Tischtuch war die Gebügeltheit und blendend weiße Reinheit selbst. Ich höre noch die Definition, die sich auf die Decke legte: »Eine Damastdecke!« (Das klang nach Diamant, in jedem Fall nach kostbar.)

Und auf diese Decke ließ ich also schon bald den ersten Spinat fallen. Aufgeregtes Eilen in die Küche, eiliges Herumwischen, um den Schaden zu begrenzen, Gespräche über die Säuberungsmethoden, die man nach dem Essen, ohne die Waschmaschinen, die Privileg des Westens waren, würde in Gang setzen müssen, damit die Damastdecke eine Damastdecke blieb. (Mir war der kulturelle Unterschied zwischen Ost und West hinreichend bewusst, und ich murmelte also, mit Blick auf den jetzt schon etwas heller gewordenen Spinatfleck vor mir, ehrlich gemeinte Entschuldigungen.)

Man bringt den Lappen wieder in die Küche, setzt sich, nimmt die Gespräche wieder auf, isst den schon etwas abgekühlten Spinat – da, wieder, wirklich ungewollt: Ich kleckere ein zweites Mal. Wieder ein saftiges Grün auf der Damastdecke, nicht so hellgrün wie der halb weggeputzte erste Fleck, sondern jetzt wirklich ein Katastrophenfleck, der Fleck einer Wiederholungstäterin. »Kannst Du Dich denn nicht vorsehen?!« Allgemeine Aufregung, Rennen in die Küche, der Spinat wird noch kälter als zuvor, denn die Veranda, auf der man isst, ist klein und um an meinen befleckten Platz zu kommen, müssen alle wegrücken, aufstehen, der Tante Zugang gewähren zu diesem Teil der Damastdecke, die jetzt wirklich schon sehr anders aussieht als zuvor.

Ich bin den Tränen nah. Und als dann noch weiter kommentiert wird und an andere Gesprächsthemen gar nicht mehr zu denken ist, auch dann nicht, als sich alle wieder an den Tisch gesetzt haben, um dem jetzt wirklich schon bös kalten Spinat auf den Leib zu rücken, weine ich wirklich. Und während ich langsam mein Schluchzen bekämpfe, langsam wieder ruhiger werdend vor meinen beiden Flecken, mich wieder meinen Teller zuwende, um mit meiner Gabel erneut den nicht enden wollenden Spinat aufzuspießen, geschieht es ein drittes Mal: Der Spinat fällt auf die Damastdecke, gewollt habe ich das wirklich nicht, aber passiert ist es trotzdem und wirklich, und plötzlich befinde ich mich sozusagen einem neuen Raum, denn damit hätte nach zweimaligen Putzen und Reden wirklich niemand gerechnet, und ich selbst natürlich auch nicht.

Es ist aber dieser dritte Fleck wie ein Umschlag in etwas Befreiendes, auch wenn ich, falls ich mich recht erinnere, nach dem dritten Mal noch mehr geweint habe als nach dem zweiten. Der dritte Fleck stellte mich außerhalb der Gesellschaft, und das war ja letztlich auch das Ziel, selbst wenn ich weinend meinte, es sei anders und ich wolle mit meiner Familie, meiner Oma und der Tante gemeinsam an einem Damasttischtuch sitzen.

Heute erfüllt mich die Spinatgeschichte mit einer wilden Lustigkeit und die Existenz der damaligen Flecken, die wahrscheinlich nie wieder weggegangen sind (so war jedenfalls die Formulierung: »Das geht nie mehr raus!«), mit tiefer Genugtuung. Denn weitere Erfahrungen mit der Tante sind im Laufe der Jahre hinzugekommen, und mir scheint, dass ich damals, als Kind, schon mit dem Willen zur Unordnung mich selbst – als Selbst – zu setzen, dagegen (nicht dazu) zu setzen versuchte.

Und wenn ich dann wieder an die Trinkgläser am Rande des Umfallens und an den Spinat denke, der wirklich fiel, dann überkommt mich einerseits das Misstrauen mir selbst gegenüber, dass ich jetzt, während dieser Epidemie, so gar nichts fallen zu lassen wage, auch mich selbst nicht. Und andererseits finde ich sofort tausend Argumente, um mich selbst in der Überzeugung zu stärken, es sei richtig, so vorsichtig zu sein, wie ich es bin. Ich lasse nichts fallen, ich sehe mich vor, und ich bin besorgt um die anderen – vor allen Dingen um meine eigene Familie. (Komischerweise wenig besorgt um meine Eltern, dafür aber besorgt um meine Kinder.)

Ist der alte Kontrollmechanismus wieder da? Gebe ich ihn weiter? Aber ich mache doch keine Geschichten, wenn die Tischdecke befleckt wird! Und ich kann auch problemlos ertragen, wenn ein Glas zerbricht. Manchmal denke ich, dass ich die Unachtsamkeit sogar so stark in mein Leben integriert habe, dass es fast schon wieder der Konsumlogik folgt: Alles ist ersetzbar. Ein Glas kann man nachkaufen, essen lässt sich auch an einer Tischdecke mit Flecken.

Aber dann denke ich mir wieder, dass diese Unachtsamkeit die Freiheit birgt und dass ich mich hoffentlich auch beim Großen an den Rändern bewege, selbst wenn ich die Ausgangssperre strikt befolge und jetzt Sorge habe wegen der Bedingungen, unter denen die Schulen die Kinder wieder in ihre Mitte aufnehmen wollen. Wir bleiben am Rand. Ich schicke meine Kinder nicht. Bleibe ich damit weiterhin Gegnerin der Mitte? Werfe ich die Gläser um, die die Regierung wieder aufstellen will in gewohnter Ordnung? Oder führte ich die Ordnung, die die Ausnahmesituation hervorgebracht hatte, nur weiter, unfähig, von diesem Superlativ der Reglementierung abzulassen? Eine kritische Haltung gegenüber staatlicher Ordnung? Oder im Gegenteil noch in der Entscheidung gegen die Empfehlung, die Kinder wieder in die Schule zu schicken, ein Zuviel an Gehorsam und Unterwerfung? Mein Selbstbild steht auf dem Spiel, doch ich weiß nicht, wo ich stehe.

## Handtücher 1

Eine sechsköpfige Familie, die nach ihrer Rückkehr von einer Indienreise vierzehn Tage in einem Vier-Sterne-Hotel unserer Hauptstadt zuzubringen hatte, um jede Ansteckungsgefahr für die Bevölkerung der Insel auszuschließen, hat sich nach drei Tagen heimlich ein Taxi gerufen, um sich in diesem nach Hause bringen zu lassen. Die Begründung, die sie gegenüber dem Polizisten äußerte, der gleich beim ersten Kontrollpunkt ihre Flucht Richtung Süden bemerkte, lautete, das Essen des Hotels sei nicht gut gewesen und die Handtücher nicht gewechselt worden. Man ziehe es vor, die sechsfache Strafgebühr zu zahlen und dafür endlich nach Hause zu dürfen.

Die Strafzahlung ist also nicht als Strafe aufgefasst worden, sondern als eine staatlich festgelegte Summe, die man eben zu bezahlen hat, um danach tun und lassen zu können, was man will. Es besteht ein augenscheinlicher Zusammenhang zwischen der Unzufriedenheit, die einem Vier-Sterne-Hotel gilt, das nach drei Tagen noch immer nicht die Handtücher gewechselt hat und essensmäßig nicht auf der Höhe seiner vier Sterne ist, und dieser Idee. Jedem das, was ihm gebührt: Die Strafe denjenigen, die sie fürchten, weil sie sie nur schwer zahlen können; der Kauf uneingeschränkter Freiheit hingegen denjenigen, die die Strafe problemlos sechsfach zahlen können, weil selbst diese Summe keine wirkliche Strafe darstellt.

Und überhaupt hoffte man ja noch, sie überhaupt nicht zahlen zu müssen, denn ein Vier-Sterne-Hotel müsste ja – was auch von der Polizei einzusehen ist – einem Ort entsprechen, an dem der tägliche Wechsel der Handtücher zum Standard gehört. Und wenn das nicht der Fall ist, weil wegen des Virus die Hotelangestellten auf ein Minimum reduziert worden sind und der Service sich auf die Aufrechterhaltung der Quarantäne, nicht aber auf die Aufrechterhaltung der vier Sterne konzentriert, hat sich die Quarantäne eben als Erfahrung erwiesen, die mit den Erwartungen, die sich mit Ferien in einem Vier-Sterne-Hotel verbinden, nicht korrelieren. Dieser Logik zufolge ist es dann besser, die Unterschrift, die man bei der Ankunft im Flughafen unter die Verpflichtungserklärung bezüglich der Quarantäne gesetzt hat, wieder zurückzuziehen und sich selbst gleich mit, nach Hause. Die Strafgebühr, die bei zwölfhundert Euro liegt, ist gegen die Kosten, die einem der fehlende Komfort während der verbleibenden elf Tage auferlegt hätte, gegengerechnet und die Strafgebühr der Polizei für vergleichsweise günstig eingeschätzt worden.

Dass der Taxichauffeur dann seinerseits Rechnungen angestellt hat und in kundenarmen Zeiten über die Verdienstmöglichkeit froh gewesen sein mag, über die Vorgeschichte derer, die er fuhr, aber vielleicht weniger froh gewesen wäre, wenn man sie ihm denn mitgeteilt hätte, kam in der Rechnung nicht vor. Man glaubte sich wegen der nicht ausgewechselten Handtücher zu jedem Ortswechsel berechtigt. Der Staat hatte das Hotel nicht gut ausgesucht, und aus den Ferien kam man ja ohnehin gerade. Gegenüber der Indienreise war der Hotelaufenthalt in der Inselhauptstadt einfach nicht reizvoll genug.

Doch eigentlich ist nicht allein die Auffassung interessant, unausgewechselte Handtücher seien eine Strafe, von denen man sich mit zweihundert Euro lieber gleich befreit. Bemerkenswert erscheint, was Presse und Präfektur aus der Geschichte machen. Obwohl behauptet wird, man stelle die Ansteckungsgefahr ins Zentrum, die Taxifahrern und Inselbevölkerung durch solchen Egoismus drohe, verdankt sich das Lesenswürdige an den Artikeln in Wirklichkeit dem Einblick, den die Journalist:innen in eine Welt gewähren, an der die meisten Leser:innen nie teilhaben werden. Dieses Wissen um die Gemeinsterblichen schimmert durch die Berichterstattung an allen Ecken und Enden durch.

Da kommt eine Familie von einer weiten Reise zurück und hat das Glück, wegen des allgemeinen Unglücks auch gleich noch in ein Vier-Sterne-Hotel verfrachtet zu werden, in dem sie ihre ausgedehnten Ferien um weitere vierzehn Tage – noch dazu kostenlos – verlängern darf. Das Essen ist inklusive, die Hotelbedienung auch, und wenn es auch nicht Indien ist, so doch zumindest die Hauptstadt mit ihrem Nimbus, so etwas wie ein Zentrum zu sein. Interesse weckt, dass das, was als das Begehrenswerte schlechthin erscheint – Ferien, kostenlos, unerwartet, mit allen drei Kindern und der Oma noch dazu –, mit Hinweis auf die Handtücher abgelehnt wird. Die Leserschaft zieht (den Erwartungen der Journalist:innen gemäß) den Schluss, dass das Zuhause, das die Familie dem Vier-Sterne-Hotel vorzog, noch luxuriöser sein muss als jenes, und mit noch besserem Service. Und so wächst mit steigendem Neid die Lust, zu erfahren, ob die Familie nun die gerechte Strafe ereilt habe oder nicht.

Es hat sie ereilt. Die Zeitung sagt es uns. Die Polizei hat ganze Arbeit geleistet. Den Flüchtlingen ist die Zahlung von zweihundert Euro pro Person auferlegt worden. Geschieht ihnen ganz recht! Aber das Beste kommt erst noch. Die Aussicht, die schmutzigen Handtücher hinter sich zu lassen und zu Hause den gewohnten Lebensstandard fortsetzen zu können, hat sich nicht erfüllt. Die Quarantäne der verbleibenden elf Tage wird nicht zu Hause stattfinden, sondern im Vier-Sterne-Hotel. Die Polizei hat dafür gesorgt. Die Familie bleibt in der Hauptstadt und ihr luxuriöses Zuhause leer. So muss es sein!

Die hämische Freude, die diese Nachricht auslöst, bezieht sich auf diesen zweiten Punkt. Dass tausendzweihundert Euro für eine Flucht haben gezahlt werden müssen, die zu allem Überfluss noch nicht einmal geklappt hat, mag schon eine gewisse Befriedigung hervorrufen. Noch besser ist jedoch die Pointe, dass das, was man sich selbst ersehnt – Ferienreisen, ja gar Ferien mit Bedienung und mit Köchen, die einem das Essen kochen, Stubenmädchen, die einem unbemerkt und ganz selbstverständlich ein frisches Handtuch hinlegen, dem ganzen Drum und Dran, den man sich eben so von vier Sternen erträumt, in die man noch nie seinen Fuß gesetzt hat – gar nicht das Ersehnte ist, sondern die eigentliche Strafe, das Gefängnis, in das die gar zu Verwöhnten jetzt zurück verfrachtet werden, begleitet von der Polizei.

Nichts ist besser als das Bewusstsein, dass den Reichen das, was man auch dann als Luxus wahrgenommen hätte, wenn die Handtücher nicht täglich gewechselt worden wären, als Strafe erscheint. Die Gesetzgebung setzt sogar noch eins drauf. Im Falle dreifacher Rückfälligkeit innerhalb eines Zeitraums von dreißig Tagen drohen weitere Strafzahlungen und außerdem eine Gefängnishaft von bis zu sechs Monaten. Das ist nun der Gipfel der Erleichterung. Wer zu viel Wert legt auf saubere Handtücher, riskiert das echte Gefängnis. Und in dem werden, das ist gewiss, die Handtücher auf gar keinen Fall täglich gewechselt.

## Die Kreissäge

Freunde erzählen: »Die Nachbarn gehören alle zu einer Familie. All die Häuser da, rund um unseres herum, sind verteilt worden nach dem Tod des Vaters, an die Kinder. Der eine Sohn, der bastelt an seinem Teil jetzt schon ein Jahr rum. Er hat eine Kreissäge, die benutzt er für alles. Wir wissen nicht, was er zersägt, auf jeden Fall hat er während der Ausgangssperre jeden Tag gesägt, von morgens bis abends. Die Regeln der Stadt sehen vor, dass bei Bauarbeiten nur ein halber Tag pro Woche Ruhe einzukehren hat: am Sonntag, ab 12 Uhr. Allen Nachbarn, die sagten, dass sie den Krach nicht mehr aushalten konnten, hat er gesagt, er habe das Recht, zu sägen, und entsprechend hat er gesägt, weil er sich im Recht wusste, immer weiter und weiter, vor der Ausgangssperre, aber während der Ausgangssperre erst recht. Einmal hat er am Sonntag noch um 12 Uhr 20 gesägt, da sind wir hingegangen und haben ihm gesagt, es sei jetzt 12 Uhr 20, und das Sägen müsse jetzt aufhören, und zwar sofort, keine Minute länger, wenigstens am Sonntag, ab 12 Uhr.

Die eine Familie wohnt mit seinem Teil Wand an Wand, in ganz engen Verhältnissen, mit mehreren Kindern. Bei denen muss alles vibrieren! Die Mutter ist eines Tages total ausgeflippt, ist rüber gegangen, hat rumgeschrien, ihm klar zu machen versucht, dass alle Nachbarn nicht mehr können, weil die Kreissäge sie jetzt, wo alle zu Hause bleiben müssen, Tag für Tag begleitet, den ganzen Tag lang. Sie war wirklich außer sich. Aber wieder hat der Mann nur gesagt, es sei sein Recht, die Kreissäge könne ihm niemand verbieten. Da ist sie zu ihrem Auto gerannt und hat drei Stunden lang die Musik aufgedreht, in voller Lautstärke, in der Hoffnung, dass das Baby von dem Kreissägenmann nicht würde schlafen können. Das wurde übrigens von den Großeltern gehütet, damit der Vater sich ganz seinen Bauarbeiten widmen konnte.

Die Musik war ganz gut, Varieté der 1980er Jahre. Drei Stunden lang. Aber die Nachbarn gehören alle zur gleichen Familie, verstehen sich nicht, die sagen sich gerade mal »Guten Tag«, mehr aber auch nicht, doch niemand protestiert so richtig. Jetzt ist die Kreissäge wieder voll im Gang, und wir denken, wir werden wohl umziehen müssen. Denn die Kreissäge ist ja nicht dafür da, um das Haus je fertig zu bekommen, es ist einfach sein Zeitvertreib.

An seiner Stelle würde ich um mein Auto fürchten. Er liebt ja sein Auto so, und es ist nicht sicher, was dem noch passieren wird. Die Rache mit dem Baby hat auf jeden Fall nicht geklappt.«

# Handtücher 2

Die Familie, die wegen nicht ausgewechselter Handtücher das Hotel verlassen hatte, in dem sie nach ihrer Indienreise vierzehn Tage hätte zubringen müssen, bekommt jetzt täglich Polizeibesuch, der feststellt, ob sie noch zu Hause oder aber ins Hotel zurückgekehrt ist, wie vorgeschrieben. Und weil sie sich nach der ersten Flucht erneut aufgemacht hatte Richtung zu Hause, ein für alle Mal, wie sie meinte, und daselbst zu bleiben gesonnen ist, bekommt sie jetzt täglich eine Strafe von 135 Euro.

Nun ist es aber so, dass, wer von der Polizei mehr als dreimal bei der Übertretung der Ausgangssperre erwischt wird, mit einer Strafe von 3750 Euro und sechs Monaten Gefängnis belegt wird. Das Tribunal von Saint Pierre spricht von einer »pädagogischen Maßnahme«. Zu vermuten ist, dass das Hotelzimmer jetzt doch bald wieder bezogen werden wird.

# Philologie der Krise

## Seit

*»Seit der Deutschen Einheit, nein, seit dem Zweiten Weltkrieg gab es keine Herausforderung an unser Land mehr, bei der es so sehr auf unser gemeinsames solidarisches Handeln ankommt.«* (Angela Merkel in der Fernsehansprache vom 18.3.2020)

Nicht seit der Deutschen Einheit, und schon gar nicht seit dem Zweiten Weltkrieg, aber immerhin, seitdem Frau Merkel dieses Satz geäußert hat, grüble ich nach über die Bedeutung dieser Präposition. Es ist klar, sie meint: den Zeitraum, der sich von einem bestimmten Zeitpunkt an bis zur Gegenwart erstreckt. Aber gehört jener Zeitpunkt noch dazu? Handelt es sich um eine inklusive oder eine exklusive Bestimmung? In der Mathematik schreibt man »>« oder »≥«, »größer« oder »größer-gleich«. Das sind zwei verschiedene Mengenbestimmungen. Die Sprache, denn auch das Grimm'sche Wörterbuch versteht sich hier nicht zu einer eindeutigen Auskunft, ja scheint von der Fragestellung nicht einmal zu wissen, ist da weniger genau.

Proportional zu dieser Verschwommenheit wächst das Gewicht des von der Bundeskanzlerin angesprochenen Problems. Es geht um nichts Geringeres als das historische Koordinatensystem, in das sie uns durch ihren Appell eintragen möchte. Es ist ja nicht unwichtig, ob der »Zweite Weltkrieg« die letzte vergleichbare »Herausforderung war, bei der es so sehr auf unser solidarisches Handeln« wie nun in der Corona-Krise ankam, oder ob die Kanzlerin, die ja, verglichen mit so manch anderem Staatsoberhaupt, im Moment eher nicht aggressiv auftritt, damit die Nachkriegszeit gemeint hat, uns also schon einmal auf eine Zeit des Wiederaufbaus einschwören will, des ökonomischen Heulens und Zähneklapperns und der Entbehrungen, die freilich auch zum Prüfstein für eine neue nationale Solidarität werden können sollen.

Hilft uns vielleicht die *Stufung* weiter? »Seit der Deutschen Einheit«, sagt sie, verbessert sich aber dann und fährt fort, unsere Situation mit dem Weltkrieg oder eben der Zeit des Aufbaus nach ihm zu vergleichen. Was aber meint sie mit der Deutschen Einheit? Der 3. Oktober 1990, der für sich genommen keine solidarische Anstrengung darstellte, sondern angeordnet wurde? Schwerlich. Sie meint den Prozess als Ganzen, in dem die Bevölkerung gefordert war, sich solidarisch zu verhalten. Durch Bezahlung eines »Solidaritätszuschlags«, der de facto ein Solidaritätsabschlag war? Er wurde jedenfalls von allen bezahlt, was ja ein wichtiges Kriterium für die nationale Solidarität ist, die Frau Merkel vorschwebt. Aber der Westen zahlte für den Osten, der Osten für sich selbst. Also irgendwie eine schiefe Sache. Durch die Abwicklung oder Übernahme ostdeutscher Betriebe, je nachdem, wie es besser ins ökonomische Konzept der in den wilden Osten expandierenden Marktwirtschaft passte? Angesichts solcher Solidaritätsbekundungen ließ es der Osten, wie bekannt, an der rechten Dankbarkeit fehlen, was die Bereitschaft zu solidarischem Handeln jenseits des fiskalischen Abzugs auf dem Lohnzettel nicht gerade erhöhte.

Die Deutsche Einheit ein Musterbeispiel für Solidarität? Aber das sagt sie ja auch gar nicht! Die Einheit, so sagt sie vielmehr, ist ein Musterbeispiel für die »Herausforderung« einer Solidarität, und dies ja umso dringlicher, weil diese Solidarität vielerorts ausgeblieben ist. Ah ja. Aber Schwamm drüber. So genau möchte sie uns vielleicht auch nicht daran erinnern. Deswegen ist die Deutsche Einheit nur rhetorisches Sprungbrett zum nächsten und entscheidenden historischen Datum, das entweder selbst oder durch seine Folgen eine Herausforderung solidarischen Handelns darstellte, der »unser Land« offenbar besser gewachsen war.

Obwohl sie so anders ist als die Macrons und Trumps, ja obwohl ich ihr Auftreten an vielen anderen Stellen dieser Rede sogar sympathisch fand: Letztlich reiht auch Angela Merkel sich in die Kriegsrhetorik ein, die aus rechter Richtung ertönt, um uns den Abbau demokratischer Rechte wenn nicht schmackhaft, so doch plausibel zu machen. Nur eben auf ihre Weise: sanfter, undeutlicher, ja sogar ein wenig zu Herzen gehend, appellierend an die in Deutschland besonders prächtig entwickelte seelische Zone, in der sich Solidarität und Untertanengeist nicht so recht auseinanderhalten lassen.

Ein historisches Datum freilich fehlt, das nämlich, mit dem sie es vor einigen Jahren zu notorischer Berühmtheit in Sachen Solidarität gebracht hat: die Flüchtlingskrise. »Wir schaffen das!« Bloß nicht! Ihr letzter großer Appell an Solidarität auf Deutsch war auf die Länge der Zeit ein Rohrkrepierer. Da muss man schon weiter zurückgehen, tiefer in den nationalen Hausschatz greifen, um sein Ziel zu erreichen. Dass das »seit« so unscharf adressiert ist, kommt dabei zu Hilfe. Denn im Zweifel hat man es nicht so gemeint.

## Systemrelevant

»Systemrelevant«: Abgesehen davon, dass es sich ein wenig anhört wie »kriegswichtig« – es wäre ein Grund für Verbeamtung. Was sonst. Aber schaut man sich an, wie hoch der Anteil der Beamtinnen und Beamten in den systemrelevanten Berufen ist, von denen jetzt so viel die Rede ist, ist das Ergebnis deprimierend. Wir erkennen jetzt auch – mit jahrzehntelanger Verspätung –, wie verheerend die Privatisierung ganzer Tätigkeitsbereiche von entscheidender gesellschaftlicher Bedeutung gewesen ist. Viel mehr als in Form von Ausgangssperren und Notverordnungen, die vielleicht jetzt wirklich nötig sind, würde ich mir einen Staat wünschen, der das noch in Händen hielte, der also auch im Gesundheitssystem, in Kommunikation und Verkehr noch immer in der Verantwortung stünde. Bessere Bezahlung ist gut, aber nicht das Richtige. Sie folgt dem Gesetz von Angebot und Nachfrage in Zeiten gestiegener Nachfrage. Stattdessen wäre über die Wiederverstaatlichung von Produktionszweigen nachzudenken, die sich jetzt als unentbehrlich erweisen – mit allen Privilegien und mit allen Konsequenzen.

## Überleben, transitiv

In Zeiten der Mitleidsrhetorik, wie sie, sobald es um den Virus geht, in Presse und Medien in mehr oder weniger spektakulärer Form ihre Blüten treibt, breitet sich eine semantische Vereinseitigung bezüglich des Verbs »überleben« aus. Das Wort wird permanent in intransitiver Form benutzt, um zu betonen, dass diejenigen, die der Krankheit entkommen sind, schlicht überlebt haben. Überlebt, aber nicht *jemanden* überlebt, denn das klänge so, als hätten sie es darauf abgesehen, jemanden umzubringen, um sich selbst den Status des Überlebenden zu verschaffen. Es ist evident, dass niemand, der mit dem Virus angesteckt wurde, auf einen Wettkampf zielt, aus dem er als Sieger hervorgeht. Gerade mit Blick auf die vielen Toten scheint die Gesellschaft von dem kollektiven Bemühen beseelt zu sein, sich selbst im Wortsinn zurückzunehmen – ins eigene Gehäuse –, um die Gefahr der Ansteckung und neuer Tode zu vermeiden.

Doch die transitive Verwendung von »überleben« ist damit nicht aus der Welt. Nicht aus der sprachlichen und nicht aus der sachlichen. Und sachlich meint: Die transitive Verwendung des Wortes hat handfeste, ja mehr noch, handgreifliche Konsequenzen. Sie existiert. Wenn ein Politiker wie Boris Johnson dem Rat der Virologen und Epidemiologen anfänglich kein Gehör schenkte, sondern von einer schnellen Herstellung von »Herdenimmunität« phantasierte, stand das Transitive riesengroß im Raum. Es war klar, dass er sich nicht vorstellen konnte, selbst von der Krankheit betroffen zu sein.

Diese Vorstellungslosigkeit lief auf eine Politik hinaus, die die realen Aufnahmekapazitäten der britischen Krankenhäuser krass überschätzte. Aber diese Folge war schon sprachlich klar abzusehen gewesen. Der Virus, das ist die hohe Zeit der großen Männer. Und charakteristisch für diese ist, dass die schiere Macht, die ihnen durch ihre Position zukommt, ihnen die unausgesprochene Gewissheit eingibt, in jedem Fall zu den Überlebenden zu gehören. Überleben ist hier nicht mehr assoziiert mit einer Gefahr, die man überwinden, oder mit einer Krankheit, gegen die man sich erfolgreich zur Wehr setzen werde. Vielmehr ist das Überleben anderer (im Sinne von: »ich überlebe *jemanden*«) so tief in der Phantasielosigkeit verankert, dass für diese Männer der Glaube an eine regelrechte Unverletzlichkeit charakteristisch ist.

Das Perverse besteht darin, dass dieses Gefühl durch den Virus nicht etwa gedämpft, sondern im Gegenteil angestachelt wird. Die ersten Kranken waren schon da, die Gefahr absehbar, die Möglichkeit, selbst zu den Kranken zu zählen, nicht völlig ausgeschlossen. Und doch stehen Männer vom Schlage Johnsons der »Herde«, deren Sprachrohr sie zu sein behaupten, derart fern, dass sie selbst schon lange vor Einsetzen der Immunität immun zu sein glauben, einfach dadurch, dass sie an der Spitze der Pyramide stehen und daran gewöhnt sind, das Transitive zum Grundsatz ihrer Politik zu machen.

Das erklärt, warum Situationen, in denen solche Männer krank werden (und zwar schwer), bei anderen Männern des gleichen oder noch härteren Schlags (Trump) reflexartig-transitive Verwendungen des Wortes »überleben« auslösen. Da wird in öffentlichen Solidaritätsbekundungen sogleich betont, Johnson sei ein »starker Mann«, was impliziert: ein Mann, stark genug, um da zu überleben, wo andere nicht überlebt hätten, oder, genauer noch, nicht überlebt *haben* (denn die Toten sind ja schon da, und zwar in Massen).

Die Rhetorik der Stärke ist das Signum der Überzeugung, unverletzlich zu sein. Und sobald ein Mann, den man als seinen Freund bezeichnet, weil er stark ist wie man selbst (das heißt, übersetzt ins Sachliche: eine ebenso starke Position einnimmt), dann doch krank wird, ist eigentlich die Frage geboten, ob man nicht selbst die eigene Unverletzlichkeit zu überdenken und die Möglichkeit ins Auge zu fassen hätte, Teil der Herde zu sein, die sich schafsmäßig zu jeder Gegenwehr unfähig zeige. Aber genau zu diesem Gedanken ist die Macht nicht in der Lage. Sie glaubt sich über die Schafe erhaben und ist doch ihr größtes. Denn die Anerkennung der Tatsache, dass man noch lange kein Schaf ist, nur weil man krank geworden ist, führt ja in Wirklichkeit aus der Logik des Bockigen heraus, das darauf besteht, einem selbst könne nichts geschehen.

Und noch während es geschieht – wie dem englischen Premierminister –, bleibt man unfähig, zuzugeben, dass der Angriff auf die eigenen transitiven Überzeugungen voll im Gang ist und die Integration in die verachtete Herde auch. Die Konsequenz ist die Verstärkung des Bockens: Johnson arbeitete weiter, als er schon sehr krank war. Selbst der Umstand, dass seine Frau schwanger war und vielleicht (als Person, die die Krankheit gerade überwunden hatte) etwas von Verletzlichkeit hätte vorstellbar machen können, hinderte ihn nicht daran, weiter der Leithammel sein zu wollen.

Dieses Arbeitsethos war in Wirklichkeit das Ethos desjenigen, der nicht einfach nur zum Überleben entschlossen ist, sondern sich *partout* nicht daran gewöhnen kann, dass es auch anders kommen kann. Während andere Kranke durch Ruhe ihre Chancen zu erhöhen suchten, der Krankheit zu widerstehen, versuchte Johnson, sich und der Welt seine Unverletzlichkeit und Unersetzlichkeit durch die Erhöhung des normalen Arbeitspensums vorzuführen.

Was prompt ein transatlantisches Echo gefunden hat. Trump (um einmal wieder auf ihn zu sprechen zu kommen) ist der Repräsentant einer Haltung, die noch im eventuellen Tod des starken Freundes eine Bestätigung dafür erkennen würde, dass sein Überlebenskonzept das wahre ist. Denn wenn Johnson stürbe, hätte sich nur erwiesen, dass Johnson sterblich ist, was jedoch (zumindest solange Trump nicht stirbt) nur beweisen würde, dass Trump stärker ist als Johnson (schlicht darum, weil Trump noch am Leben wäre und Johnson nicht).

Mit anderen Worten: Der Tod von Freunden ist Wasser auf den Mühlen des Transitiven. Je näher der zu beklagende Tote einem stand, desto mehr verstärkt er den anderen in seiner Überzeugung, selbst nicht sterben zu können.

Die überzeugendste, da extremste Situation entstünde dann, wenn alle stürben und der Machthaber als letzter übrig bliebe. Transitives – das ist die Unfähigkeit, Angst zu haben. Die Angst um den anderen ist erst gar nicht nötig, denn ohne ihren Tod könnte das Verb ja nicht transitiv werden.

Die Angst um sich selbst aber bleibt auch aus, weil die eigene Position stets im Verhältnis zu den anderen, »Schwachen« gedacht wird und ein unabhängiges Erleben von sich selbst daher gar nicht mehr zugänglich ist.

Der Starke ist also allein und zugleich doch enger an die Herde gebunden als jedes einzelne Schaf. Die Bindung ist eine rein negative – in Gegnerschaft, die von der Rhetorik von Solidarität, Freundschaft oder gar Mitleid kaum überdeckt wird. Dass Trump Johnson für einen starken Mann hält, ist nichts weiter als eine Selbstbeschreibung. Trump erzählt, indem er von Johnson zu sprechen scheint, nur sich selbst.

Insofern scheint es geboten, der Sprache größte Aufmerksamkeit zu schenken. Trumps Weigerung, eine Maske zu tragen, gibt vor, wonach ihm politisch der Sinn steht. Er trägt selbst keine, obwohl die Verpflichtung für alle, sie zu tragen, öffentlich diskutiert wird. Aber Trump kennt nur *eine* Angst: die, mit der Maske seine reale Verletzlichkeit ins Bild zu heben, sozusagen einen Beweis dafür zu schaffen, dass er sterblich ist wie alle anderen auch.

Nimmt man hinzu, dass Männer wie er und andere, wenn sie denn wirklich krank würden (oder werden), nicht achselzuckend mit dem Hinweis nach Hause geschickt werden, es sei jetzt leider kein Platz mehr, und auch nicht auf die nötigen Geräte warten müssen, die ihnen notfalls beim Atmen helfen, ist abzusehen, dass die Gleichheit vor dem Tod durch die massiven sozialen Unterschiede wenigstens teilweise aufgehoben wird (und gerade erst für einen Premierminister oder Präsidenten). Die Überlebenschancen stehen dann wirklich ganz gut. Und damit die Chance, dass sich die transitive Verwendung des Wortes »überleben« trotz der massiven Erfahrungen, die man, quer durch die Geschichte, mit diesem Wort gemacht hat, immer noch nicht überlebt hat. In dieser Hinsicht sind die Schafe dann doch Schafe: weil sie sich stets von Neuem fasziniert zeigen durch Männer, die ihre Politik aufs Transitive stellen.

## Zynisch

> *»Bundesminister Scholz betonte im ARD-Fernsehen, es gehe darum, Leben zu retten. Der SPD-Politiker nannte es zynisch, dass gesundheitliche hinter wirtschaftlichen Fragen zurücktreten sollten.«* (Deutschlandfunk, 9-Uhr-Nachrichten, 30. März 2020)

Ohne Zweifel. Es ist zynisch, dass in Deutschland jeden Monat 250 Menschenleben der Autoindustrie vorgeworfen werden und das statistische Bundesamt darauf hinweist, dies sei der niedrigste Wert seit Jahren. Es ist zynisch, Kriege als Beutezüge, also wegen wirtschaftlicher Fragen zu führen und noch aus dem ökonomischen Wiederaufbau der zerbombten Länder Profit zu schlagen. Es ist zynisch, Kinder in Minen und Textilfabriken verrecken zu lassen, rumänische Arbeiter in der Fleischindustrie mit 8 Euro am Tag zu entlohnen und Zimmermädchen immerhin mit 2,45 die Stunde. Es ist zynisch, den Planeten, auf dem wir leben, wegen wirtschaftlicher Fragen so zu verwüsten, dass er zu einer Frage der Gesundheit wird. Es ist zynisch, wenn solche Sätze von dem Minister einer Weltgesellschaft geäußert werden, die den Reichtum der einen mit der Armut der anderen erkauft und sich um die Gesundheit der industriellen Reservearmee nur insoweit zu sorgen hat, als das Angebot nicht geringer werden darf als die Nachfrage. All das ist aber harmlos. Wir kennen das und haben uns schon lange daran gewöhnt. Aber so zu tun, als sei dies eine allgemeine Maxime, die schon immer gegolten habe, und nicht der Normalzustand einer Gesellschaftsform, die den Menschen dem Profit unterjocht und wenig andere Freiheit kennt als die Freiheit der Rendite, schreit zum Himmel. Dieser Himmel war bislang mit ökonomischen Kennziffern verhängt. Jetzt, in dieser großen Zeit, lacht die Sonne der Menschlichkeit und im Wind flattern humanistische Spruchbänder. Jetzt können wir wieder Vertrauen fassen in eine Politik, der wir es fälschlich entzogen hatten. Nur scheinbar unterwarf sie uns in den letzten Jahrhunderten dem Diktat wirtschaftlicher Fragen. Seit je standen, so begreifen wir mit einem Mal, gesundheitliche Fragen im Vordergrund, immer schon verfolgte sie kein anderes Ziel als das, Leben zu retten. *Wie haben wir uns geirrt:* Die Dominanz wirtschaftlicher Fragen in den letzten Jahren und Jahrzehnten war ein falscher Eindruck, eine perspektivische Verzerrung; allenfalls ein systemirrelevanter Irrläufer, der über das Wesen dieser besten aller Welten nichts besagt! Jetzt, in der Krise, kommt die wahrhaft menschliche Fratze der Welt, in der wir leben, zum Vorschein.

## Die Krise als Förster

> *»Die Kunst- und Kulturszene in Deutschland ist nach Auffassung von Kulturstaatsministerin Grütters durch die Corona-Krise nicht grundsätzlich in ihrer Existenz bedroht. Es werde zwar Verluste geben, sagte die CDU-Politikerin der »Neuen Osnabrücker Zeitung«. Einen Kahlschlag sehe sie aber nicht. Kultur gehöre zum Wesenskern der Gesellschaft und werde sehr schnell wieder eine starke Nachfrage erleben. Zugleich verwies Grütters darauf, dass Künstler von den Hilfsprogrammen der Bundesregierung profitieren und etwa Zuschüsse beantragen könnten.«* (Deutschlandfunk, Nachrichten, 1. April.2020)

Man nennt das Gesundschrumpfen. Wie jede Krise bringt auch diese die Wahrheit an den Tag. Es werde Verluste geben, diese aber werden nur die Künstler betreffen, deren Produktion nicht zum Wesenskern der Gesellschaft gehört, die also nach der Krise nicht auf eine Nachfrage treffen werden, die man sich wohl nicht nur als eine starke, sondern auch als eine gesunde vorzustellen habe. Die anderen, denen es besser geht, die also nicht zu den Verlusten gehören, die es geben werde, können bis dahin von den Hilfsprogrammen der Bundesregierung profitieren, also doch ihren Schnitt machen und etwa Zuschüsse zum laufenden Geschäft beantragen. Der Wald der Kultur, dessen Kahlschlag nicht zu befürchten steht, kann ausgelichtet werden. Eine echt forstliche Arbeit. Die Gewächse, die es wert sind, behindern sich nicht mehr gegenseitig, das Wild verschwindet aus dem Unterholz. Es wird eine Lust sein, sich darin zu ergehen.

## Tanzlustbarkeiten

Aus der Sächsischen Corona-Schutz-Verordnung vom 17. April 2020. Dort sind im § 4, Punkt 6 die Betriebsuntersagungen aufgelistet:

> *»Volksfeste, Jahrmärkte, Tanzlustbarkeiten, Tanzschulen, Diskotheken, Clubs, Musikclubs, Spielhallen, Spielbanken, Wettannahmestellen und ähnliche Unternehmen, Prostitutionsstätten, Prostitutionsveranstaltungen, Prostitutionsvermittlung, Vergnügungsstätten, Freizeit- und Vergnügungsparks.«*

Wenn ich mir dieses Bataillon von Begriffen ansehe, so bleibt vor allem der Eindruck zurück, dass das Wort Party aus irgendwelchen Gründen vermieden werden musste. Die Liste klingt wie eine Verordnung aus den 1950er Jahren. Regression und Renationalisierung auch auf der Ebene der Sprache.

Schreibt man diese Begriffe ab, zum Beispiel auf Karteikarten, und legt sie auf den Boden, beginnen sie zu tanzen. Sie haben ja keine Ordnung, ihr Allgemeinheitsgrad ist vollkommen unterschiedlich. Vergnügungsstätten steht sicherlich ganz oben und gilt für alles zuvor Genannte. Zugleich ist die damit verbundene Vorstellung am allervagsten. Seine Position an vorletzter Stelle ist unerklärlich – es sei denn, es ginge darum, den sich einhämmernden Prostitutionsbegriff auf die sanfte Bahn einer ansteigenden Abstraktion zu führen.

Das altmodische Wort »Tanzlustbarkeiten« – was könnte es meinen, das durch »Tanzschulen, Diskotheken, Clubs, Musikclubs« nicht abgedeckt wäre? Hier gibt es einen Überschuss des Allgemeinen über das Einzelne, in dem sich die Besorgnis der Landesregierung kundtut – in Form eines begrifflichen Flashbacks, der anzeigt, dass wir nicht nur in der Gegenwart leben.

Ein wenig gewundert habe ich mich über die Wettannahmestellen. Kein Problem, wenn es um die Wettbüros auf den Pferderennbahnen ginge, wo manchmal wirklich viel los ist – wenn auch die ganz großen Zeiten, von denen Bukowski erzählt, vorbei sind. Die, in die ich mal reingelugt habe, sind eher stille Orte. Aber es scheint wichtig zu sein, wie durch »und ähnliche Orte« angezeigt wird, dem müßigen Treiben um einen Gewinn, der nicht durch Arbeit und Ausbeutung erwirtschaftet wird, einen Riegel vorzuschieben.

## Tragische Helden

Ärzt:innen, die in der aktuellen Situation zu einer »Triage« gezwungen sind, also unter ihren Patientinnen und Patienten auswählen müssen, wen sie medizinisch versorgen und wen nicht, wurden in einem Feature des Deutschlandfunks als »tragische Helden« bezeichnet. Was für ein Frevel an beiden Begriffen!

Zunächst zum »Heldentum«: Was den Ärzten und Ärztinnen hier attestiert wird, gleicht dem Heldentum der Soldaten, die in eine aussichtslose Schlacht geschickt wurden; oder dem der Liquidatoren, die von höherer Stelle nach Tschernobyl oder Fukushima befohlen wurden, um die Unfallstelle zu sichern, und danach verreckten. Es ist die Internationale eines preußischen Untertanenheldentums, die hier wieder einmal gesungen wird. Helden dieses Schlages begehren nicht auf. Sie holen die Kastanien aus dem Feuer, tragen die Lasten eines falschen Systems, verrichten das Unzumutbare bis zum Burnout oder Tod und bekommen dafür einen Orden umgehängt.

»Tragisch« an den Triage-Entscheidungen erscheint, dass man es eigentlich nicht richtig machen kann. Natürlich gibt es Kriterien, die die Ärzt:innen bei ihrer Entscheidung unterstützen sollen: Überlebenswahrscheinlichkeit, Alter, Systemrelevanz; und wenn dies nicht weiterführt, ist es auch legitim, das Los entscheiden zu lassen. Das soll und kann ihnen bei ihrer Entscheidung helfen.

Per Unterschleif läuft freilich ein Zweites und Entscheidendes mit: die Aura der Unvermeidlichkeit. Seit der stoischen Adaption der Tragödie durch

Seneca, weitergereicht über das barocke und das bürgerliche Trauerspiel, ist der Begriff des Tragischen vom fauligen Nimbus des Schicksalhaften umgeben, dem man sich zu fügen habe. Tragisches Heldentum, so die Grundüberzeugung dieser Tradition, bestünde in der Annahme solchen Schicksals.

Genau dagegen begehren aber die tragischen Helden ursprünglich auf. Sie nehmen das Schicksal nicht als gegeben hin. Sie protestieren, sie stellen das Schicksal als Entscheidung höheren Orts in Frage – Ödipus, der nicht bereit ist zu akzeptieren, dass über sein Leben durch göttliche Gewalt verfügt wird und, wenn auch auf die falsche Weise, gegen sein vorhergesagtes Schicksal rebelliert; Antigone, die sich gegen die Notstandsentscheidung eines Diktators wendet; Orest, der die Macht der Mutter bricht. Es heißt nicht, dass sie richtig entscheiden – freilich ebenso wenig, dass sie notwendig falsch entscheiden. Es heißt nur, dass sie sich *überhaupt* entscheiden und damit gegen eine angebliche Unverfügbarkeit des Geschehens antreten.

Auch im gegenwärtigen Fall hat es Entscheidungen ›höheren Orts‹ gegeben: keine göttliche Verfügung, sondern politische Entscheidungen, durch die das Gesundheitssystem eines Landes ausgehöhlt wurde. Sie standen insgesamt im Zeichen seiner Anpassung an die Gesetze des kapitalistischen Marktes, auf dem das Hauptziel nur darin bestehen kann, Geld zu erwirtschaften und man Gebrauchswerte – hier: die Gesundheit von Patient:innen – allenfalls als Kollateralnutzen im System halten kann. Diese Entscheidungen – die keinesfalls alternativlos waren – erhalten dadurch, dass ihre Folgen als »tragisch« bezeichnet werden, eine quasi metaphysische Weihe. Das kaputtgesparte, teilweise privatisierte, jedenfalls systematisch durchkapitalisierte Gesundheitssystem wird zum Schicksal, an das nicht heranzukommen ist. Und denen, die seine Lasten in der Krise tragen, wird daraufhin das Ehrenzeichen des tragischen Helden umgehängt.

In der Radiosendung kam kein einziger Arzt, keine Ärztin zu Wort, die von ihren Erfahrungen berichtet hätten. Bemerkenswert. Die Experten waren Jurist:innen, Philosoph:innen, Historiker:innen. Die hinzugezogenen Ärzte kamen nicht aus der stationären Praxis. Aber des Langen und Breiten wurde über die konkurrierenden »Rationalitäten« einer Triage-Entscheidung diskutiert: Los, Zeitlichkeit, Nützlichkeit … Warum dieses Theorie-Ping-Pong? War es nicht möglich gewesen, jemanden zu finden und zum Gespräch zu bewegen? Oder bestand vielleicht gar kein Interesse daran? Gab es eine Scheu vor der Konfrontation mit dem Phänomen? Davor, dass ein hinzugezogener

Arzt die Theorie in den Wind schießen würde? Davor, dass er erklären würde, wie die Entscheidungen vor Ort wirklich ablaufen? Davor, wie es sich anfühlt, wenn man nicht mal eine, sondern vielleicht am Tag mehrere solcher Entscheidungen zu fällen hat? Dass sich Routinen der Gewöhnung entwickeln, die sich theoretisch nicht abbilden lassen? Und dass er angesichts dessen das getan hätte, was tragische Helden tun, nämlich ein falsches System in Frage zu stellen, das in der Krise dazu zwingt, immer und immer nur falsche Entscheidungen zu treffen?

## Positiv

Nach der raschen Verbreitung der Seuche im Landkreis Gütersloh wird nun darüber nachgedacht, den Einwohner:innen dieses Landkreises die »Ausreise« in andere Bundesländer nur dann zu gestatten, wenn sie einen »negativen« Sars-CoV-2-Test vorweisen können. Man wundert sich. Als Kind und noch manchmal als Heranwachsender habe ich nicht verstanden, warum der »negative« Ausgang eines medizinischen Tests für die Beteiligten »positiv«, und umgekehrt: warum ein »positiver« Test nicht bloß »negativ«, sondern schlimm und möglicherweise sogar verheerend war. Ein positives Ergebnis etwa bei der Krebsvorsorge war die Katastrophe, die Bedrohung eines gesamten Lebens. Dann der Schwangerschaftstest. Auch hier konnte man, während man in Ausbildung und Studium damit beschäftigt war, einen eigenen Lebensweg ausfindig zu machen, sich selten unbefangen freuen, wenn dieser Test »positiv« ausfiel.

Hier ist es aber doch nun mal endlich so, wie es das Kind sich vorgestellt hat. »Negativ« ist »negativ« und »positiv« ist »positiv«. Negativ ist negativ, weil jeder Mensch, der die Krankheit nicht hat, sie noch bekommen könnte. Und positiv ist positiv, weil es bedeutet, dass der Mensch dann, wenn er die Krankheit überstanden hat, sich nach dem, was wir momentan wissen, für eine gewisse Zeit weder damit anstecken noch sie weitergeben wird.

Eigentlich müsste die Anordnung also lauten, dass nur »positiv« getestete Bewohner:innen des Landkreises Gütersloh diesen verlassen dürfen, wenn das Testergebnis, sagen wir, mehr als drei Wochen zurückliegt. Jeder »negativ« Getestete dagegen, dessen Test auch nur mehr als einen Tag zurückliegt, dürfte den Landkreis eigentlich nicht verlassen, denn sie oder er könnte sich ja in der Zwischenzeit bereits angesteckt haben und zum:r Infektionsträger:in geworden sein.

Warum also diese offenkundige Verkehrung dessen, was einem der gesunde Menschenverstand und in diesem Fall sogar das kindliche Sprachgefühl sagt? Es hat sich unversehens ein Misstrauen gegen die Art und Weise eingenistet, in der Krankheiten natürlicherweise überstanden werden, nämlich durch Ausbildung von Immunität. Ich will damit nicht sagen, dass man Corona sich einfach hätte verbreiten lassen sollen. Das, was geschieht, wenn man zu wenig unternimmt oder zu spät handelt, sieht man an den USA oder Brasilien. Nicht auszudenken, was geschehen wäre, hätte man gar nichts unternommen. Dennoch ist jede:r, die oder der sich in den letzten Monaten, in denen es schwierig war (und sein sollte), sich zu infizieren, mit Corona angesteckt hat, ein Gewinn: universell einsetzbar und ihr Leben ist keinerlei Beschränkungen unterworfen. Sie sind das, was der Unterdrückung des Infektionsgeschehens durch die Maschen schlüpfte und gerade deswegen eine temporäre Elite.

Will man das verhindern? Will man die Zweiteilung der Menschheit in eine Pandemie-Elite, die im Prinzip tun und lassen könnte, was sie will, und einen Rest, der den wechselnden und der jeweiligen Infektionssituation angepassten Bedingungen des Lockdowns unterworfen wäre, verhindern? Befürchtet man soziale Verwerfungen? Gezielte Versuche, sich anzustecken, um den Einschränkungen zu entkommen? Illegale Partys, wo sich die Jungen und Schönen der Nation, die wenig zu befürchten haben, systematisch immunisieren? Es gibt sie jedenfalls, das ist nachvollziehbar. Aber ist es die einzige Lösung des Problems, auch diejenigen den Beschränkungen zu unterwerfen, bei denen kein Grund dazu besteht?

All das dürfte die Diskussionen der politischen Entscheidungsträger:innen in den letzten Monaten beeinflusst haben. Es scheint mir aber noch nicht das ganze Problem zu beschreiben. Wie eh und je geht es um Naturbeherrschung. Die Krankheit kriegen und sie einfach auskurieren: Das ist irgendwie nicht richtig, nicht fair. Sich der Natur statt dem momentan durchregierenden Verbund aus Wissenschaft und Politik anzuvertrauen – und sei es auch unbeabsichtigt –, ist undiszipliniert und fast schon ein Akt der Insubordination. Der Erreger, so lautet die stille Botschaft, gehört in die Hand derjenigen, die ihn ausschließen und verhindern, er gehört in die Labore und nicht in die der Natur, die ihre Arrangements trifft. Es sind teure Arrangements, denn es sterben Menschen, viel mehr Menschen als durch die Verhinderungsstrategie von Politik und Wissenschaft.

Ich bin nicht daran interessiert, mich hier für das eine oder das andere zu entscheiden. Der empfindliche Punkt scheint mir vor allem in der mangelnden Wertschätzung zu liegen, die den Glücklichen entgegengebracht wird, die sich *nolens volens* infiziert und die Krankheit überstanden haben. Es geht um die Einsicht, dass die natürliche Immunisierung ein »positiver«, ziemlich präzise arbeitender, hochwirksamer Prozess ist, zu dem sich die medizinische Forschung in ein anerkennendes und partnerschaftliches Verhältnis setzen sollte. Es geht um das Bündnis mit der Natur anstatt um ihre Unterwerfung.

Einige Bekannte von mir dachten, sie hätten Corona gehabt. Dann haben sie sich irgendwann einen Antikörpertest besorgt. Ausnahmslos negativ. Sie waren alle bestürzt darüber; und ich bin es auch, da ich nun niemanden mehr kenne, der diese Krankheit gehabt und überstanden hat. Irgendwie würde mich das beruhigen, es wäre »positiv«.

# Die Eingeschlossenen

## Wunschträume

Vor Jahren habe ich einmal gelesen, die körperlose Welt des Digitalen sei die Erfüllung eines gnostischen Wunschtraums. In der Rückschau sehen wir nun, wieviel Erdenrest noch zu tragen peinlich war. Jetzt trennen Mauern, Tücher, Stoffe, Ventile, Plexiglasscheiben die Individuen voneinander. Das Ideal ist, dass jedes Individuum in seiner Schublade steckt und nur über körperlose Kanäle mit den anderen kommuniziert.

Wunschtraum der Epidemiolog:innen: die Welt der klassischen Mechanik, jeder Körper ein idealisierter Massenpunkt, durch exakte Gesetze mit den anderen Massenpunkten verbunden. Jede Ansteckung wäre verhütet, wenn wir nichts weiter wären als die Bezugsgrößen dieser Gesetze.

Eben das ist das Denken, das durchs Geld – also durchs Geld als absolutes Lebensmittel, jeden Austausch von Waren regelnde, jeden Markt beherrschende Größe – über uns gekommen ist. Auch der Gebrauchswert ist bloß die Bezugsgröße des Tauschwerts – weil man halt irgendwas braucht, an das sich der Tauschwert heftet. Aber dass die Dinge, die wir kaufen, uns etwas nützen (wenn sie es überhaupt tun), ist bloß ein Kollateraleffekt des entscheidenden Vorgangs: des durchs Geld vermittelten Tauschs.

Das gilt im Kleinen: Harald Welzer spricht sehr hübsch davon, dass wir, wenn wir den Biolachs, der im überfüllten Kühlschrank schlecht geworden ist, entsorgen, zu reinen »Relaisstationen« zwischen Kaufen und Wegwerfen geworden sind. Dass wir ihn essen – tja, kann schon sein, ist aber nicht so wichtig. Und das betrifft in den europäischen Ländern knapp 40 Prozent der Lebensmittel …

… wie im Großen: eine Klinik ist dazu da, Profit zu erwirtschaften. Die Gesundheit der Menschen: Alles kann, nichts muss. Sie ist ein schöner Nebeneffekt. Und doch: Die Haltbarkeit des kapitalistischen Systems verdankt sich auch der Wucht, mit der der medizinische Fortschritt unter den Bedingungen eines so gegliederten Marktes erzwungen wurde.

Gähnende Leere, auf dem Leipziger Hauptbahnhof bewegen sich nicht mehr als 40 Menschen. Alles ist still, wie im Winter nach frischem Schneefall. Nur dass das Wetter schön ist, der Himmel von unwirklichem Blau. Die meisten Geschäfte haben geschlossen. Aber die Züge fahren noch – nicht alle, die Bahn hat manche Verbindungen zusammengestrichen –, aber im Großen und Ganzen ist das Netzwerk intakt. Einerseits wirkt das wie fanz früher, als es die Hauptfunktion der Bahnhöfe war, Menschen von A nach B zu befördern. Danach, also das heißt vor Corona, war der Zugbetrieb ein dekoratives Anhängsel der Shopping-Mall, die sich in drei Etagen etabliert hat. Ja, einerseits. Andererseits hat man das Gefühl, einen Zipfel von der Wahrheit zu fassen zu bekommen, die unser Leben bestimmt. Wir, die lebenden, atmenden, liebenden und hassenden, miteinander redenden und uns ansteckenden Menschen sind eigentlich überflüssig. Wenn es irgendeine Möglichkeit gäbe, das Ding ohne uns, die Konsumenten und Mehrwertproduzenten am Laufen zu halten – wie schön wäre das! Fast lautlos gleiten die Züge aus dem Bahnhof heraus. Die Mittagssonne wird durch die großen Glasfenster zerstreut. Der nächste Zug auf Gleis 17 fährt um 22.12 Uhr.

## Luxus des Eingesperrt-Seins

Wer täglich arbeiten gehen muss, weil der Verdienst gerade nur für einen Tag reicht (und oft selbst das nicht), kann die Ausgangssperren, die jetzt in reichen Industrieländern verhängt wurden, nur als beneidenswerten Luxus betrachten.

Innerhalb desselben gibt es vielfältige Abstufungen, vom einfachen, beengten Zuhause-Bleiben mit tausend Problemen bis hin zum Luxus im Luxus: Zu Hause arbeiten können, genug Platz haben, Geld verdienen, all das zusammen: Hier verbietet sich, wenn man nur ein wenig um sich schaut, jede Klage.

Aber auch die Gesamtgesellschaft der reichen Länder macht sich ihre Privilegien nur selten klar. Es gibt staatliche Hilfen – bescheidenste und unzureichende oft, aber doch Hilfen, die dazu führen, dass die übergroße Mehrheit genug zu essen hat.

Was ist hingegen, wenn man nicht genug zu essen hat und darum raus muss? Wenn man sich das Drinnen-Bleiben wünscht, es aber nicht umsetzen kann?

In Defoes Pestroman wird ein Vater beschrieben, der allein für die Versorgung seiner Familie aufzukommen hat. Er lebt getrennt von ihr. Nicht, weil er seine Frau und Kinder nicht sehen mag, sondern vielmehr, weil er jedes Risiko vermeiden will, sie anzustecken.

Er arbeitet und arbeitet, so gut er kann, und alle Nahrung legt er auf einen besonderen Stein, zu dem er aus der Ferne seine Frau ruft, damit sie den Kindern etwas kochen kann. Die Kommunikation zwischen den beiden Erwachsenen findet nur für kürzeste Zeit und unter Einhaltung räumlicher Distanz statt. Man schreit sich gegenseitig etwas zu, und dieses Schreien ist, entgegen allen Gepflogenheiten, ein Ausdruck der Liebe und Fürsorge, die man einander entgegenbringt. Der Luxus, den die Familie sich leistet, besteht darin, dass nur eine Person hinausgeht. Dass Frau und Kinder im Hausinneren bleiben, ist ein Privileg, für das der Vater aufkommt. Ein Privileg – und ein Liebesbeweis.

Es ist damit aber auch klar, dass ihm auf keinen Fall etwas passieren darf. Wenn er stürbe, müsste die Mutter das Wagnis auf sich nehmen und an die Stelle des Vaters treten. Da sie aber schon jetzt geschwächt ist, ist klar, dass mit dem Tod des Vaters das Leben aller auf dem Spiel stünde.

Die Isolation als Luxus, den eine Familie oder Gesellschaft sich ganz oder wenigstens teilweise leisten kann – das ist auch für unsere jetzige Situation zentral. Aber es ist dies nur denjenigen wirklich klar, die aus ihrem Draußen-Sein, das heißt in jeder Hinsicht von außen auf uns gucken.

## Agambens Verteidigung des Christentums

Zu Beginn der Corona-Krise erschien von Giorgio Agamben ein Pamphlet, in dem er die Aussetzung der Bürgerrechte um des Lebens der Corona-Infizierten willen heftig kritisierte und der Vermutung Ausdruck verlieh, dass dies den Beginn einer schleichenden Umwandlung dessen, was überhaupt noch von der Demokratie übrig geblieben sei, in ein autoritäres System markiere. Er hat sich damit wenig Freunde gemacht. Die an ihm geübte Kritik lief zum einen darauf hinaus, dass dem Leben nun mal die allerhöchste Priorität einzuräumen sei und es von einem inhumanen moralischen Rigorismus zeuge, die Ideen von Freiheit und Demokratie für wichtiger zu halten. Überdies stand der Vorwurf eines linken, verschwörungstheoretischen Alarmismus im Raum. Daraufhin hat Agamben mit einem Artikel in der NZZ reagiert, in dem er implizit auf diese Vorwürfe eingeht und seine Position erläutert.

Im Zentrum steht dabei – wie schon vorher – der Begriff des »nackten Lebens«, der rein biologischen Existenz. Um sie werde jetzt in den Kliniken gekämpft; um ihretwillen werde all das am Menschen verabschiedet, was ihn als Menschen ausmache: Geist, Kultur, Zusammenleben, Freiheit und Glaube. Totalitär ist nicht erst die Entmachtung der Legislative, nicht allein die Aussetzung des Versammlungsrechts, totalitär sei schon der Zugriff aufs nackte Leben und die Reduzierung des Menschen auf seine biologische Existenz. Wir haben, so schreibt Agamben, die Einheit unserer Lebenserfahrung, die immer zugleich körperlich und geistig ist, in eine bloß biologische Einheit einerseits und in ein affektives und kulturelles Leben andererseits aufgespalten. Jetzt, in der Krise, die die Wahrheit zutage fördert, sei die Gelegenheit gekommen, dieses zu verabschieden.

Das wirkt zunächst einmal romantisch, also wie die Klage über das Elend einer Welt, in der es vollkommen materialistisch zugeht – eine Welt, die keine Transzendenz und keine höheren Werte mehr kennt. Irgendwie passt es dazu, dass Agamben – wie viele Romantiker vor ihm – die Macht der Kirche anruft, die schnödem Treiben Einhalt hätte gebieten sollen,

> *»die Kirche, die – indem sie sich zur Magd der Wissenschaft gemacht hat, welche mittlerweile zur neuen Religion unserer Zeit geworden ist – ihre wesentlichen Prinzipien radikal verleugnet. Die Kirche unter einem Papst, der sich Franziskus nennt, hat vergessen, dass Franziskus die Leprakranken umarmte. Sie hat vergessen, dass eines der Werke der Barmherzigkeit darin besteht, die Kranken zu besuchen. Sie hat vergessen, dass die Martyrien die Bereitschaft lehren, eher das Leben als den Glauben zu opfern, und dass auf den eigenen Nächsten zu verzichten bedeutet, auf den Glauben zu verzichten.«*

Ja, was macht denn der Papst? Ostern betete er allein im Petersdom, umgeben von einer ehrfurchtgebietenden architektonischen Leere, die keine Transzendenz mehr symbolisiert, sondern die Macht des Staates/die Ohnmacht der

Kirche darstellt. Aber ist und bleibt es nicht Romantik? Die trügerische, weil anachronistische Beschwörung einer transzendenten Ursprungsmacht, die in der Verzweiflung dem in sich verschlossenen und alles totalitär durchgreifenden Gehäuse der Immanenz entgegengehalten wird?

Gerade diese Ursprungsmacht ist aber vom selben Schlag wie das, dem sie entgegentreten soll. Durch die Trennung von Seele und Körper und durch die damit verbundene, systematische Entwertung des begehrenden und bedürftigen Körpers hat sie den Begriff des nackten Lebens mitverschuldet. Das nackte Leben ist kein materialistischer Begriff. Die Reduktion der menschlichen Existenz auf den Körper und seine Funktionen, die vom System der modernen Medizintechnik nicht erfunden worden ist, sondern in ihm lediglich besonders anschaulich in systemrelevanter Greifbarkeit sozusagen instituiert wurde, ist das Ergebnis einer Abstraktion. Das heißt aber, eines intelligiblen Aktes. In dieser Abstraktion spielt der Körper als individuelle Ganzheit keine Rolle. Er wird vielmehr auf seine Funktionen beschränkt. Das heißt, im Endergebnis auf eine Ansammlung von Zahlen. Das nackte Leben ist zuletzt nichts als eine Zahl – eine Eins anstelle einer Null –, sonst nichts. Was im Wortsinne zählt, ist nicht das Leben der einzelnen, nicht einmal das nackte, sondern die Statistik: eine hochabstrakte, spekulative Sache, die mit dem Material, dem Mutterstoff der menschlichen Existenz, nichts mehr zu schaffen hat. Das sehen wir jetzt. Die Reduzierung auf das nackte Leben ist der reinste Idealismus. Wie in der klassischen Mechanik hat er es nicht mit wirklichen Körpern, sondern mit idealisierten Massenpunkten zu tun. Im gegenwärtigen Fall werden sie beatmet.

Der christliche Glaube ist ein Bestandteil dieser Tradition. Der Leib-Seele-Dualismus ist ein erster Schritt in die Richtung der Polarisierung, die das menschliche Leben auseinandergerissen hat in die abstrakte Zahl auf der einen, den abstrakten Massepunkt als ihre komplementäre Bezugsgröße auf der anderen Seite. Trotz aller Diskussion um die Auferstehung des Fleisches: Es gibt eine Linie, die vom Christentum als der erfolgreichsten aller antiken esoterischen Bewegungen, die auf die Trennung von Seele und Körper zielten, über die klassische Mechanik zu den Statistiken führt, die nun jeden Tag im Namen der Menschlichkeit ausgeworfen werden und doch alle so unmenschlich klingen. Das Christentum ist eine der Quellen dieser Unmenschlichkeit.

*»Wie konnten wir nur im Namen eines Risikos, das wir nicht näher zu bestimmen vermochten, hinnehmen, dass die uns lieben Menschen und überhaupt*

*alle Menschen in den meisten Fällen nicht nur einsam sterben mussten, sondern dass ihre Leichen verbrannt wurden, ohne bestattet zu werden?«*

So Agamben. Das ist nicht überall der Fall. Aber in Italien war es eine Zeit lang so. In New York mussten Massengräber ausgehoben werden, die Verwandten wurden zur Bestattung nicht zugelassen. Die statistischen, voneinander isolierten Massenpunkte sterben alleine. Denn ein wirklicher Körper ist wirklich nur in Beziehung zu anderen Körpern. Dies ist der Bereich des menschlichen Lebens, in dem Natur, Kultur und Geist zirkulieren, ohne dass sich eine klare Grenze zwischen ihnen ziehen ließe. Der wahre Materialismus bezieht sich auf diesen Bereich, auf diese Sphäre beständiger Fluktuation zwischen den Polen. Jeder Idealismus produziert demgegenüber eine abstrakte Polarität zwischen einer materiellen und einer ideellen Abstraktion – zusammengefasst in der Idee aller Ideen: der Zahl. Hier liegt der Ansatz zu dem der Aufklärung selbst innewohnenden Totalitarismus und Agamben hat Recht, wenn er hier Alarm schlägt.

Das Unheimliche ist ja: So nachvollziehbar viele der von den Staaten verhängten Maßnahmen im Einzelnen erscheinen – das Ganze scheint irgendwie falsch zu sein. Was wir im Moment erleben, ist, so scheint es, kein Betriebsunfall, keine einer konkreten Not geschuldeten Ausnahme, sondern ein gewaltsam an die Oberfläche getriebener Grundzug der europäischen Rationalität und der kapitalistischen Gesellschaft als ihrem avanciertesten Ausdruck.

Agambens Appell an die katholische Kirche ist missverständlich. Aber ich denke nun doch, er ist anders gemeint, als es mir zunächst schien. Es geht nicht um Gott. Die Frage des Glaubens ist irrelevant. Es geht nicht um Transzendenz, nicht um ihretwillen wurde das überholte Transzendenzinstitut angerufen. Es geht nicht um den Heiligen Geist, nicht einmal um Jesus, sondern um Franziskus – um körperliche Nähe, um Fürsorge und Liebe; um das angstfreie Umarmen der Infizierten und prospektiven Opfer, überhaupt aller Menschen – darum, sie aus ihrer ungeheuren Einsamkeit zu holen, in der sie sich befinden. Es geht darum, dass der Geist nicht am Himmel hängt, sondern entsteht, wenn sich zwei Menschen körperlich nahekommen. Das Gebot der Nächstenliebe zielt auf diesen Punkt. Was im Augenblick passiert und was Agamben registriert, ist die Austreibung des Geistes mit den Mitteln des Geistes. Und dies ist in der Tat ein hoher Preis.

## Bunkerwelten

1

Wir leben nicht beispiellos. Die Ausgangssperre öffnet den Blick auf andere Zeiten, in denen es das Eingeschlossensein auch gegeben hat. Und fast ist es, als bedürften wir dieser zeitlichen Dimension, um unsere eigene, räumliche zu erweitern. Nicht als Trost, eher als sachliche Frage: Wie hat man sich in anderen Zeiten zum Eingeschlossensein gestellt? Oder zu anderen Zeiten, die ihrerseits ein Eingeschlossensein erlebt hatten? Eine Kette von Erinnerungen, um nicht angekettet zu bleiben im eigenen Jetzt und gar zu engen Hier. Aber die Erinnerungen können durchaus bedrückend sein.

2

Der Abwurf der beiden Atombomben über Hiroshima und Nagasaki ist eine historische Zäsur, die international heftigste Debatten um die Definition von Schutzräumen in Gang gesetzt hat. Auf der einen Seite waren der 6. und 9. August 1945 nicht mehr als der Höhepunkt eines Bombenkriegs, dessen räumliche Koordinaten durch Städtenamen wie Rotterdam, Coventry, Stalingrad, Tokyo oder Dresden in symbolischer Verdichtung aufscheinen. Man lebte im Keller, zunächst in der Nacht, in Deutschland und anderswo dann aber immer häufiger auch tagsüber: Die anfliegenden Bomber sahen sich durch keine nennenswerte Flugabwehr mehr gehindert, die Dunkelheit der Nacht verlor für die Piloten zunehmend an Bedeutung – diesen Schutzmantel konnte man abstreifen und sich am Himmel ganz offen zeigen. Für die Zivilbevölkerung bedeutete das, dass die herkömmlichen Lebens- und Arbeitsrhythmen von einer Minute zur anderen von Grund auf durcheinandergebracht werden konnten. Es gibt Berichte von Menschen, die mitunter nichts anderes taten, als zwischen ihren Wohnungen und den Kellern hin- und herzurennen. Ein Leben im Dazwischen der Treppe sozusagen.

## 3

Seit dem Atombombenabwurf war das Zerstörungspotential potenziell unendlich steigerbar. Die Flächenbombardements und die gezielte, durch Phosphor verstärkte Erzeugung riesiger Feuer, wie sie etwa in Hamburg oder Dresden riesige Luftmassen an sich gezogen und dem Wort »Feuersturm« zu einer bisher ungeahnten, semantischen Konkretion verholfen hatten, schienen rückblickend nun als »harmloses« Vorspiel eines »Dritten Weltkriegs«, der die gesamte Menschheit und die ganze Ökosphäre würde zerstören können.

Die Bunkerschutzdebatten, die vor dem Hintergrund dieser waffentechnischen Beschleunigung in Gang kamen, waren Debatten über die Rückgewinnung von Handlungsfähigkeit. Eigentlich war, wenn es wirklich zu einem atomaren Schlagabtausch kam, nicht mehr viel zu tun. Die sich kontinuierlich »verbessernden« Raketensysteme sowie die potenziell unendliche Steigerung der Energiemasse, die bei der Explosion immer neuer, immer stärkerer Bomben hätte frei werden können, lassen die Heftigkeit, mit der da zwei konkurrierende Zivilschutz-Konzepte als regelrechte »Schulen« aufeinander stießen, aus dem Rückblick als geradezu absurd erscheinen.

Doch wenn man davon ausgeht, dass es eigentlich nicht um effektiven Schutz, sondern um eine psychologische Stabilisierung ging, die darüber erreicht werden sollte, dass man etwas tat, dann ist nicht so sehr entscheidend, ob der eine oder der andere Vorschlag, wie Zivilschutz zu bewerkstelligen sei, größere Chancen darauf hatte, wirklich zu helfen. Dann ist im Gegenteil eher zu konstatieren, dass beide Schulen in diesem Handeln-Wollen überein kamen, das heißt die apokalyptische Aussicht, den *»Push-button-Officern«* völlig ausgeliefert zu sein, mit Aktivismus beantworteten.

## 4

Worin bestanden nun aber diese beiden Schulen? In den USA, die sich als »Supermacht« in vielerlei Hinsicht zum Leitmodell entwickelten, standen die Befürworter von Evakuierungsplänen den Befürwortern von Bunkerbauprogrammen gegenüber. Beginnen wir mit der ersten Schule. Diese argumentierte, dass gerade die hohe Konzentration von Menschen, wie sie in Ballungszentren wie New York, bzw., im noch größeren Maßstab gedacht, in sämtlichen

Städten des Nordostens der USA existierte, zu *»sitting ducks«* geworden seien, *»well-fattened and inviting destruction«.*

Die demographische Situation war in den USA besonders ungünstig. Die Sowjetunion, die schon wenige Jahre nach den USA die Verspätung bezüglich des Bomben-Know-hows aufgeholt und seit 1949 ihrerseits im Besitz der Bombe war, hatte hingegen den entschiedenen Vorteil auf ihrer Seite, zwar eine hohe Konzentration von Menschen in der Hauptstadt zu verzeichnen, insgesamt aber durch das riesige Territorium über eine »entzerrte« Verteilung der Bevölkerung zu verfügen. Schutzlosigkeit wurde auf Seiten der USA hingegen durch die vollkommen unbeabsichtigte, sich schlicht durch die Siedlungsgeschichte zu erklärende Beschaffenheit und geographische Lage der amerikanischen Städte empfunden. Die Städte waren nun einmal da, und so müsse man, so argumentierte die Schule der »Evakuierer«, alles tun, um im Falle eines Angriffs die Flucht aus diesen Gebieten zu bewerkstelligen, in denen sich aufgrund der hohen Zahl der Menschen, die sich dort konzentrierten, auch die Bomben zu konzentrieren drohten.

Die militärstrategische Prognose, dass es nun einmal besonders leicht sein werde, mit einer oder einigen wenigen Bomben gleich große Massen von Menschen töten zu können, regte an, die existierenden urbanistischen Strukturen hinzunehmen, den modernen Verkehr aber hin zu einer Beschleunigung der Entleerung dieser Städte zu entwickeln. Die Idee von Schutz wurde mit Bewegung und Zuflucht auf dem Land assoziiert. Man wollte räumliche Distanzen schaffen, erhoffte sich von Leitsystemen, die die Mehrheit der Bevölkerung auf organisierte Weise aus den Städten hinausführen würden, die Rettung wenigstens eines Teils derselben.

## 5

Dem hielt die Fraktion der Bunkerbaubefürworter die Tatsache der Beschleunigung entgegen, die für die Kriegsgeschichte insgesamt kennzeichnend ist, im Kalten Krieg durch die »Verbesserung« der Abschussmethoden jedoch zu einem wichtigen Faktor geworden ist. Es findet sich zunächst oft die Vorstellung, der Krieg werde nur wenige Monate dauern. Danach beschleunigt sich auch diese Idee. Es wird dann plötzlich bezüglich der Kriegsdauer erst von wenigen Monaten, dann nur noch von Wochen ausgegangen, schließlich gar nur von wenigen Tagen, wenn nicht von Stunden oder gar Minuten.

Diese Vorstellung stand im krassen Gegensatz zu der Verlangsamung von Verkehrsflüssen, die mit der Ausbreitung des Automobils gerade in den Ballungszentren schon im Alltag erfahren wurde. Die Bunkerbau-Schule war der Überzeugung, dass sich in Momenten der Panik riesige Staus bilden und die Bomben keinesfalls auf eine leere Stadt treffen würden, sondern im Gegenteil auf verstopfte Straßen, in denen die Fahrer und ihre Familien im Blitz verglühen würden. Es sind dies Szenarien, wie sie in ›The Day After‹ filmisch umgesetzt worden sind.

Man rief daher, jenseits des Kinematographischen, zu einer vollkommen anderen Zivilschutzpolitik auf. Der Bau von unterirdischen Schutzräumen müsse massiv gefördert werden. Dort, wo nicht Hochhäuser die urbanistischen Strukturen kennzeichnen, sondern Einfamilienhäuser, müsse typisch amerikanischen Werten wie der Privatinitiative zur Durchsetzung verholfen werden, das heißt, die Familienväter (so die auch geschlechtergeschichtlich interessante Vorstellung) müssten beginnen, in den privaten Vorgärtchen einen Keller auszuschaufeln. Dort müsse im kleinen Maßstab das entstehen, was für die Hochhäuser nur durch unterirdische Massenunterkünfte realisiert werden konnte: Räume, die durch Erd- und Betonschichten für den sich ausbreitenden *Fall-Out* nicht zugänglich sein würden.

## 6

Es ist offensichtlich, dass sich die Komplexität und politische Virulenz, die die Debatten in den USA ebenso begleitete wie in den europäischen Staaten, sehr leicht auf eine anthropologische Konstante zurückführen lässt. Die Frage lautet schlicht, ob man bei einer sich nähernden Gefahr lieber weglaufen oder aber sich vor ihr verstecken solle. Zur Konstanz gehört auch, dass diese beiden Alternativen allein im Angesicht von Gefahren empfunden werden, gegen die man sich als einzelner oder als mehr oder weniger großes Kollektiv nicht wehren kann. Weder der Familienvater noch eine Stadt wie New York konnten sich mit bloßen Händen oder Schusswaffen gegen fallende Bomben wehren. Also blieben nur: die Flucht oder das Sich-Ducken. *»Duck and cover«* hieß denn auch eine riesige Zivilschutzkampagne, in der besonders den Schulkindern beigebracht werden sollte, wie man sich unter Schulbänken und -stühlen im Moment der Explosion einer Bombe zu »schützen« habe.

Hier war die Idee des Schutzes im Wortsinn auf ihr nacktes Minimum reduziert, ohne jedoch an der psychologischen Grundkonstellation etwas zu ändern: So, wie man seit Beginn des Virus auf Seiten von Kindern mit zunehmender Häufigkeit Spiele beobachten kann, in denen sich die Jüngsten in den abgezirkelten, der Ausgangssperre unterliegenden Wohnungen ihrerseits eine Ausgangssperre auferlegen – nämlich durch den Bau von kleinen Höhlen aus Kissen, Decken und Möbeln, die sodann als Schutzraum mit neuem, von den Erwachsenen weitgehend getrennten Leben gefüllt werden –, ging es bei den Bunkerbau-Programmen eigentlich nicht um den effektiven Schutz, sondern um den psychologischen. Der Zynismus der jeweiligen Regierungen bestand darin, den bedrohten Menschen »etwas zu tun zu geben«, das heißt, ihren Durchhaltewillen anzustacheln, der in der Tat als wichtiger, militärstrategischer Faktor zu betrachten war, weil die Abschreckungslogik auch darauf beruhte, den eigenen Schrecken nicht zu groß werden zu lassen.

## 7

Neben dem Zynismus einer Elite, die selbst im Bewusstsein lebte, im Notfall über einen Platz in den Regierungsbunkern zu verfügen, stand – als vermutlich wichtigerer Faktor – eine weitere anthropologische Konstante. In Gefahrensituationen erlebt man sich nicht gern als unfähig zum Handeln. Die Kinder machen es erneut vor: In dem Moment, in dem sie aus Elementen ihres Alltags eine Höhle oder Hütte bauen, die es vorher nicht gab, beweisen sie sich, dass sie etwas tun können. Und das ist besonders dann wichtig, wenn die Eltern als hilf- und schutzlos erlebt werden und darum nicht mehr die Sicherheit vermitteln, durch die dieser Rückgang in Erfahrungen der Urgeschichte im Normalfall vermieden werden kann.

## 8

Schutz sollte also entweder durch körperliche Bewegung oder durch körperliche Stillstellung erreicht werden. In der aktuellen Situation sind in der Tat beide Phänomene aufgetreten. Paris hat, quasi in Parallele zum Massenexodus vom Frühjahr 1940, eine (wenn auch unkriegerische) Massenflucht erlebt. Man zog im März 2020 nicht mit Handkarren los, sondern kaufte sich ein reguläres Zugticket oder nahm das eigene Auto. Fest steht: Wer ein Häuschen (oder Haus) auf dem Lande hatte, hatte die Möglichkeit, sich selbst vorsorglich zu evakuieren. Das, was im Atomkrieg als Warnung zirkulierte, ist aber auch im Jahr 2020 eingetreten. Das Land als imaginierte, gefahrenfreie Zone ist zu einem Raum geworden, in dem das Gesundheitssystem die riesige Zahl von Kranken nicht mehr absorbieren konnte. Der ländliche Schutz- ist zu einem Kranken- und Todesraum geworden.

## 9

Die staatliche Vorsorge, die bei anfliegenden Bomben panische Fluchtbewegungen hätte verhindern und den Weg in die Bunker weisen sollen, stellt den entgegengesetzten historischen Erfahrungsraum dar. Und auch diese zweite mögliche Reaktionsweise gehört zum sozialen Experiment unserer Tage. Im Kalten Krieg lautete die Empfehlung, jede Familie solle sich mit Vorräten – insbesondere Konserven – für einen Zeitraum von zwei Wochen eindecken. Die Prognose lautete, dass die residuale Radioaktivität des *Fall-Outs* aufgrund der Halbwertzeiten der in den Bomben verwendeten Materialien nach Ablauf dieser Frist so stark zurückgegangen sein werde, dass der Aufstieg zur Erdoberfläche und die Erledigung von Einkäufen dann wieder problem- und risikolos möglich sein würden.

Der geradezu topische Zeithorizont von zwei Wochen prägt auch unsere eigene Perspektive. Es steht aber zu vermuten, dass neben dem Versuch, Hamsterkäufe zu vermeiden, rein praktische Erwägungen bei der Veröffentlichung solcher Zivilschutzmaßnahmen eine Rolle gespielt haben. Bunkerbauten sind naturgemäß Räume extremster Reduktion. Im Vordergrund hat nicht die Aufrechterhaltung der üblichen Größe des Wohnraums bzw. einer bestimmten Quadratmeterzahl pro Person zu stehen, sondern die Dicke, Undurchlässigkeit und Stabilität der Mauern, Beton-, Metall- und Erdschichten, die das Innen gegen das Außen abdichten sollen. Im Fall von Privatbunkern, die jede Familie in Eigenarbeit als unterirdische Verlängerung des eigentlichen Zuhauses zu errichten versuchte, handelte es sich also um Gehäuse, die für eine extensive Vorratshaltung schlicht nicht genug Platz boten. Auch aus diesem Grunde scheint das Prinzip, der räumlichen Beschränkung eine materiell-zeitliche hinzuzufügen (die erwähnte zwei Wochen-Frist), als die realistischste eingeschätzt worden zu sein – und auch heute wieder eingeschätzt zu werden.

## 10

Die Bunkerbauten sind, gerade weil sie fiktive Orte geblieben sind, und, selbst wenn sie konkret existierten, nie wirklich zu Zivilschutzzwecken verwendet worden sind (höchstens nachträglich als Hobby- oder Bastlerkeller, um den Aufwand rentabel zu machen), eine Projektionsfläche auch für das Heute, das in der Tat – also tatsächlich – »etwas erlebt«. Zu den Beobachtungen, über die sich Wirtschaftswissenschaftler:innen wie Soziolog:innen zu Beginn der durch den Virus erzwungenen Ausgangssperre den Kopf zerbrechen konnten, gehört der massive Kauf von Klopapier. Die schier exponentielle Steigerung der Verkaufsraten, die keineswegs durch eine exponentielle Steigerung ihrer Benutzung erklärt werden kann, scheinen nicht allein durch Phänomene einer ökonomischen (und damit durchaus rationalen) Form von »Ansteckung« erklärt werden zu können. Die »Ansteckungstheorie« besagt, dass eine Kundin/ein Kunde mehr Klopapier kauft als sonst, weil er oder sie sieht, dass andere mehr Klopapier kaufen als sonst und folglich ein Mangel antizipierbar wird.

Die Ansteckungs-Theorie krankt freilich daran, dass sie noch nicht erklärt, warum zu Beginn der »Ansteckung« das Klopapier in den Vordergrund tritt und nicht etwa Frauenbinden oder Zahnpasta, die ja ihrerseits nicht weniger zum Alltag gehören als jenes. Es muss noch etwas Zweites, oder vielmehr Erstes, hinzutreten, das den Prozess in Gang setzt. Es besteht in der Beobachtung, dass Atomkriegsphantasien zu Recht mit einem Problem in Auseinandersetzung waren, das als Pendant einer Politik des Sich-Einschließens zu gelten hat: Man wollte die Explosionshitze und nachfolgende Radioaktivität aussperren, stand damit aber vor der Schwierigkeit, dass Dinge zwar vorsorglich in den Bunker hereingeholt, nicht aber wieder aus ihm heraus befördert werden konnten. Das schier unlösbare Dilemma war, mit anderen Worten: der *Abfall.*

Und zu diesem gehörten – »natürlich«, muss man in diesem Fall sagen – auch die menschlichen (und eventuell tierischen) Exkremente. Auf der einen Seite versuchte man, die Luftzufuhr auf ein Minimum zu reduzieren, weil mit allem, was von außen in den Bunker drang, ja auch die *Gefahr* mit einzudringen drohte. Belüftungsanlagen waren das A und O eines jeden Bunkers, der auf sich hielt und mehr sein wollte als ein Sarkophag, in dem man durch die Hitze der Bombe ersticken würde. Doch wer in Bezug auf Belüftung A sagte, mochte damit noch lange nicht willig B sagen. Zum B gehörte, dass die Luftzufuhr eben reduziert zu werden pflegte und doch absolut notwendig war. Doch im gleichen Maße, in dem die atembare Luft auf das gerade nötige Minimum reduziert wurde, gefiltert möglichst, doch nie ganz rein, wuchs, im proportionalen Verhältnis gleichsam, die Gefahr von Gestank und Gerüchen.

Und hier kommt das Toilettenpapier von heute wieder mit ins gar so unspielerische Spiel. Zu den Gerüchen gehörte man eben auch selbst. Und vermutlich ist der angstvolle Kauf großer Massen von Klopapier heute eine historische Parallele zum Anwachsen der Werbung für Bunkertoiletten, wie sie sich im Kalten Krieg in den Zeitungen ausbreiteten.

## 11

Es scheint, als solle in Katastrophen ein zivilisatorischer Mindeststandard gewahrt werden, und der bezieht sich auf die Wahrnehmung des eigenen Körpers. Bunkertoiletten und Klopapier werden zum Instrument des Widerstands gegen die gar zu präsente Urgeschichte. Man akzeptiert zwar, für begrenzte Dauer zum Troglodyten zu werden, der sich in einer nur schwach beleuchteten Höhle vor der Gefahr verkriecht, doch man möchte, wenn man schon auf das Tages- wie auf das elektrische Licht verzichten muss, wenigstens nicht olfaktorisch wahrnehmen müssen, dass man ist, was man ist, nämlich: ein Wesen, das sich selbst in seiner ganzen Schwäche und Körperlichkeit erlebt.

Wenn zur Angst das Ausschwitzen derselben gehört und zu ihrer – der Angst – Steigerung das Bedürfnis, sich zu entleeren, ist die Verfügbarhaltung von Toiletten und Klopapier gleichsam auch eine Garantie dafür, dass man sich selbst und die anderen glauben machen kann, man beherrsche die Situation: Man stinkt die eigene Angst, den eigenen Durchfall zumindest nicht aus, sondern beseitigt ihn so dezent, wie es die kulturelle Praktik des Auf-Klo-Gehens möglich gemacht hat. Denn dies ist entscheidend: Bunker sind in der Regel geteilte Räume, in denen das Mit- und Gegeneinander der eingesperrten Körper auch zu olfaktorischen Zumutungen führen kann.

## 12

Die Empfehlung, Konservendosen der Frischnahrung vorzuziehen, hat demnach beileibe nicht nur mit dem Problem der Verderblichkeit zu tun. Da Konserven langwierige Kochvorgänge unnötig machen, sind sie zum einen energiesparend und zugleich geruchsarm. Wo nicht oder kaum gekocht werden muss, kann die Nahrung sogleich in den Körpern verschwinden – und mit ihnen möglicher Gestank.

Nur eine Geruchsquelle ist auch mit Klopapier nicht zu lösen, und auch über diese erzählen die Atomkriegsphantasien einschlägige Geschichten. Bunker sind zwar konzipiert als Orte, an denen das Überleben möglich und möglichst wahrscheinlich werden soll, doch auszuschließen ist nicht, dass es auch dort zu Toten – nicht unbedingt zu verstrahlungsbedingten – kommen kann. Was aber fängt man mit einer Leiche an, die im Bunker nach einer bestimmten Zeit zu stinken beginnt? Wie befördert man sie nach draußen, wenn die Bunkereingänge auf jeden Fall hermetisch geschlossen bleiben müssen? Technisch ausgeklügelte Bunkersysteme haben, wenn sie eine bestimmte Größe erreichten, mitunter einen Leichenraum gehabt, in dem die Lagerung der Verstorbenen und die räumliche Trennung zwischen Lebenden und Toten stattfinden sollte.

Es ist nicht ganz ausgeschlossen, dass sogar der Gestank von Fäkalien mit dem Gestank verwesender Leichen assoziiert wird, sodass das Toilettenpapier eine weit größere Bedeutung hat, als bisher angenommen: Es steht gleichsam das Verhältnis der Menschen zum Tod selbst zur Debatte. Wenn die eigene, ungehinderte Körperhygiene wie ein Beweis für die eigene, gerettete Lebendigkeit erscheint, dann ist das Klopapier ein Vehikel gegen den Tod. Und weil der Tod kein Abstraktum ist, sondern in den Toten selbst in Erscheinung zu treten pflegt, ist das Klopapier in einem zweiten Schritt – doch das gibt man nicht gern zu – auch eine Maßnahme, um sich die Verstorbenen vom Leib zu halten. Die gelten eben auch als ansteckend, und zwar nicht nur in sanitär-medizinischer Hinsicht, sondern auch in sanitär-klomäßiger und letztlich sogar in lebensgeschichtlicher Hinsicht.

So gern man die Toten hat, so wenig möchte man zu ihnen gehören. So sehr man die Toten betrauert, so sehr fürchtet man den physischen Kontakt zu ihnen. Und dies gilt keineswegs kulturübergreifend, sondern ganz besonders da, wo Gerüche, Sterben, Krankheit und alles, was unsauber ist, aus dem Alltag ausgelagert und in spezialisierte Orte wie Krankenhäuser verlegt zu werden pflegen. Zu einer Kultur der Sauberkeit also.

## Quad

Ich sehe mir ›Quad I + II‹ von Samuel Beckett an. Ein Quadrat. Vier Schauspieler. Alle laufen stets von den Ecken ins Quadrat hinein, auf den immer gleichen Wegen. Man kann an seinen Rändern entlang gehen oder das Quadrat diagonal kreuzen, doch nie kommt es zu Umwegen oder Schlangenlinien, Kurven, nie zu einer Rückkehr oder Wendung, weil man sich umgedreht und es sich anders überlegt hätte. Die Monotonie des Stückes ist die Monotonie der vorgezeichneten Bahn. Sie ist auch die Monotonie einer vorgeschriebenen Zahl von Schritten, die sich daraus ergibt, dass alle anderen in einem bestimmten Rhythmus gehen. Und die anderen gehen ihrerseits in diesem Rhythmus, weil man selbst in ihm geht, den Kopf gesenkt, eingehüllt in die Kutte, deren Farbe das einzige Unterscheidungsmerkmal zwischen denjenigen darstellt, die mitspielen (oder denen man mitspielt – wer will das entscheiden?). Im zweiten Teil entfällt dann auch sie – die Farbe –, und Rot, Weiß, Blau und Gelb weichen, bewirkt durch so etwas wie die entfärbende Wirkung von einem ganzen, langen Leben im Schritt, der tödlichen Blässe der Farbe Weiß.

Und doch gibt es nicht nur das Quadrat. Es gibt auch einen Außenraum, in den hinein die Spieler immer wieder verschwinden. Nur kann das Theaterpublikum nicht sehen, was jenseits des Quadrats geschieht. Der Blick ist durch das Quadrat fixiert. Und auch von den Verschwundenen ist, sobald sie wieder auftauchen, nichts über diese Pause, dieses Wegbleiben auf Zeit, zu erfahren. Denn verschwinden tun sie stets allein, jeder in seine Richtung, zeugenlos gewissermaßen, und Sprechen ist im Quadrat nicht vorgesehen. Also steht zu vermuten, dass das Leben »draußen« genauso monoton ist wie das im Quadrat, dass also die Rückkehr keinen veränderten Menschen hervorbringen kann, weil auch draußen Veränderungen nicht stattfinden können. (Beginnen wir heute, davon etwas zu ahnen?)

Wenn stimmte, was gesagt wurde, würde das bedeuten, dass der Eindruck, eingeschlossen zu sein, den das Quadrat durch seine scharf abgegrenzten Ränder atmosphärisch vermittelt, gar nicht richtig ist. Eingeschlossen ist man nicht nur, wenn man drinnen ist, sondern ebenso gut, wenn man den Schritt nach draußen gewagt hat. Die Reichweite des Quadrats ist groß.

Hinzu kommt, dass dem Schritt nichts vom Wagnis anzumerken ist. Die Füße setzen den Schritt mit der gleichen, unbeteiligten Selbstverständlichkeit über die Grenze, mit der sie auch in den Kreis zurückkehren. Es gibt keinen Freudensprung, endlich draußen zu sein, keinen sich hebenden Kopf – nichts, was darauf hindeuten würde, dass der Grenzübertritt überhaupt wahrgenommen worden wäre. Drinnen und Draußen sind identisch.

Und in der Tat gibt es die Grenze nicht. Keine Mauer umzieht das Geviert. Jeder kann kommen und gehen, unbewacht, unbeaufsichtigt. (Eine Ausgangssperre durch die Disziplinierung seiner selbst.) Im Quadrat selbst herrschen strikte Regeln, und deren Zentrum ist der Punkt, dem alle ausweichen. Warum, ist genauso wenig klar wie das Ausweichen voreinander. Tatsache ist nur, *dass* man sich ausweicht oder dem Punkt. Nicht ausgeschlossen, dass auch diese beiden identisch sind, denn dem Anderen nähert man sich immer nur dann, wenn man auch den Punkt schon fast erreicht hat.

Verwunderlich ist nur, dass die Spieler dem Punkt auch dann ausweichen, wenn sonst niemand mit im Quadrat ist. Das scheint dafür zu sprechen, dass der Punkt, das Loch, die kleine Öffnung oder was immer da den Mittelpunkt der sich kreuzenden Diagonalen darstellt, doch nicht mit dem Anderen identisch ist. Der Punkt wirkt als Ausweichpunkt auch dann, wenn kein Grund besteht, wenn also niemand sonst da ist, dem man ausweichen müsste.

Es sei denn, dass das Ausweichen vor dem Anderen dem Gehenden so sehr in Fleisch und Körper übergegangen ist, dass sie auch dann noch ausweichen, wenn sie's gar nicht müssten. Das wäre wie dann wie das Ergebnis der Implantierung des Bedürfnisses nach körperlicher Distanz, die so tief geht, dass die bloße *Möglichkeit*, man könne jemandem begegnen, reflexhaft die Wendung weg von ihm bewirkt. »Tief gehen« wäre im Wortsinn zu verstehen. Man geht immer tiefer in sich und die Vermeidung hinein, kommt nie an, kommt nie auf den Punkt. So kann man mit dem Gehen nicht aufhören, weil der Punkt, auf den man zugeht – immer und immer wieder, nicht nur einmal –, nie erreicht wird.

Die Frage, die die Gänge stellen, beträfe dann die Unerreichbarkeit des Anderen oder die Angst vor seiner leichten Erreichbarkeit – was aufs Gleiche hinauslaufen mag. (Wir wissen das jetzt.) Man könnte, aber man kann nicht. Die Nähe ist gegeben, aber gerade sie stößt zurück. Der entscheidende Punkt ist die Kreuzung. Hier, über diesem Loch, könnte die Vereinigung stattfinden. Aber sie tut es nicht.

Das Quadrat ist wie ein Klostergarten geschlechtsloser Wesen, die im engsten Raum ein strenges Schweige-Gelübde mit totaler Distanz verbinden. Solche historischen Vorbilder erklären, dass der Schritt aus dem Quadrat hinaus in der Tat kein Draußen markiert. Das Quadrat ist die Uhr, denen die Zeiger ausgefallen sind. Doch der Takt funktioniert weiter, und mit unerhörter Zuverlässigkeit. Wie im Kloster sind die verschiedenen, zu verrichtenden Tätigkeiten zeitlich strikt geregelt. Was das Publikum zu sehen bekommt, ist der Moment des Ausgangs, Hofgangs, ähnlich wie im Gefängnis. Nach seinem Ablauf – die hier der Dauer von vier Diagonalen entspricht – warten andere, ebenso monotone Abläufe auf die Teilnehmer. Das Gebet? Die Andacht? Das schweigende Mahl? Manuelle Tätigkeiten in der eigenen Zelle?

Davon wird nichts gezeigt. Gezeigt wird nur ein Ausschnitt aus einem immerwährenden Kreisen. In jedem Fall macht die Parallele zur Isolation bestimmter, klösterlicher Gemeinschaften klar, dass es die Mauern doch gibt. Das Quadrat, das man sieht, ist nur Teil eines sehr viel größeren. Es ist der Außenraum, der Garten eines Gebäudekomplexes, in dessen Umkreis das Publikum durch sein bloßes Zuschauen eingetreten ist. Die Mauern des Theaters (oder Fernsehkastens), in dem das Stück gespielt wird, sind Mauern, die sich hinter ihm und um ihn schließen.

Für die Dauer der Darbietung ist das Publikum wie der Prior, der von oben beobachtet, ob die Regeln der Taktung eingehalten werden. In gewisser Weise wird man als Zuschauer dadurch aber selbst gefangen gehalten. Die strikte Begrenzung, der die Bewegungen der Schauspieler unterliegen, baut sich auch hinter einem selbst auf. Insofern fiele der Blick nicht etwa auf ein Geschehen, in dem sich die Zwanghaftigkeit in Reinform konzentriert. Vielmehr wären die Kreuzungen im Gegenteil das Maximum an Freiheit, das den

Figuren erlebbar ist. Man sieht sie ja beim Gang im Garten des Kreuzgangs, also bei so etwas wie Erholung – und gerade nicht bei der eigentlichen Aufgabe, dem Gebet. (Sind das die Freiheits-Aussichten, die auch unsere zu werden beginnen?)

Das Loch in der Mitte des Quadrats entspricht dem Brunnen, durch den die Klöster ihre Unabhängigkeit von der Welt draußen zu verstärken suchten. Auch wenn die Wasserquelle bei Beckett nur in reduziertester Form in Erscheinung tritt, ist sie doch ein Loch, in das man nicht fallen darf. Es ist das Zentrum des minimalen Versorgtseins, auf das es (wie jetzt bei uns) ankommt. Kein Engpass *in puncto* Wasser. Man vermeidet das Loch, um es sich zu bewahren.

Die Perspektive, die das Publikum auf das Geschehen (oder Nicht-Geschehen) hat, entspricht einer leicht erhöhten Position, einem Draufblick aus einer diagonal leicht abgesenkten Vertikalen. Damit ist nicht eine wirkliche Vogelperspektive gemeint, doch zumindest befindet man sich nicht auf der gleichen Ebenen wie die Figuren des Quadrats. Diese Vertikalität, die die Kamera des Fernsehens dem Publikum durch ihrer eigene Aufnahmeposition ermöglicht, hat größte Bedeutung für das Bühnengeschehen. Allgemein gilt: Je kleiner der Raum, in dem Personen sich bewegen, desto überzeugender die Einladung, nicht nur nach rechts und links zu blicken, nicht nur nach vorn, sondern auch – den Kopf hebend – nach oben. Eine gering entwickelte Horizontale stärkt die Vertikale. Auch wenn Leben und Bewegung allein in der Horizontalen stattfinden, wird als Ziel doch ihr Gegenteil – die Vertikale – angestrebt. Das mönchische Leben bietet dafür reiches Anschauungsmaterial. Man schloss sich ein, verurteilte sich zu extrem engen Horizonten, um sich auf diese Weise umso besser auf die vertikalen Verbindungen – die zu Gott, im Himmel – konzentrieren zu können.

Das Verwirrende an den Figuren auf der Bühne ist nur, dass sie den Kopf nicht heben, nie nach oben blicken. Ihr schlurfender Schritt gemahnt eher an die Routine des Hofgangs von Gefangenen, die keine Hoffnung mehr haben, als an Versuche der Erhebung durch die Vermeidung jeder Ablenkung.

Doch die gesenkten Häupter sind noch kein hinreichender Grund, den Figuren jede Fähigkeit zur Vertikalität abzusprechen. Die Vermeidung von Blicken, die in strengen Klostergemeinschaften das Schweigegebot zusätzlich verschärfte, konnte ja auch Ausdruck einer Introspektion sein, die gerade die Verbindung zum Himmel garantierte.

Vielleicht findet die Introspektion aber auch gar nicht auf der Ebene der Figuren statt. Es ist gut denkbar, dass die entscheidende Reflexion auf Seiten des Publikums stattzufinden hat. Auch das wäre ganz im Sinne monastischer Konzeptionen: So wie es Mönche und Nonnen gab (geschlechtslose wie die bei Beckett), deren Aufgabe allein in Gebet und Kontemplation bestand, und Mönche und Nonnen, die im Gegensatz zu ihnen das Kloster verlassen durften (und mussten), um durch ihre Arbeit die Versorgung der Eingeschlossenen sicherzustellen, könnten sich Formen der Spezialisierung und Arbeitsteilung zwischen Schauspielern und Zuschauern entwickeln.

Die Monotonie dessen, was man zu sehen bekommt, ist derart groß, dass das bloße Zuschauen Reflexe der Sinngebung auslöst. (Auch hierin liegen Verbindungen zur aktuellen Situation vor. Sinnfragen stellen sich auf neue und drängende Weise. Monotonie und Bewegungslosigkeit setzen sich um in andere Formen von Bewegung: emotionale, gedankliche … Der Unterschied zu Beckett: Man sieht der Monotonie nicht nur zu, sondern erlebt sie selbst. So stellt sich die Frage nach der Vertikalität ganz unmittelbar und unvermittelt: Das Zuschauen ist nicht nötig, denn man erlebt sich als Zuschauer seiner selbst und also als Zuschauer des auferlegten Immergleichen.)

Und jetzt wieder das Quadrat. Erstaunlich ist, wie weit die Arten der Sinngebung auseinandergehen können. Die Suche nach mathematischen Regelmäßigkeiten – dem System –, das sogleich hinter der Synchronisierung der Bewegungsabläufe vermutet wird, ist *eine* Zugangsweise. – Die akustische eine *zweite*: Wie tragen die Trommelgeräusche, die jeder einzelnen Figur ihre eigene, unverwechselbare Gestalt geben, zur Sinnstiftung bei? – Eine dritte Möglichkeit besteht im Verzicht auf jeden analytischen Zugriff. Die Betrachtung des Bühnengeschehens löst eigene Bilder und Fragen aus, relativ abgekoppelt von dem, was die Figuren genau tun. Sie werden zum bloßen Anlass für die Vertikalität, mit der der Zuschauer oder die Zuschauerin sich von der Bühne löst und sich selbst zu suchen beginnt.

Interessant ist, wenn verschiedene Zugangsformen miteinander ins Gespräch treten. Ich selbst sah mich außerstande, dem Schema des Spiels auf die Spur zu kommen. Die Art, wie die Figuren sich kreuzten, gab mir im Gegenteil das Gefühl ein, dass sehr kompliziert sein müsse, was sie da taten. Ich fragte mich, wie sie sich diese Abläufe hatten merken können und wie sie jeden Zusammenstoß vermieden. Trotz der Regelmäßigkeit, die für mich rein ästhetisch spürbar wurde, blieb nur die dunkle Ahnung, dass etwas dahinter stecken musste, was die Einhaltung von Auf- und Abtritten, sich kreuzenden Bewegungen und Rhythmen regulierte. Aber abgelenkt fühlte ich mich zu ganz anderem. Das System war für meinen Blick nicht entscheidend. Ich steckte schon im Loch und seinem Abgründigen.

Ganz anders der Blick meines neunjährigen Sohns. Der hatte das System nach wenigen Augenblicken verstanden und erlebte die Freude, dass die Voraussagen, die er bezüglich der kommenden Bewegungen traf, sämtlich eintrafen. Die vier Figuren mit ihrem Zwang, je vier Diagonalen zu absolvieren, bevor sie aus dem Quadrat verschwanden, war für mein Kind ein Baustein, aus dem denn auch die schrittweise Füllung des Quadrats, ihre nachfolgende Leere, ihre erneute Füllung, ihre nochmalige Leerung usw. voraussagbar wurden. Auf die Vorhersehbarkeit der Bewegungen jeder einzelnen Figur folgte die Vorhersehbarkeit der Bewegungen *aller*. Er war also dem kollektiven Aspekt auf der Spur, der Koordination, was zugleich bedeutet: der Synchronisierung von Bewegung. Das aber wurde schnell langweilig, und die anfängliche Aufmerksamkeit erlahmte. So trafen wir uns denn doch – im gleichen Gefühl der Abwehr.

Und hier kommt nun ein weiteres, bisher kaum berücksichtigtes Element hinzu. Dieses Element ist die Musik. Sie steht im deutlichen Kontrast zur europäischen Idee des Mönchischen, speist sich aus anderen musikalischen Traditionen, die mit europäischen Formen der Kontemplation wenig zu tun haben, so will man meinen. Doch eigentlich ist nicht entscheidend, welche Musik das genau ist. Die Musik spielt, damit die Möglichkeit entstehe, dass sie *nicht* spiele. Sie spielt auf ihr *Verstummen* zu. In der Tat tritt, gerade als die Monotonie dem Höhepunkt der an- und abschwellenden Trommeln (die durch den Auf- und Abtritt der Figuren dirigiert wird) zustrebt, Stille ein. Die Musik setzt aus, man hört allein das Geräusch, den die Füße auf ihrem Gang machen. Ihr Rhythmus bleibt unverändert: Die Musik ändert am Schritt der Figuren nicht das Geringste. Veränderung wird nur auf Seiten der Zuschauer wahrgenommen, als Form der Erleichterung. Die Erwartung entsteht, dass die Stille etwas Neues, Anderes ankündigen könne, dass die Figuren, weil sie sich mehr und anders hören, gleichfalls aussetzen könnten.

Doch Beckett tut alles, um diese Erwartung zu zerstören. Die Stille ist von kurzer Dauer. Die Befriedigung, die dem Gefühl entsprang, durch das Hören der Schritte (der musikalisch unbegleiteten) etwas Neues zu hören zu bekommen, erweist sich als Illusion. Die Musik setzt wieder ein, und damit ist klar, dass das Schlurfen ja auch zuvor schon existierte, nur eben leicht abgedeckt durch die Trommelklänge, die sich über sie gelegt hatten. Aber zurücklauschend auf das, was man vor der Stille gehörte hatte und jetzt, nach ihr, gleich wieder hört, entdeckt man, dass man sich das Neue nur zurechtgelegt, es herbeigewünscht hatte, ohne erkennbaren Grund. Die Füße hatten auch zuvor geschlurft, und sie werden es in ›Quad II‹ im gleichen Maße: Füße schlurfen. Mit Musik schlurfen sie zwar schneller, aber ihr Rhythmus ist der einer Uhr, die Körper benutzt, um anzuzeigen, welche Stunde es geschlagen hat: eins, zwei, drei und vier.

Ungewöhnlich an dieser Uhr ist weniger, dass sie nicht bis zwölf zählen kann. (Es kann ja gar nicht anders sein: Der Figuren wie unsere eigenen Zimmer haben nun einmal nur vier Ecken.) Ungewöhnlich ist vielmehr, dass die Uhr nicht nur nach *vorn* zählt, sondern auch wieder *zurück*. Sie dreht die Zeit nach vorn und wieder zurück, zählend: vier, drei, zwei, eins. (Es ist dies ein Zählen, das wir selbst uns wünschen, dieses letztere – das Rückwärtszählen –, sei es nun ein zeitliches, hin in sorgenfreie »Urzeiten« oder ein sich rückwärts bewegendes, das man sich für die nahe Zukunft mit ihren Ansteckungs- und Todeszahlen wünscht.) Aber so, wie wir selbst zahlenmäßig auf dem immer gleichen Punkt verharren (der leider nie der zentrale ist, sondern immer wieder von ihm wegführt), verharrt auch die Zeit im Stück. Sie geht voran, um wieder zurückgedreht zu werden. Das heißt: Sie vergeht nicht, und darum ist es nur konsequent, wenn Bewegung mehr und mehr als Bewegungslosigkeit wahrgenommen wird und das Immergleiche in uns den Eindruck hervorruft, im Loch tiefster Zeitlosigkeit zu stecken. Die ist aber nicht frei von Unruhe. (Und auch darin wissen wir, wovon Beckett spricht.)

Als Beckett die ersten Probeaufnahmen zu ›Quad I‹ sah, war er mit Schwarz-Weiß-Aufnahmen konfrontiert. Die Farben, die er den Figuren zugedacht hatte, waren verschwunden. Er soll in diesem Moment ausgerufen haben, jetzt sei es zweitausend Jahre später. Dies war der Kern für die Entstehung von ›Quad II‹. Doch was soll das bezüglich der Zeit heißen? Rechnet Beckett vom Heute aus? Ist jetzt das Jetzt, und ›Quad II‹ spielt in einer Zukunft, die es in zweitausend Jahren gibt? Oder sind die Kutten die Embleme einer Zeit, in der auch gekreuzt und gekreuzigt wurde, und ›Quad II‹ wäre jetzt, zweitausend Jahre, nach ›Quad I‹, unsere eigene?

Wenn wir von Christi Geburt aus rechnen müssen und damit selbst in einer Zeit zwei Jahrtausende später angekommen sind, drängt sich das Monastisch-Christliche von Heute vor. Wenn hingegen ›Quad II‹ erst noch kommen wird, können wir uns fragen, wie wir die noch bevorstehenden zweitausend Jahre des Eingeschlossenseins und Abwartens auf das Ende des Virus aushalten sollen.

## Die Bäume

Beim Hausbesitzer, der in einem Haus gleich vor unserem wohnt und so dafür sorgt, dass wir, hinten, ganz versteckt und in Ruhe sitzen, hat sich in den letzten Monaten eine merkwürdige Insektenplage ausgebreitet, die vor allen Dingen den Bougainvilliers ans Leben gehen. Sie, die einst die herrlichsten, rot leuchtenden Flecken in die ganze Stadt setzten, eine Überfülle von Blüten, die nichts anderes waren als Intensität, sind umflogen von langsamen, blässlich weißen Wesen, die sich ohne Ausweichversuche zerquetschen lassen, jedoch so zahlreich sind, dass man ihrer nicht Herr wird. Überall setzen sie Eier ab, weiße, klebrige Pünktchen, die dann auch die Kräfte anderer Pflanzen auszuzehren beginnen. Gifte helfen nicht, sagt der Besitzer, und spritzt trotzdem, jedes Mal erfolglos.

Jetzt, wo sich das Ende der Ausgangssperre nähert, wird er aktiv. Mit Hilfe eines jungen Mannes, von dem er inständig zu hoffen scheint, er möge der neue Freund seiner unglücklichen, alleinerziehenden Tochter werden (sie macht nie etwas anderes, als ihre Eltern oder, zur Abwechslung, ihre kleine Tochter anzuschreien), macht er sich an die Arbeit. Sie – die Männer – sägen und sägen, graben Wurzeln aus, kurz: betreiben einen Kahlschlag, der ihr Grundstück plötzlich ganz nackt daliegen lässt, wenn wir unser Gartentor aufschließen und den langen, schmalen, mit Gras bewachsenen Weg zu unserem Haus nehmen, der hinter das seine führt.

Bei ihm ist alles sichtbar, doch wir sitzen hinten weiterhin im Grünen. Nebenan gibt es nämlich noch ein Grundstück, und von dem sind wir nur durch eine alte, von Moos bewachsene Steinmauer getrennt. Die Villa gehört einem erfolgreichen Architekturbüro, das auf viele alte Bäume und einen Swimmingpool guckt. Da man aber, um erfolgreich zu sein, viel arbeiten muss und nicht unter Bäumen oder in Swimmingpools herumliegen kann, ist der Garten ganz unbenutzt und daher ganz und gar unserer.

Nicht, als ob wir über die Mauer steigen und uns in ihm aufhalten würden – aber wir gehen dennoch ganz in ihm auf. Der Avocado- und der *Cœur-de-bœuf*-Baum neigen ihre Zweige zu uns, voll mit Früchten, die wir ernten, sobald die Zeit dafür gekommen ist. Von den riesigen Palmen fällt mitunter eine Kokosnuss herunter, und dann sagen wir jedes Mal: »Wie gut, dass wir nicht darunter liegen«, denn der Knall ist gewaltig. Es gibt auch Büsche aller Art und einen *arbre du voyageur*, aus dem sich früher die Entdecker ihr Wasser holten, wenn sie nichts mehr zu trinken hatten. Ein Lebensretterbaum. Einer, dessen lange Blätter sich wie ein riesiger Fächer öffnen. Am Anfang hat er keinen Stamm: Der Fächer wächst direkt aus dem Boden empor. Mit der Zeit steigt dieser dann nach oben – der Stamm hebt ihn in die Höhe.

So ist es bei uns. Er ist unser Fächer gegen zu viel Sonne, ein Schutz gegen die Hitze und eine Sichtblende gegenüber einem großen, mehrstöckigen Gebäude, das sich am hinteren Ende unseres kleinen Gartens erhebt. Von dem sehen wir fast nichts, denn wir sitzen in der grünen Höhle, die uns der Reichtum des Nachbargartens beschert. Und gerade jetzt, während der Ausgangssperre, lobpreisen wir täglich die Früchte und den Schatten, die Ruhe und die verschiedenen Schattierungen des Grüns, kurz: unsere Insel inmitten des Stadtzentrums, in dem kaum jemand weiß, dass es unser Häuschen überhaupt gibt. Die Insel einer gewissen, alltäglichen Seligkeit. Wir selbst haben einen riesigen Mangobaum und viele, kleinere Bananenbäume, doch der Reichtum, der kommt von den Nachbarn.

Zwei Wochen vor Ende der Ausgangssperre tauchen jedoch nebenan plötzlich zwei Gärtner auf und beginnen, mit Elektrosägen Ordnung zu schaffen. Es ist wie eine Steigerung der Arbeiten, mit denen der Hausbesitzer vorangegangen war. Ein gewaltiger Krach herrscht, doch wir sagen uns, dass das schon wieder aufhören wird. Es muss eben nach den vielen Wochen, in denen beim Nachbarn der Garten allein stand, jemand wieder einmal etwas machen.

Doch am nächsten Tag geht es weiter, und da wird plötzlich klar: Es sind nicht nur Gartenarbeiten, sondern es geht den Bäumen ans Leben. Allen. Das ist nicht mehr nur Kahlschlag, das ist Herstellung von Wüste. Die beiden Gärtner beginnen mit den Bäumen, die direkt hinter der Mauer stehen, Ast für Ast fällt, und mit jedem Ast die Last der noch ungeernteten Früchte. Da erfahren wir, dass nebenan gebaut werden soll, dass jetzt Schluss ist mit der fehlenden Nutzung des Gartens, dass dieser rentabel gemacht werden soll durch den Bau von zwölf Luxuswohnungen und dass ein erfolgreiches Architekturbüro schon weiß, wie das geht.

Für uns ist es der Zusammenbruch unserer Welt. Und der erfolgt gerade jetzt, wo man so stark auf sein Zuhause verwiesen ist, auf Ruhe, auf das Grün, das den Blick ausruht. Mit jedem Baum, der verschwindet, dringt mehr Licht zu uns, wird das große Gebäude hinten sichtbarer, und damit auch wir selbst: der Beobachtung durch die anderen, oben, preisgegeben. Die frühere Intimität wird zerstört, unsere grüne Höhle, unser Zuhause, auf das wir in den letzten Wochen täglich ein Loblied gesungen hatten. So viel Licht auf einmal, viel zu viel.

Die Kinder laufen aufgeregt hin und her, sehen den Gärtnern zu, die in aller Freundlichkeit Früchte herüberreichen, denn sie merken schon: Da steht eine Familie vor ihnen, die Trost braucht. Aber die Früchte machen die Traurigkeit nur noch größer. Ich schieße Fotos von dem, was noch da ist. Vieles ist schon weg, aber das muss dokumentiert werden: dass es vorher anders war. Dass es die Bäume, die nach dem ersten Tag voller Sägegeräusche noch stehen, gegeben hat. Denn schon morgen werden die Arbeiten weitergehen.

Und so dringt die Säge denn auch in meinen Schlaf. Ich kann ihn nicht finden, habe den Eindruck, angegriffen zu sein von allen Seiten, von Männern, die das Nichtstun nicht aushalten und daher Bäume absägen müssen. Dass die Insekten ein objektives Problem darstellten, verschwindet aus meinem Gesichtskreis. Dass die Baupläne der Architekten sicher nicht erst während der Ausgangssperre entwickelt wurden, ist ebenso klar. Für mich ist es, als griffe plötzlich ganz grundlos eine Art Verrücktheit um sich, als wolle man wirklich eine Wüste um sich her schaffen, in der es keine Nähe mehr gibt. Noch nicht einmal die Nähe eines Astes, der voller Avocados hängt.

Die Ausgangssperre und das Verschwinden der Bäume hängen zusammen. Doch es sind nicht unsere Bäume, wir können nichts sagen, nichts ändern. Die Verrücktheit der anderen dringt auf uns ein, verändert alles. Aber wir können nichts sagen, denn es sind nicht unsere Bäume. Jedes Mal, bei jedem neuen Baum, muss ich mir das sagen: Du kannst nichts sagen, es ist nicht dein Baum. Und dann, beim nächsten, wieder: Sie gehören den Nachbarn, die können tun, was sie wollen. Genauso wie der Nachbar sich mit seinem künftigen Schwiegersohn zusammen tun darf, wenn er will, bewaffnet, um bei sich alles zu beseitigen und ein Tun zu schaffen, das vielleicht den jungen Mann an seine Familie binden wird und an seine schreiende Tochter.

Und ich weiß von nun an und mehr denn je, dass die Bäume unsere waren. Und dass ein Haus kommen wird mit Luxuswohnungen und dass es dann mit dem Luxus unserer Stille und unseres Grüns vorbei sein wird. Wir reden über nichts anderes. Die Ausgangssperre wird plötzlich unerträglich, denn es sind nicht unsere Bäume und wir können nichts sagen. Die Wüste ist die der anderen und unsere, aber wir können nichts sagen. Vielleicht werden wir wegziehen müssen, denn es ist so dumm, in den Tropen zu leben, wo alles so herrlich wächst, und doch in einer Wüste. Denn wir konnten nichts sagen, die Bäume waren nicht unsere, und so ist die Wüste jetzt eben da.

## Johannespassion

»*Was nicht gebrochen wird, kann nicht gerettet werden.*« (vielleicht Heiner Müller)

*Für Alexander Kluge*

In der Thomaskirche wird, wie in jedem Jahr, eine der Bachschen Passionen aufgeführt. Lange vor dem Ausbruch der Epidemie war beschlossen worden, in diesem Jahr die Johannespassion in einer modernen Fassung für Tenorsolo, Cembalo, Orgelpositiv und Schlagwerk ins Programm zu nehmen. Die Choräle sollten auf dem Altmarkt von der dort versammelten Menge Gottes- oder Bachbegeisterter intoniert werden. Eine Dekonstruktion des Gesamtkunstwerks seiner Zeit, verbunden mit der Hoffnung, durch die Zerschlagung des Zusammenhangs seine Verbindlichkeit in unsere religionsfernere Zeit zu retten.

Angesichts der Corona-Krise, die eine Ansammlung von 5 000 singenden Tröpfchenspenderinnen und -spendern im Juni unrealistisch erscheinen ließ, wurde die Aufführung auf Karfreitag vorverlegt. Die Choräle wurden aus aller Welt über Videokonferenzen zugeschaltet. Der demokratischen Zerstreuung des Gehalts kam das zugute. Die fragilen Knabenstimmen der Thomaner – den Choral »Wer hat dich so geschlagen« sangen sie zunächst zweistimmig, erst in der zweiten Strophe wurde der vierstimmige Satz gefüllt – standen neben ausgebildeten Solisten und Laienchören aus der Ferne. Wer die Noten zu Hause zur Hand hatte, hatte die Möglichkeit, mitzusingen. Verteilung statt Massierung auch hier. Erregte das Bild eines riesenhaften Volkschors auf dem Marktplatz bei mir unangenehme Gedankenverbindungen mit den Massenaufmärsche der letzten 100 Jahre und der willigen Eingliederung der Deutschen Singbewegung in den Nationalsozialismus, schien mir diese pulverisierte Gemeinde gefahrlos und richtig zu sein.

Dass einige Arien entfielen, konnte ich verschmerzen. Das Prinzip freilich, nach dem der Tenor manche liegen ließ, andere für sich reklamierte, blieb dunkel. War es die Stimmlage? Das konnte nicht sein, da die Tenorarie ›Ach, mein Sinn‹ und die Sopranarie Nr. 63, ›Zerfließe, mein Herz‹ kurz vor dem Ende nur angedeutet wurden. Ging es nach geistlicher Erheblichkeit? Es musste ein Kompromiss geschlossen werden zwischen ihr und dem, was technisch überhaupt möglich war – wobei es sich ja nicht um ein der Not geschuldetes Arrangement handelte, sondern um eines, das schon zuvor bestand, also in freiwilliger Selbstbeschränkung danach trachtete, den Sinngehalt der Passion unter Druck aushärten zu lassen. Wie ließ sich da durchkommen? In welchem Verhältnis standen Machbarkeit und künstlerische Absicht?

Das Rollenspiel der Rezitative – es blieb gewahrt, verlor aber an Umfang und der Tragkraft. Bei Bach ist der Evangelist, also der epische Erzähler, ein Oratorientenor, leicht und beweglich. Jesus dagegen wird von einem satten Bass gesungen, dem sozusagen viel Fleisch an den Knochen hängt. Hinzu kommt, dass seine Worte von liegenden Streichern begleitet werden; Sinnbild der Aureole, des Nicht-von-hier-Seins. Die Magd, die den Petrus fragt, ob er nicht *»dieses Menschen Jünger einer«* sei, wird von einem Chormitglied gesungen. Es ist wichtig, dass es sich dabei um eine gute, nicht aber um eine ausgebildete Stimme handelt, die die Störgeräusche, das Knacken des Feuers, die umlaufenden Gespräche der römischen Soldaten, die ganze gesellschaftliche Wirklichkeit dieses Moments noch mit sich führt. Pilatus: ein leichter Bass, Tendenz Bariton: man muss das Zusammenstoßen von objektivem Dilemma und persönlicher Unsicherheit dieses gutherzigen und feigen Bürokraten bereits in der Stimme hören. Das dramatische Feld dieser Akteure wird verkleinert, wenn sie von einer Stimme gespielt werden. Andererseits: Wie wirklich sind sie, wenn wir in einem normalen Jahr im hinteren Teil der Kirche sitzen und zuhören? All diese Stimmen sind doch in uns, laufen durch unseren Kopf. Wir machen implizit, was Benedikt Kristjánsson da explizit machte. Es ist sowieso ein individueller Raum, in dem dieses Drama aufgeführt wird, jedenfalls in Zeiten, in denen sich Glaube und Gemeinde voneinander abgekoppelt haben.

Die Volkschöre wurden gesprochen. Der Schlagzeuger wechselt vom Vibraphon zur großen Trommel, die das, was vom Cembalo oder Positiv zu hören ist, mit beunruhigendem Tumult überfällt. Die harmonischen und melodischen Zusammenhänge werden zerhackt. Man hört nur Fragmente. Die Texte, von ›Wir dürfen niemand töten‹ über ›Kreuzige ihn‹ bis zu ›Lasset uns den nicht zerteilen‹ werden nur angespielt; dazu der Evangelist, flüsternd, schreiend, deklamierend. Es ist ein harter Klang, gemein und böse – und, was schlimmer ist, nicht musikfähig. Die große, wahrhaft christliche Paradoxie der Bachschen Passionen besteht ja darin, dass er für diejenigen, die den Heiland zu Tode bringen, für den krakeelenden, blutdürstigen Mob, der sogar zur Lynchjustiz zu feige ist, die großartigste und kunstvollste Musik des ganzen Werks geschrieben hat, in die er all sein polyphones Ingenium versenkte. Noch – ja, kaum zu denken: gerade – der hässlichste Verrat, noch die abstoßende Unvernunft hat Teil an der göttlichen Liebesvernunft, als deren unmittelbarste Erscheinung Bach die Musik angesehen hat. Im Spar-Arrangement dieser Tage fiel dies fort. Schwierig. Ich höre eine Verachtung der Niedrigen und Gemeinen heraus, die zugleich die Erniedrigten sind und für das Allgemeine stehen, von der ich bei Bach keine Spur finde. In der Tat. So wie es jetzt ist, erscheint die dekonstruktive Demokratisierung des großen Werks doch auch wie ein arrangierter Schein, die religiöse Botschaft, die sich an alle, auch die Verräter richtet, wird nicht gerettet, sondern schnöde verraten.

Eingerahmt wurde die ganze, auf eine knappe Stunde verkürzte Aufführung von zwei kurzen Motetten aus alter Zeit: das heißt, alte, vorbachische Musik, vorgetragen von einem Solistenensemble unter der Leitung des noch amtierenden Thomaskantors. Eine befremdliche Entscheidung. Sie macht das Gegenteil von dem, was in der Zerlegung der Heilsbotschaft in ihre Einzelteile angelegt ist. So oder so ähnlich wurden diese Motetten ja schon immer aufgeführt. Eine Rückkehr zur – vormodernen – Normalität? Zumindest die Sehnsucht nach ihr? Ging es darum, dass der Thomaskantor bei dieser Aufführung doch nicht fehlen durfte? Um die Erhöhung der Aufführungsdauer auf eine sendefähige Länge? Das Experiment, so scheint es, nimmt sich durch institutionelle Feigheit selbst zurück.

## Procura

Mein italienischer Schwiegervater, fast neunzig, kann, seitdem ein Oberschenkelhalsbruch seine allgemeine Schwäche erhöht hat, nicht mehr aus dem Haus. Seit nunmehr drei Jahren lebt er, versorgt von einer Haushälterin, die täglich für ihn einkauft und putzt, in den eigenen vier Wänden.

Jetzt, seit der Ausgangssperre, ist er integriert in eine Erfahrung, die nicht mehr nur die Seine ist: Alle leben sie in den eigenen vier Wänden und können nicht mehr aus dem Haus. In seinem Alleinsein ist er nicht mehr wirklich allein. Oder gilt das genaue Gegenteil?

Die Haushälterin, eine Moldauerin, die seit Jahren illegal in Italien lebt, gut Italienisch spricht und erst kürzlich eine Philippinin abgelöst hat, die Jahrzehnte legal in Italien gelebt hat, als Putzfrau arbeitend, ohne ein einziges Wort Italienisch zu lernen – diese Moldauerin, sage ich, muss jetzt weiterhin ihre vier Wände verlassen und bei meinem Schwiegervater putzen gehen. Das Problem ist nämlich, dass sie, obwohl sie gut Italienisch spricht und Tochter und Enkelin im gleichen Viertel hat, sehr wohl heraus muss, denn ihr illegaler Status verlangt, dass sie Geld verdient, um die Miete für die eigenen vier Wände zahlen zu können. Sie geht also raus, um drinbleiben zu können, kann aber nicht drinbleiben, weil sie raus muss.

An jedem Tag, an dem sie diese ihre Wände verlässt, um bei meinem Schwiegervater putzen zu gehen, läuft sie Gefahr, von der Polizei an- und als illegal in Italien lebende Moldauerin festgehalten zu werden. Jeder Einkauf ist ein Risiko: ein Risiko für sie, und darum auch ein Risiko für meinen Schwiegervater. Denn würde sie an- und festgehalten, wäre er allein zu Hause, unversorgt, erstmals in einer Isolation, die bisher kaum als steigerbar erschienen war. Und doch ist sie's. Wenn diese Frau aus seinem Leben wegbricht, ist die Isolation eine totale.

Doch noch kommt sie, fährt durch die halbe Stadt Rom, nimmt Busse und Metros, die voller Leute sind, weg von ihrer Tochter und Enkelin, um den Wünschen zu folgen, die mein Schwiegervater in drei Jahren seiner fast gänzlichen Isolation zu einem regelrechten Ritus entwickelt hat: Eingekauft wird jeden Tag. Es gibt viele Gründe: »Der Kühlschrank ist klein und alt, es passt nicht viel hinein«, »Das Geld ist knapp, man verliert die Kontrolle, wenn man für mehrere Tage zugleich einkauft«, »Auf welches Essen man Lust hat, weiß man immer erst an jedem neuen Morgen« usw.

Der wichtigste Grund aber ist, dass mein Schwiegervater nicht mehr rausgehen kann und seine Haushälterin sozusagen an seiner Stelle geht. Er geht zwar nicht mit und sieht nichts von dem, was sie sieht, dennoch ist es, als sei ein Teil von ihm – der moldauische – im Supermarkt gewesen. Der Beweis dafür ist der Einkauf, den die Haushälterin auf den Küchentisch stellt, jeden Tag von Neuem, als Neues, wenn auch Ritualisiertes, das beweist: Es gibt sie noch, die Welt da draußen.

Diese Welt sind auch wir, die weit entfernt lebenden Kinder. Und wir plädieren für eine andere Form von Symbiose zwischen meinem Schwiegervater und seiner Haushälterin. Das Argument: Wenn sie täglich kommt und Busse und Metros nimmt, besteht zwar in den vier Wänden meines Schwiegervaters schwerlich das Risiko, dass sie sich mit dem Virus ansteckt (woher sollte er es auch haben!), in den Bussen und Metros aber sehr wohl. Aus dem gleichen Grund ist es unverantwortlich, am Ritus des täglichen Einkaufs festzuhalten, denn auch wenn das Eisfach des alten Kühlschranks schon in bizarren Zapfen in die anderen Fächer hinein wuchert und den Platz, an dem man den Einkauf unterbringen kann, vermindert, ist sehr wohl Platz genug für die Bedürfnisse eines fast Neunzigjährigen, der kaum noch etwas isst. Wir versuchen, ihm klarzumachen, dass man sich das Geld über ein paar Tage hinweg einteilen und das Essen auch schmecken lassen kann, wenn man nicht erst am Morgen entschieden hat, worauf man gerade Lust hat. Eine größtmögliche Isolation für sie sei voll in seinem eigenen Interesse.

Aber das alles verfängt nicht. Die totale Isolation, in der mein Schwiegervater lebt, macht es erforderlich, dass an seiner Stelle diese seine Haushälterin das Haus verlässt. Die Aussicht, dass sie, eben weil sie das Haus weit mehr als nötig verlässt, nicht wiederkommen könnte, weil sie entweder von der Polizei angehalten wird oder sich mit dem Virus infiziert, schafft es in den Gedankenkreis meines Schwiegervaters nicht mehr herein. Diese Frau muss kommen, also wird sie kommen – das ist seine feste Überzeugung.

Und so bangen wir und bangt der zweite, in Rom lebende Sohn, dass der Frau nichts geschehen möge in ihrer Notwendigkeit, die Isolation zu durchbrechen, und dass die Krankheit, die sie ergreifen könnte, meinem Schwiegervater nicht vor Augen führt, dass schon jetzt eine Realität existiert, die er für nicht gegeben hält: Einkaufen geht immer nur sie, allein, auch wenn sie an seiner Stelle und er gedanklich mit ihr geht, als ginge er wirklich und wahrhaftig.

## Plexiglas

In Italien ist man in Erwartung der Tourist:innen, die, so der Virus will (und auch wenn er nicht will), sich hoffentlich im kommenden Sommer, ganz wie immer, auf den italienischen Stränden tummeln werden, auf die Idee gekommen, eine makroskopische Imitation dessen aufzubauen, was ferienlustige und gleichzeitig auf Gesund- und Sicherheit bedachte Reisende schon von den Kassen ihrer Supermärkten her kennen: So wie dort (zumindest nach einer ersten Phase der totalen Schutzlosigkeit) Plexiglasscheiben aufgestellt wurden, damit die Kassierer:innen zwar den Durchblick behalten konnten, ohne jedoch den Virus zu bekommen, denken Architekt:innen jetzt darüber nach, wie man auch die Strände mit Nischen aus Plexiglas überziehen könnte, damit die Tourist:innen im Vollbewusstsein ihres Geschützt-Seins im Sand liegen, ihre Kinder spielen lassen und die Sonne genießen können, ohne auf den schönen Meerblick zu verzichten.

Plexiglas hat die Eigenschaft, für Tröpfchen des Virus undurchdringlich zu sein, für den touristischen Blick aber nicht. Man sieht das Meer, man kann, ganz wie immer, dicht bei dicht liegen, doch im Unterschied zu früher ist man vom Badenachbarn unsichtbar getrennt. Vier Wände umschließen Liege und Sonnenschirm, der Aufbau einer Barriere aus Sand, damit der Andere (wie früher) nicht zu nah heranrücke, wird unnötig werden, denn die unsichtbare Grenze wird jetzt in Profiausfertigung geliefert und ist nicht mehr allein auf Sand gebaut.

Die Ausgänge aus diesen kleinen Schachteln sind so konzipiert, dass niemals zwei von ihnen direkt nebeneinander liegen. Denn sonst könnte es ja sein, dass die Insass:innen von Kabine 1 und Kabine 2 diese zeitgleich Richtung Wasser verlassen, was einem Zusammentreffen entspräche, das gerade unterbunden werden soll.

Der Blick auf die Entwürfe zeigt, dass dem Motiv von Wasser und Meer gleich zweifach Rechnung getragen wurde: Erstens sehen die Plexiglas-Wände wirklich wie ein Aquarium aus, und zweitens werden die Menschen als die Bewohner:innen dieses Aquariums gleich mitgeliefert, bildlich vorerst, im Sommer dann aber hoffentlich auch tatsächlich. Die Frage, wie die Tourist:innen sich denn verhalten sollen, sobald sie ihre Kabine verlassen und sich Richtung Wasser begeben – Zusammenstöße und nahe Kontakte scheinen da unvermeidlich –, ist gelöst. Wenn wirklich die Menschen Fische sind, ist es gar nicht mehr nötig, dass sie sich überhaupt außerhalb ihrer jeweiligen Kabine bewegen. Dann ist von vornherein klar, dass das hier ihr Aquarium ist, angemietet und damit ein verbürgtes Anrecht, von außen einsehbar zwar, doch unangreifbar, eine mit Sand unterlegte Vorrichtung, in die man die anderen Fische neben, hinter und um sich her weiß, alles transparent, aber gleichzeitig auf Abstand bedacht.

Nach oben hin wäre Luft, die Sonne schiene, die Bräunung erfolgte vielleicht sogar noch schneller, die Kinder spielten, Sand für Sandburgen wäre da, und deren Wände ließen sich sogar, wenn man der Transparenz irgendwann doch überdrüssig wird, an den stützenden Plexiglaswänden selbst aufhäufen. Dann wären wir bei einer Kombination aus zeitgemäßem Aquarium mit Plexiglas plus traditioneller Sandburg. Transparenz mit variablen Koordinaten.

## Die Fenster

Das Konservatorium hat Fenster, die sich nicht öffnen lassen. Alles läuft über die Klimaanlage. Jetzt, wo Lüften und Fensteröffnen zum Protokoll gehören, damit das Risiko der Ansteckung nach der langsamen Aufhebung der Ausgangssperre nicht zu groß werde, wird eine Art von Dialektik deutlich: Wenn man trotz erster Kontakte eine gewisse Isolation aufrechterhalten will, muss man die Fenster öffnen können. Also doch eine Form von Durchbrechung der Mauern, die sich um den Einzelnen legen. Die reine Abkapselung erweist sich als gefährlich. Man muss die Fenster öffnen können, damit die Gefahr ausfliege und Frische hereinströme.

Doch eine Gesellschaft, die schon vor Beginn der Ausgangssperre – und das sogar in den Tropen – Gebäude erdachte und baute, in denen man die Fenster nicht öffnen kann, hatte irgendwie schon an der Idee gebaut, dass die reine Abkapselung nach Außen für immer und ohne jede Gefährdung werde bestehen können. Zwar ging es hier noch um akustische Isolation, aber jetzt sieht man: Das Konservatorium hatte sich schon damals eingesperrt mit dem Virus, den es noch gar nicht gab, der jetzt aber potenziell in seinen Räumen und seiner Klimaanlage zirkulieren wird. Klimaanlage und Geräuschlosigkeit gegenüber den Nachbarhäusern zeigen, wie sehr Formen der Abkapselung schon vorher existierten und jetzt, wo die Ausgangssperre aufgehoben werden soll, gegen uns zurückschlagen. Die Fenster im Konservatorium kann man nicht öffnen. Sie sind grifflos, begrifflos, unbegreiflich.

## Geistvoll

### 1

Albert Speer, zunächst Hitlers Hofarchitekt, dann Rüstungsminister und damit wesentlich beteiligt an der unerhörten Verlängerung des Krieges und damit des Mordens in den Vernichtungslagern, hat den Gefängnishof von Spandau für eine zwanzigjährige Weltumwanderung genutzt. Tag für Tag drehte er seine Runden, penibel Kilometer und Durchschnittsgeschwindigkeit berechnend und Jahr für Jahr mit äußerster Genauigkeit kalkulierend, in welcher Gegend er beim Kreisen in der Welt bereits angelangt sei.

Aus Berlin aufgebrochen, vom Balkan Richtung Indien und China wandernd, von dort aus über die Beringstraße nach Nordamerika vordringend, erfuhr Speer von seiner Freilassung in dem Moment, in dem er in Mexiko angelangt war.

Um die täglichen Runden leichter zählen zu können, ließ er zu Beginn einer jeden neuen Runde Bohnen von einer Hosentasche in die andere gleiten. Es genügte, sie am Abend hervorzuholen und sie vor sich hinzulegen.

### 2

In Toulouse hat ein 32-Jähriger einen Marathon veranstaltet, und zwar auf seinem Balkon, der einen Meter breit und sieben Meter lang ist. Die Länge habe mehr als sechstausend Hin- und Rückwegen entsprochen. Die Laufzeit habe bei sechs Stunden und achtundvierzig Minuten gelegen. Der Langeweile habe er durch die Hilfe seiner Follower auf den sozialen Medien und durch die Anwesenheit seiner Freundin widerstanden. Er ist nicht der einzige Läufer dieser Art. In verschiedenen Ländern breiten sich kreisförmige Balkon- und Terrassenmarathons aus. Der Toulouser aber hat für sein Durchhaltevermögen einen hohen Preis zahlen müssen: Sein GPS hat, so wird berichtet, durch das viele Hin und Her seinen Geist aufgegeben.

# Wissenschaft und Politik

## Absolute Wissenschaft

Jetzt vertrauen sich alle der Wissenschaft an und erklären sie zum Leitstern der Politik. Moment mal, hatten wir das nicht vor Kurzem? Da war doch dieses komische schwedische Mädchen, das über Monate nichts anderes in die ihr vorgehaltenen Mikrofone plärrte, ernst und verbissen, als eben: Die Politik solle der Wissenschaft folgen? Wie nervig war das!

Ich will Corona nicht verharmlosen. Verglichen aber mit dem, was uns erwartet, wenn die Prognose *dieser* Wissenschaftler:innen auch nur halbwegs eintreffen, ist das hier kalter Kaffee. Was geschieht hier genau? Wird die kleinere Katastrophe aufgebläht, um die größere zu verdecken? Oder »kontrahiert« sich die große Katastrophe, die wir nicht zu greifen bekommen, weil sie *zu* groß ist und zugleich noch immer *zu* langwierig, in die kleinere, die gewissermaßen als ihr Stellvertreter fungiert?

## Frontberichterstattung

27. März 2020. – Jetzt gucken die Leute wieder mehr Tagesschau. Die Verunsicherung muss gewaltig sein, wenn man sich den gewohnten Formaten der Mainstream-Medien anvertraut. Über die Isolation alle gegen alle findet auch eine Zwangsvergemeinschaftung statt, eine Rückkehr in die goldenen Zeiten, in denen wir über einige wenige Informationsangebote mit der Politik verbunden waren. Das Fernsehen wirkt im Moment so archaisch, bis hin zur Klei-

dung der Tagesschausprecherinnen. Gestern war es altrosa. Ich warte darauf, dass die Krawatten wieder breiter werden. Der NDR-Podcast mit Christian Drosten von der Charité, der sich in diesen Tagen als Idealbild des aufgeklärten und aufklärenden Wissenschaftlers empfiehlt, ist von der ARD übernommen worden. Gezeigt wird das Rundfunkstudio, die Wissenschaftsjournalistin des Tages sitzt, Kopfhörer über den Ohren, vor dem Mikrofon und spricht über App mit dem Professor. Irre. Frontberichterstattung.

## Voraussicht der Hände

*zu Händen von François Salachan*

Mehr und mehr stellt sich heraus, dass die Politik kein Verhältnis zur Zukunft unterhalten hat. Die Verbreitung des Virus in China war nicht zu übersehen, doch die Idee, dass in einer globalisierten Welt keine Grenzen existieren, kam nicht auf. Die Zeit wurde nicht genutzt. Man machte weiter. Wochen vergingen, Monate. Keine Vorsorge. Keine Maßnahmen, um vorbereitet zu sein auf den Fall, dass die Krankheit weiterwandern würde. Noch nicht einmal die Maskenproduktion wurde angekurbelt. Man schien einem Witz zu gehorchen, den man sich anfänglich in Frankreich – doch wie sehr ist das jetzt schon Vergangenheit! wie wenig kann man jetzt noch darüber lachen! – zu erzählen pflegte: »›Warum wird der Coronavirus nicht lange dauern?‹ – ›Ganz einfach. Made in China.‹«

Aber es sind nicht nur diese China-Stereotypen, die zur Unterschätzung der Gefahr beigetragen haben. Vielmehr scheint eine derartige Gewöhnung an die eigene Sicherheit, das eigene Wohlleben, ja eine Form von Unantastbarkeit, wenn nicht Unsterblichkeit existiert zu haben, dass die Zukunft gleichfalls als etwas Beherrschbares erschien: Es würde eben so weitergehen. Die Chines:innen starben, man selbst würde leben, und gut. Dies trotz der gravierenden Einsparungen im Gesundheitswesen, das die französischen Krankenhäuser schon lange vor dem Virus in eine strukturelle Krise gestürzt hatte. Proteste, Demonstrationen, monatelange Streiks, schließlich der Rücktritt von Ärzten von ihren administrativen Funktionen änderten nichts an der Überzeugung der Regierung, dass die Privatisierung vorangetrieben werden könne, ohne die Gesundheit der Bevölkerung aufs Spiel zu setzen.

Und jetzt das: ein zusammenbrechendes System. Zahnärzt:innen, die ihre Patient:innen nicht mehr behandeln können, weil man ihnen keine Masken zur Verfügung stellt, überfüllte Krankenhäuser, die nicht genug Tests haben, um zu sehen, wer krank ist und wer nicht, das Fehlen minimalster Schutzmaßnahmen, die garantieren würden, dass jetzt nicht auch noch die Ärzt:innen wegsterben. Aber an diesem Punkt sind wir bereits. Die Ärzt:innen sind in Gefahr. Sie auch.

Ein Bild von der beginnenden Bewusstwerdung kehrt zurück, unvergesslich: Macron beim Besuch in der Pitié-Salpêtrière, als erste Reaktion auf die langsam zunehmenden Kranken in Frankreich. Ein Besuch für die Presse. Und so beginnt dieser auch. Beginnt, um dann etwas ganz anderes zu werden. Der Chefarzt, umgeben von seinen Kollegen – Krankenschwestern, Pfleger:innen, weiteren Ärzt:innen –, reicht dem Staatschef die Hand (so wie es zu erwarten war), beginnt dann aber, die enorme Erschöpfung, die Überforderung zu skizzieren, die beim Personal der Krankenhäuser herrsche. Er spricht und spricht (mehr als zu erwarten war – lange!), und währenddessen ruht Macrons Hand in der seinen. Nein, ruht nicht: *muss* ruhen, kann sich nicht zurückziehen, steckt im Schraubstock der rechten Hand dieses einen Arztes.

Der Staatschef ist plötzlich kein Chef mehr. Hier, im Krankenhaus der Pitié-Salpêtrière, ist es der Arzt, der das Sagen hat. Nicht etwa, weil er seine Funktion als Chef dieser Abteilung über die Funktion des Staatschefs stellen würde. Vielmehr hat er das Sagen, weil er etwas zu sagen hat. Und darin steht er im krassen Gegensatz zu Macron. Macron steht da, zum kleinen Jungen geworden, der nicht weiß, was er sagen soll. Die Mikrophone der Journalist:innen und Kameraleute, die das Ganze aufzeichnen, strecken sich ihm entgegen, als Aufforderung quasi, sich doch bitte zu äußern (Macron spricht gern viel und deutlich), doch was zu hören ist, ist nicht mehr als ein schwaches, unverständliches Murmeln. Etwas, was *versickert*. Die Mikrophone verstärken nur dieses Verstummen. Nichts. Der Präsident, ein Nichts.

Der Arzt hingegen spricht mit der Deutlichkeit einer Authentizität, die nicht nur die Seine ist, sondern ihm aus dem Kreis, in dem er steht, zuströmt. Er spricht nicht für sich. Er spricht im Namen der Hände, mit denen seine Kolleginnen und Kollegen täglich arbeiten, um Menschen am Leben zu halten. Nicht er spricht, sondern die Hände neben ihm. Es sind Hände, die nicht mehr können: *»On est au bout«*. »Wir sind am Ende«. »Wir können nicht mehr«. Und darin steckt: »Wir werden bald die Hände sinken lassen«. »Mehr ist nicht möglich«. Immer wieder: *»On est au bout«*.

Und das ist so dramatisch echt, so ungekünstelt, dass das Verhältnis zwischen Hand und Stimme plötzlich auf vollkommen neue Weise in einen dringt. Warum murmelt Macron, statt vernehmlich zu sprechen? Die Antwort muss lauten: Macron ist nicht zu vernehmen, weil er sich vernommen fühlt, eine Vernehmung erlebt, auf die er nicht vorbereitet war. Und auch, weil der Arzt nicht nur seine – des Staatschefs – Hand in der Hand hat, sondern auch mit dieser seiner einen Hand den Druck zum Ausdruck bringt, unter dem er und das ganze Personal stehen. Bald werden sie nicht mehr können. Bald wird der Versuch, gesund machend zu wirken, unmöglich werden und das Ganze ihren Händen entgleiten.

Was ja in der Tat schon dabei ist, zu passieren. Die Dramatik des Unvorbereitetseins nimmt Konturen an. Und mit der Stimmlosigkeit Macrons hat das zu tun, weil der Besuch des Staatspräsidenten diesem berühmten Krankenhaus (das das Mitleid – *la pitié* – im Namen führt) endlich die Gelegenheit gegeben hat, die Präsenz der Presse, die mögliche Vermehrung der Stimmen über den Zustand der französischen Krankenhäuser, zu nutzen und die Bevölkerung wissen zu lassen, dass nichts mehr geht, dass die Sparmaßnahmen eine stumme Verzweiflung hervorgebracht haben, die sich jetzt erneut, ein x-tes Mal, Gehör zu verschaffen versucht. Die Hand also als Ausdruck des Drucks in der Realität des medizinischen Personals. Und die Stimme des Arztes als Verlängerung der Hand und Hände. Und der Präsident, so die Hoffnung, als weitere Verlängerung der Stimmen und Hände, weil die Journalist:innen über Macron mehr zu berichten pflegen als über diejenigen, die kranke Menschen pflegen.

Im Normalfall ist vorgesehen, dass man sich bei solcherart Besuchen begrüßt, einige Worte wechselt und sonst, im Sinne einer protokollarischen Bilder- und Wortproduktion zugunsten der Regierung, der Besuch den vorgeschriebenen Etappen folgt. Doch der Arzt folgt nicht. Er hat die Fähigkeit der Verlangsamung entdeckt. Solange Macrons Hand in der seinen steckt, zwingt er den stärksten Mann des Landes, ihm Gehör zu schenken. Er kann eine Rede halten, die weit länger ist, als das Besuchsprotokoll je geplant hat, weil Macron ja mit dem Anspruch gekommen ist, sich zu informieren und die Realitäten in Augenschein zu nehmen, die sich allgemein (und mit dem um sich greifenden Virus noch mehr) in den französischen Krankenhäusern ausbreiten. Er kann also nicht einfach gewaltsam seine Hand aus der Hand des Arztes ziehen, sie nicht wegreißen, kann auch nicht mit seiner Linken auf die des Arztes schlagen, um eine Freigabe zu erwirken. Das würde nicht gut wirken. Schon ein Zerren an der eigenen Hand würde den Eindruck zum Skandal machen, der sich von Anfang an eingestellt hat: dass Macron die Kontrolle über sich, seine Hand, die Krankenhäuser und sein politisches Programm verloren hat. Oder verlieren müsste. Wenn er denn wirklich zuhören würde. Und wenn er verstünde. Doch versteht er? Vernimmt er das so deutlich Vernehmbare?

Vorerst ist es so, als wirke die bürgerliche Konvention weiter, die auf der Hoffnung fußt, dass der Arzt irgendwann auf- und die eigene Hand wieder freigeben wird, auf dass er, Macron, mit dem Zuhören aufhören könne. Doch bis zum Moment der Freilassung strömt die Zukunft durch die Körper der beiden Männer. Der Arzt spricht, noch immer. Beherrscht, höflich, aus einer stillen Verzweiflung heraus, die ihm die notwendige Kraft gibt, aus seinen gegenwärtigen Erfahrung die kommende (und schon eintretende) Zukunft abzuleiten. *»On est au bout«*. Die nächste Zeit wird dramatisch werden. Aber nicht etwa wegen der Dinge, die die Zukunft bringen wird. Vielmehr, weil die Situation schon seit langem dramatisch ist. Er bittet den Staatschef, einzuschreiten. Der murmelt etwas von den Fehlern seiner Vorgänger, davon auch, er habe *»parfois le sentiment de payer l'addition de beaucoup de comptes qui sont restés non soldés«* (»… mitunter den Eindruck, die vielen Rechnungen zu bezahlen, die unbezahlt geblieben sind«). Anders gesagt: Macron versucht, sich rauszureden. Und rauszureden, indem man Ausreden erfindet, heißt: versuchen, die *Hand* raus-zu-reden. Sie mit Hilfe der Worte (und dem Hinweis auf finanzielle Zwänge) endlich rauszuwinden, mit windigem Hinweis auf die Vergangenheit zwar, doch beherrscht eben von dem Gefühl, der Arzt des Krankenhauses Pitié-Salpêtrière (das das Mitleid im Namen führt) müsse und werde Mitleid mit ihm haben und seiner Hand die Handlungsfähigkeit zurückgeben.

Doch Mitleid ist die Sache des Arztes nicht. Er weiß etwas von Gefühlen und ihrer windigen, schnell verwehten, wenig handgreiflichen Benutzung. Nicht weit von einem der ältesten Krankenhäuser der Stadt Paris – dem *Hôtel Dieu* – liegt die Kirche Notre-Dame, die jetzt in Teilen eine Ruine ist. Das ist eine Tatsache. Der Arzt: *»Quand il a fallu la sauver, il y avait beaucoup de monde pour être ému. L'hôpital public est en train de flamber à la même vitesse à laquelle Notre-Dame a failli flamber«* (»Als man sie hat retten müssen, sind viele Menschen gerührt gewesen. Die öffentlichen Krankenhäuser sind dabei, mit der gleichen Geschwindigkeit in Flammen aufzugehen, mit der Notre-Dame fast in Flammen aufgegangen wäre«). Nationales Pathos, Bilder einer Zerstörung, die zurückführt zum Mit-Leid, das von den sachlichen Gegebenheiten her argumentiert.

Aber vor allen Dingen geht es um letztere: *»Le moment opportun d'agir pour un président de la République, même pour une situation dont il n'est pas responsable, c'est maintenant.* [...] *Prenez la main et donnez les moyens au ministre de la Santé, à Martin Hirsch* [...], *pour les nous donner les moyens de soigner nos patients«* (»Der Moment für den Präsidenten der Republik, um zu handeln, auch wenn es sich um eine Situation handelt, für die er nicht selbst verantwortlich ist, ist jetzt. Ergreifen Sie die Hand und geben Sie dem Gesundheitsministerium, geben Sie Martin Hirsch die Mittel, um uns die Mittel zu geben, die es uns erlauben, unsere Patienten gesund zu machen«). Eine ganze Reihe von Händen wird evoziert, eine Kette, die funktionieren muss, damit man sich weiterreicht, was nötig ist, um den Patient:innen – das letzte Glied der Kette, das fast vergessene – zu heilen. Die Hand des Präsidenten müsste wieder Kontakt finden zu den vielen, kleinen Händen, die gerade leer dastehen, leer vor ihren Patient:innen. Und darum steckt jetzt und hier Macrons Hand immer noch in der des Arztes. Sie steckt und steckt. Und des Präsidenten Rede stockt, denn verstockt ist er schon jetzt. (Oder ist das seine Eigenschaft, schon immer?)

Doch dann glaubt Macron endlich, nach dieser für ihn ganz ungewohnte Erfahrung, nicht zu Wort zu kommen, darin erneut ganz der kleine neoliberale Buchhalter, der er ist und der alles nur vom Aspekt der Finanzen her zu sehen vermag, jetzt doch wieder – endlich – das Wort ergreifen zu können. Es zu ergreifen, weil ihn der Arzt zu ergreifen versucht, von der Hand, aber auch vom Herzen her. (Das Krankenhaus trägt die *»pitié«* in ihrem Namen.) An den Arzt gewendet, sagt er (nämlich Macron): *»Je compte sur vous«* (»Ich zähle auf Sie«/»Ich rechne mit Ihnen«). Der Arzt bestätigt, nachdenklich, lächelnd auch, auf ihn – den Arzt – werde man zählen, mit seinem Engagement zugunsten der Kranken rechnen können. *»Vous pouvez compter sur moi«* (»Sie können auf mich zählen«). Und dann doch wieder, als letzte, symbolische Rückgewinnung der Hand, die er jetzt endlich hat fahren lassen: *»L'inverse reste à prouver«* (»Ob das auch umgekehrt gilt [nämlich für Macron], muss sich noch erweisen«).

Inzwischen hat es sich erwiesen: Macron kommt zu spät. Die Zukunft ist da. Handgreiflich und brutal. Mit einem Gesundheitssystem, das nicht mitkommt. Aber sogar schon am selben Abend, direkt nach der Erfahrung mit einer Hand, die zum Schraubstock geworden war, hatte es sich erwiesen, dass Macron nicht lernfähig ist. Bei einem Staatstreffen in Neapel, am gleichen Tag noch, äußerte er mit Blick auf den Pariser Arzt: *»C'est un médecin qui représentait la coordination, l'intersyndicale, lequel est neurologue – il n'a rien à avoir avec le coronavirus – qui a tenu ces propos. Il n'a rien à avoir avec la crise que nous sommes en train de vivre«* (»Das ist ein Arzt, der sich um die gewerkschaftsübergreifende Koordination kümmert, ein Neurologe – er hat mit dem Coronavirus gar nichts zu tun [oder zu schaffen] – und der hat sich geäußert. Er hat gar nichts zu tun [oder zu schaffen] mit der Krise, die wir gerade erleben«).

Inzwischen ist es so, dass man die Ärzt:innen – zum Beispiel Neurolog:innen – in die Abteilungen ruft, mit denen sie ursprünglich »gar nichts zu tun« oder »zu schaffen« haben, schlicht, weil es dort nicht etwa nichts, sondern viel zu viel zu tun gibt – zu viel, als dass die Ärzt:innen, die legitimerweise »damit zu tun« (oder zu »schaffen«) haben (und also keine Neurolog:innen sind), es allein schaffen könnten. Doch dass jemand dem anderen die Hand reicht, einfach, weil es sein muss und die Situation eine Zusammenarbeit jenseits von Spezialisierungen erheischt, das kann Macron natürlich nicht begreifen. Und begreifen kann er auch nicht, dass der Coronavirus neurologische Konsequenzen hat.

Dass es ihn irgendwie aber doch wurmt, im Moment der Begegnung ein kleines, nichtssagendes Würmchen gewesen zu sein, erdrückt von einer Hand, die Hand in Hand mit anderen arbeiten wollte (und vor allem: arbeiten *können* wollte!), das zeigt sich darin, dass er von selbst auf das Thema zurückkommt, in Neapel dieses Mal. Er verunglimpft den Arzt, spricht ihm die Berechtigung ab, sich zum Coronavirus zu äußern. Und er selbst äußert sich jetzt wieder in altbekannter Eloquenz. Die Sprachlosigkeit ist überwunden. Sie war nichts als eine kurze, aber denkwürdige Episode.

In Neapel wohnt man psychologischen Prozessen bei, mit deren Hilfe Macron die narzisstische Kränkung, die er erlitten hat, zu beseitigen versucht. Die Kränkung rangiert so stark vor der neuen Krankheit – dem Virus –, so stark auch vor den Krankenhäusern und ihrem desolaten Zustand, dass er taub wird für die Wahrheiten, die er wenige Stunden zuvor zu hören bekommen hat. Und so spricht er wieder, wortmächtig, erinnerungs- und zukunftslos, ohne jede Vorstellungskraft, als Mann, der nie etwas wird lernen können.

Dabei hätte er sich vielleicht wenigstens das Körpergedächtnis und damit eine andere Art von Lernen bewahren können: In dem Moment, in dem er die

Hand des Arztes ergriffen hatte, um sie zu schütteln und wieder loszulassen, war er ja einer Konvention gefolgt, die für ihn offenbar noch ganz unhinterfragt dastand: Man schüttelt eben die Hand des anderen, wenn man diesem einen – noch dazu offiziellen – Besuch abstattet. Aber der andere war aufgrund seines Berufs schon vorbereitet auf die Infragestellung der Konvention des Händeschüttelns. Er wusste, dass das Ineinandergreifen von Händen dabei war, jede Unschuld zu verlieren, und dass auch Macron würde lernen müssen, dass man in Situationen wie der gegebenen dem anderen eigentlich nicht mehr die Hand schütteln dürfte. Und trotzdem schüttelte Macron dem Arzt die Hand, überzeugt also davon, dass es normal sei, dem anderen die Hand zu schütteln. Und der Arzt, der darauf einging und jetzt seinerseits Macron die Hand zu schütteln begann, schüttelte und schüttelte, ließ nicht mehr los und machte dadurch aus dem Händeschütteln noch in einer anderen Hinsicht etwas Subversives: Er bezog aus dem Festhalten nicht nur die körperliche Entfaltung einer Macht, die zuvor institutionell und finanziell ganz und gar auf Macrons Seite gestanden hatte, sondern er schüttelte auch, als wolle er das potenziell Krankmachende dieser Geste durch deren Verlängerung für Macron sichtbar machen. Und wenn schon nicht für Macron, dann zumindest für die umstehenden Presseleute. Und wenn schon nicht für die Presseleute, dann vielleicht wenigstens für die Menschen, die sich das Video der Presseleute von diesem Besuch ansehen würden. Denn in Wirklichkeit legte der Arzt Hand an Macron. Er wurde *handgreiflich* im besten und konkretesten Sinne des Wortes: Das Händeschütteln wurde zu einem Angriff auf den Präsidenten.

Doch juristisch erwächst dem Arzt daraus keine Verantwortung. Es war ja umgekehrt *Macron* gewesen, der als erster auf ihn zugegangen und begonnen hatte, ihm die Hand zu schütteln. Macron war es gewesen, der sich durch sein bloßes, von Konventionen gesättigtes Denken und Hände-Schütteln zum Handlanger einer verantwortungslosen Gesundheitspolitik gemacht hatte. Und Handlanger zu sein bedeutet, Gewalt zu unterstützen, ohne auch nur einen Gedanken daran verschwenden zu müssen, dass man sich zumindest mitschuldig macht.

Der Arzt hingegen schritt auf Macron zu, schritt zur Verlangsamung einer Geste bis hin zu ihrer Erstarrung und schuf durch die Erstarrung plötzlich so etwas wie Erkenntnis: Wer einem Präsidenten die Hand zu schütteln beginnt, der noch nicht einmal in Ansätzen über das gefährlich Konventionelle dieser Geste nachzudenken begonnen hat, muss schütteln und schütteln und schütteln, damit sich die Geste des Schüttelns der Hand körperlich fortpflanzt und nach oben steigt, nämlich hin zum Kopf, den man eben auch zu schütteln hat angesichts eines solchen Präsidenten, der zwar gern mit seiner Hand die Hand von anderen schüttelt, niemals aber seinen eigenen Kopf. Und nun schon gar nicht den Kopf über sich selbst!

Das aber hat der Arzt ihm vorgemacht: Er hat Macron die Hand geschüttelt, weil er als gewerkschaftlich organisierter Beobachter von Realitäten eigentlich schon seit mehr als einem Jahr den Kopf über diesen zu schütteln begonnen hatte. Aber dieses sein Kopfschütteln hatte Macron (obwohl es ein massenweises, vom gesamten französischen Gesundheitssystem getragenes gewesen war) natürlich nicht wahrnehmen wollen. Er wollte einfach nur die Hand schütteln!

Die Hand hat den Vorteil, dass man mit der eigenen dem anderen die Seine schütteln kann: Man bewegt die eigene Hand in rascher Folge nach oben und unten und bewegt, weil die Hand des anderen in ihr ruht, diese andere Hand gleich mit. Leider ist es aber nicht möglich, durch das Schütteln des eigenen Kopfes auch den Kopf des anderen mitzuschütteln, denn Köpfe greifen nur selten ineinander. Darum sind Köpfe der Erfahrung des Schüttelns und Erschütterns, die der andere gemacht hat, kaum zugänglich. Einen Arzt oder eine Ärztin mag es erschüttern, dass er:sie den Patient:innen nicht mehr die Pflege zuteilwerden lassen kann, derer sie bedürfen. Aber wenn er:sie über eine Politik den Kopf zu schütteln beginnt, die erklärt, warum ihm:ihr Patient:innen ganz unnötig wegsterben, dann bleibt das leider Gottes eine ganz private Geste, ja fast schon – aus Macrons Sicht gesehen – eine Art Tick, den Gewerkschafter:innen eben so an sich haben: Sie schütteln zu allem und jedem den Kopf, sind niemals zufrieden mit dem, was man ihnen bietet. Und weil der Arzt das wusste, hat er darauf verzichtet, den Kopf zu schütteln und hat es dieses Mal mit der Hand versucht. Darum also schüttelte er dem Präsidenten die Hand.

Und noch einmal: Es war angesichts des Virus bereits absurd, einander die Hände zu schütteln, doch im Kontakt mit einem Präsidenten, der nicht einmal versteht, was handgreiflich vor ihm liegt – das Krankenhaus, das den Namen des Mitleids im Namen trägt, das Krankenhaus mit seiner Not –, kann ein Arzt eigentlich nur noch das Schütteln anhalten, die Bewegung der Hände erstarren lassen, hin zu einem Bild, in dem das Schütteln der Hände als Selbstverständlichkeit aufhört.

Selbstverständlichkeiten haben, wie gesagt, die Eigenschaft, nicht sichtbar zu sein. Mitunter reicht aber eine Winzigkeit – hier zum Beispiel die Verlängerung des Schüttelns –, um die Konvention zu sprengen, sie sicht- und erkennbar, das heißt, dem Kopfschütteln zugänglich zu machen. Die Herstellung des Ungewohnten hilft, Selbstverständlichkeiten abzuschütteln, die Köpfe zusammenzustecken – und mit dem Denken zu beginnen. Mit dem Denken der Hände, die man schüttelt und schüttelt und schüttelt, so wie es einen schüttelt beim Anblick eines Präsidenten, der in der anvisierten Kürze des Besuchs auch schon die Kürze des Händeschüttelns festlegen zu dürfen meinte. Zumindest daran hat ihn der Arzt gehindert. Der Besuch hat nicht lang gedauert, das Händeschütteln aber wohl. Und das ist eine wohltuend ermutigende Tat. Jemand ist handgreiflich geworden. Jemand hat die Bedeutung, die den pflegenden, lindernden, heilenden Händen zukommt, begreiflich gemacht. Bis hinauf in den Kopf.

# Von der Macht der Zahlen

## Patient Null

Der Ausdruck »Patient Null« meint eine Person, von der eine Krankheit ihren Ausgang genommen hat. Sie ist es, von der aus sich diese verbreitete. Die Null trägt sie, weil man mit ihr zu zählen beginnt. Aber eigentlich zählt sie selbst noch nicht, sondern nur das, was auf sie folgt. Das bedeutet keineswegs, dass die Null selbst nicht an der Krankheit sterben kann. Vielmehr kann sie, obwohl sie nur Auftakt für das dann einsetzende, eigentliche Zählen ist, selbst schon ein erster Patient gewesen sein und damit ein Opfer der Krankheit.

Die Suche nach der Null ist für die Bekämpfung von Epidemien ein wichtiger Faktor. Übertragungswege sollen nachvollzogen und so die Personen aufgefunden werden, die vom Patient Null angesteckt worden sind und nun ihrerseits – jedoch beileibe nicht mehr als Null – die Krankheit an andere weitergeben oder weiterzugeben drohen.

Für diese Suche ist quasi ein Zählen rückwärts kennzeichnend. Man zählt nicht, mit Null beginnend, dem Schema »eins, zwei, drei …« folgend, sondern umgekehrt, wie bei einem Countdown. Dieser ist aber insofern paradox, als die Katastrophe schon voll im Gange ist, wenn man beginnt zu zählen. Der Countdown ist quasi schon abgelaufen. Dennoch zählt man rückwärts, in die Vergangenheit gerichtet, nähert sich mit dem neuen Kontaktstrang, der einst von der Null ausgegangen war, ihr selbst – der Null. Nur wenn dies gelingt – sie zu finden, die Null, das Nichts –, lässt sich vermeiden, dass dem Schema »eins, zwei, drei …« mit der Zeit die Nullen anwachsen. Die Suche nach der ersten Null entspricht dem Versuch, die Katastrophe im Großen, das heißt die wuchernde Null zu vermeiden.

Da man die Mühen der Suche gemeinhin erst dann im großen Stil auf sich nimmt, wenn es schon ziemlich katastrophal aussieht und die Notwendigkeit der Suche sich in der Gefahr ausdrückt, dass das normale Leben null und nichtig wird, verbindet sich mit dem Patienten Null immer schon ein gewisser Vorwurf. Wäre er nicht gewesen, wäre es nicht zur Multiplizierung der vielen Nullen, nicht zu ihrem exponentiellen Wachstum gekommen.

Der Patient Null ist die moderne Fassung der Erbsünde. Er ist der Adam, der der Schlange nicht widerstand und uns alle aus dem Paradies von Gesundheit und Glückseligkeit geworfen hat. Ohne seine Verfehlung keine Sünden später. Die Wege der Krankheit zurückzuverfolgen, nimmt sich dagegen aus wie die Nutzung dessen, was wir trotz Adams Schuld ihm verdanken: die Fähigkeit, bestimmte Dinge zu *erkennen*.

Der Drang nach Erkenntnis verkoppelt sich mit dem Bedürfnis, die erste Sünde des Strebens nach Gottähnlichkeit rückgängig zu machen, und zwar, indem man sie auf den Patienten Null abwälzt. Niemanden trifft eine Schuld, ihn schon. Und fast klingt das so wie: wirklich *nur* ihn. Weil der Patient Null aber gar nicht wissen konnte, dass er etwas Furchtbares gemacht hat, ist etwas von der Unwissenheit in ihm, die auch Adam und Eva kennzeichnete. Sie sollten etwas erkennen, obwohl sie zum Baum der Erkenntnis gar keinen Zugang hatten. Sie sollten, mit anderen Worten, eine Fähigkeit haben, die sie erst dann haben würden, wenn sie Gottes Verbot zuwiderhandelten und sich die Fähigkeit *qua* Apfel aneigneten.

Auch auf den Patienten Null werden solche Paradoxien projiziert. Er konnte es ja nicht wissen – dafür war er die Null, also die Null der Erkenntnis der Krankheit –, aber wissen hätte er's eben doch müssen, schlicht weil es verboten ist, Krankheiten an andere weiterzugeben und Gott einen Vorwand für die Vertreibung zu liefern

Der Patient Null, das ist die Sehnsucht nach dem Paradies von einst. Es ist die Sehnsucht eines Lebens vor den Zahlen, und blieben diese im Jetzt der Katastrophe auch so klein wie Eins, Zwei und Drei.

Die Null pflegt – was ihrem Charakter eigentlich zuwiderzulaufen scheint – konkrete Namen zu tragen. Im Falle von Ebola war es ein zweijähriges Kind aus Westafrika, in dem man den Patienten Null gefunden zu haben glaubte. Die Null wurde plötzlich konkret, das Unübersehbare, angsteinflößend Riesige der sich vermehrenden Nullen einhegbar, verständlich.

Insofern ist das Interesse für Infektionswege nicht allein ein praktisches Unterfangen von Epidemiolog:innen. Es steckt auch eine psychologische Hilfe in diesem »Zurück-ins-Paradies«. Es erweist sich, dass man trotz der Erkenntnis, die sich bezüglich der Krankheit ausbreitet, doch im Urzustand der Unwissenheit geblieben ist, und tröstend ist, dass wir dann irgendwann vielleicht wenigstens das Eine wissen werden, nämlich: womit das ganze Unglück angefangen hat. Viel mehr nicht, aber immerhin das.

Das eigentliche Unglück aber besteht darin, dass die Null in den Augen der Mächtigen auch dann noch ihren Charakter behält, nichts zu sein, wenn andere Zahlen – zum Beispiel Eins, Zwei oder Drei – sich längst *vor* sie gestellt haben. Die Riesenhaftigkeit, die nur ausdrückbar ist, wenn man die Nullen bemüht, wird umgewandelt in die Lust, die von ihr Betroffenen als Nullen zu imaginieren. Und sie dann auch als solche zu behandeln.

Sich selbst als die Eins setzen – das heißt, es nötig haben, die anderen ins Nichts zu stoßen, mit den Nullen zu spielen, ihre genaue Zahl für austauschbar zu erklären und zu vergessen, dass hinter jeder neuen Zahl Menschen stehen, die genauso konkret sind wie der Patient Null. Etwas von der Inflation steckt schon in der ersten Null, dem ersten Patienten, der als solcher nicht zu zählen scheint, sondern erst dadurch, dass andere und sehr viele ihm folgen. Zahlenspiele, die in die Hunderttausende und Millionen gehen, sind heute sehr beliebt. Gott ist wieder voll am Wirken.

## Zahlen

In Afrika, so heißt es, sind die Fallzahlen bislang niedrig. Aber, so wird hinzugefügt, das liege daran, dass dort nicht getestet werden würde, oder auch nicht getestet werden könne, da die »Kapazitäten« dafür nicht vorhanden seien. Sicher sei aber: Wenn die Pandemie Afrika erst einmal erfasst habe, werde es angesichts des nicht bloß maroden, sondern weithin inexistenten Gesundheitssystems dort zugehen wie beim Jüngsten Gericht.

Oder etwa nicht? Zählen nur die Verluste, die gezählt werden? Würde der leidgeprüfte Kontinent die Corona-Toten überhaupt merken, wenn die Krankheit nicht durch die Medien gehen würde? Im südlichen Afrika sind von der anhaltenden Dürre 45 Millionen von Hunger bedroht, warnte die Welternährungsorganisation vor dem Ausbruch der Epidemie. Das sind Zahlen! Wie hoch wird da die Mortalitätsrate sein? Könnte es sein, dass es auf diesem Planeten noch schlimmere Probleme als Corona gibt? Ist es möglich, dass mehrere 100 Jahre kapitalistisch-kolonialistische Ausplünderung von Mensch und Natur ein pandemisches Leid hinterlassen haben, vor dem das, was uns gerade in die Knie zwingt, jene »größte Herausforderung seit dem zweiten Weltkrieg«, als Luxusproblem erscheinen könnte? Und wenn nicht als Luxusproblem, so doch als Problem bessergestellter Gesellschaften, deren Reichtum auf der Armut der anderen beruht, die so groß sein mag, dass das Leiden der Pandemie kaum ins Gewicht fällt?

Und weiter, in einer zynischen Rückwendung auf die Situation bei uns. Könnte es nicht sein, dass uns nicht die Menschenleben, sondern die Zahlen auf die Füße fallen? Die teilweise verschwörungstheoretisch inspirierten Kritiker:innen der Regierungspolitik blasen seit Wochen in dieses Horn. Alles werde durch falsche Erhebungen verzerrt, die auf Corona fokussiert seien: Menschen mit Vorerkrankungen, alte Menschen, deren Gesundheit ohnehin angeschlagen gewesen sei, Menschen, die sich eine normale Grippe eingefangen und sich zusätzlich noch Covid-19 infiziert hätten – sie alle würden nun der Pandemie zugerechnet. Hinzu komme, dass die mediale Aufmerksamkeit für andere Erkrankungen nachlasse, deren gesundheitliche Versorgung damit auch rein praktisch zu kurz komme.

Es wird also gegengerechnet. Whataboutism. Und so richtig es ist, dass wir uns von Corona in Bezug auf das millionenfache Leid einer Weltgesellschaft nicht blenden lassen sollten, in der ganze Kontinente medizinisch unterversorgt sind, so wichtig ist es auf der anderen Seite, jede:n Tote:n, der:die nicht oder nicht so hätte sterben müssen, ernst zu nehmen.

Die Zahlen sind auch ein Unheil. Sie suggerieren die Erfassung der komplexen Wirklichkeit und lassen sie beherrschbar erscheinen. Nichts falscher als die Meinung, über Zahlen lasse sich nicht streiten. Die richtige Annahme, dass der Satz, zwei und zwei mache vier, keinen Dissens auslösen kann – oder wenigstens sollte –, wird auf Statistiken übertragen. Statistiken sind aber keine Rechnungen, sondern Sachverhalte, die in Form von Zahlen ausgedrückt werden und die ohne Rückübersetzung in sprachliche Vorstellungen nichts sind. Statistiken können gefälscht werden (im Moment deutet einiges darauf hin, dass Chinas Post-Wuhan-Zahlen nicht stimmen); ihre Datenbasis kann so verschieden sein, dass sie sich nicht miteinander vergleichen lassen – zum Beispiel Fall- und Mortalitätszahlen verschiedener Länder –; in die aus ihnen erarbeiteten prognostischen Modellierungen können faustgrobe Annahmen eingehen, die der Erfahrung und dem gesunden Menschenverstand entstammen – schlicht, weil man nichts Genaueres zur Verfügung hat.

Zahlen sind Ideen, bei Platon und später. Vielleicht sind sie die mächtigste Idee, die nach dem Untergang der Metaphysik übrig geblieben ist. Klar, eine Sphäre jenseits der Fixsterne gibt es auch für sie nicht mehr, in der sie sich zusammen mit anderen Ideen des ewigen Lichts freuen können. Dass wir an sie nicht mehr glauben, heißt aber nicht, dass sie keine Nachfolgerin gefunden hätten. Sie ist da: irgendwo in uns, zwischen uns. Sie ist in den Medien zu Hause und in dem, was man Diskurs nennt. Überall dort, wo wir uns Vorstellungen machen über uns und unser Zusammenleben. Zu ihnen gehören die Zahlen. Und so, wie die Ideen gleichzeitig zur systematischen Erhellung der Wirklichkeit beitrugen und gegen sie verblendeten, ist es nun auch mit ihren Wiedergängern beschaffen.

## Vietnam

Es geht jetzt allenthalben durch die Presse, in den USA sei die Zahl der einstigen durch den Vietnamkrieg bewirkten Toten von der Zahl der Toten durch den Virus übertroffen worden.

Warum eigentlich dieser Vergleich? Es ist, als orientiere sich jede Nation an den großen Traumata ihrer oder der Nachbarn Vergangenheit und versuche so, fassbar zu machen, was gerade geschieht. Wenn die USA jetzt schon mehr Virustote haben als getötete Soldaten in Vietnam, dann soll damit vielleicht bedeutet werden, dass das Trauma, das heute Form annimmt, noch schlimmer sein wird als das damalige?

Aber es gibt auch andere Todesarten, die schon lange weit über den Zahlen aus Vietnam liegen – tödliche Autounfälle zum Beispiel –, und die kommen keineswegs einem kollektiven Trauma gleich, sondern sind ganz abgedrängt in jährliche Statistiken, die eben so seien, wie sie seien. Außerdem werden die Menschen, die am Virus sterben, nicht *getötet*, jedenfalls nicht von Menschen, und das ist ein gewichtiges Argument gegen diese Art von Vergleich.

Es scheint vor allen Dingen die Kriegsrhetorik zu sein, der neue Verbindlichkeit zugeschrieben wird. Man will sich einem Feind gegenüber sehen, weil der, auch wenn er sich wie die Vietnames:innen zu verstecken und unsichtbar zu machen versteht, zumindest ergriffen und greifbar gemacht werden *könnte*. Doch der Virus ist kein Feind. Er vermehrt sich, ganz ohne Intentionen zu haben. Die Vietnames:innen hingegen hatten die Notwendigkeit, auf die Feindschaft der USA mit ihrer eigenen Feindschaft zu antworten, angenommen. Das Sich-Verbergen beruhte wirklich auf taktischen Erwägungen.

Dass dennoch die Vietnames:innen für das Verständnis des Virus bemüht werden, könnte, so die Befürchtung, Beweis für eine gleich doppelte Vorstellungslosigkeit werden: Vietnam kann nicht so schlimm gewesen sein, ist man versucht zu denken, denn der Virus ist jetzt schon tödlicher als jener vergangene Krieg. Statt seine Furchtbarkeit wieder in Erinnerung zurückzurufen, wird mit Hilfe einer neuen Überbietungslogik die Erinnerung an Vietnam geglättet. Der Vergleich würde dann nicht Zukunftsorientierung bieten, sondern das Verhältnis zur Vergangenheit brutal »normalisieren« wollen.

Ein solches Vergleichen-Wollen um jeden Preis hat aber auch Konsequenzen für die Vorstellung bezüglich des Virus heute. Das Vertrauen auf die Ausdrückbarkeit von allem und jedem durch Zahlen verstellt den Blick auf das, was uns geschieht. Man guckt nicht auf Realitäten, sondern nur auf das, was schon Vergangenheit ist. Damit wehrt man das heute Angst-Auslösende ab, die wirtschaftlichen Probleme, die sich abzeichnen, die vom Virus freigesetzten, gesellschaftlichen Konflikte, jenseits von Napalm und Dschungelkämpfen.

## Unerwünscht

Im Kreis Ostholstein gibt es Ende April 2020 64 Infizierte, im Kreis Plön 115. Der Kreis Plön ist also stärker vom Virus betroffen als der Kreis Ostholstein. Die Ostholsteiner:innen sind glücklich, zum Kreis Ostholstein zu gehören und nicht zum Kreis Plön, denn das Ansteckungsrisiko ist, wenn man zum Kreis Plön gehört, fast zweimal so hoch wie bei einem selbst.

Nun liegen der Kreis Plön und der Kreis Ostholstein jedoch direkt nebeneinander, und weil die Ausgangsbeschränkungen zwar Schengen außer Kraft gesetzt, nicht jedoch die Bundesländer als echte Grenzen etabliert haben, die man nicht länger überqueren dürfte, ist es problemlos möglich, vom Kreis Plön zum Kreis Ostholstein hinüber zu fahren. Die Kreise liegen als abgegrenzte, sich von anderen Kreisen unterscheidende Einheiten weit unter den Bundesländern, was bedeutet, dass die Bewegungsfreiheit, die auf der höheren Ebene gewährt wird, automatisch auch für die darunter liegende, kleinere gilt. Wenn jemand von Bundesland zu Bundesland fahren darf – z. B. von Schleswig-Holstein nach Niedersachsen –, darf er auch vom Kreis Plön zum Kreis Ostholstein fahren.

Doch diese logische Operation hat den Nachteil, den psychologischen Wirklichkeiten nicht Rechnung zu tragen. Es ist nämlich so, dass für jemanden, der im Kreis Ostholstein lebt, das Land Niedersachsen zumindest in Zeiten des Coronavirus sehr weit weg ist, der Kreis Plön hingegen mit seiner zweifachen Infektionsrate gefährlich nah. Und weil Ansteckungen durch Leute aus Niedersachsen oder, noch schwerer vorstellbar, gar aus Bayern gerade kaum in den Gesichtskreis treten, Ansteckungen aus allernächster Nähe – z. B. aus dem Kreis Plön – hingegen sehr wohl, werden die Grenzziehungen der Nähe zur Grundlage eines Feindbildes und sieht sich alles, was das Eigene ist, entsprechend als das Schützenswerte definiert.

Die praktische Konsequenz ist, dass im Kreis Ostholstein, so der Bericht meiner Mutter, Autos zerkratzt wurden, deren Besitzer:innen es gewagt hatten, vom Kreis Plön aus in den Kreis Ostholstein hineinzufahren. Die Ostholsteiner:innen mit ihrer niedrigen Ansteckungsrate betrachteten den Nachbarkreis plötzlich als feindliches Territorium und die Grenze zwischen beiden Kreisen als unantastbar.

Wer dennoch wagte, sein Auto zu nehmen und sie zu überqueren, z. B. um zur Arbeit zu fahren, musste um den Lack seines Wagens fürchten. Dass bestimmte Orte der Kreise Plön und Ostholstein weit näher beieinander liegen als bestimmte andere Orte, die zum gleichen gehören, tut nichts zur Sache. Denn entscheidend ist nicht, was Nähe und Ferne jeweils seien, objektiv gleichsam, sondern was die vollkommen arbiträre Schaffung von Verwaltungseinheiten schon zuvor an Identitäten geschaffen hat. Und weil Ansteckungszahlen dann wirklich und wahrhaftig auf Kreisebene veröffentlicht werden, verstärken die Autoritäten, schlicht weil sie jetzt auch zu Zahlenverwaltern avancieren, die Gefühle, die latent schon vor dem Virus existierten, jetzt aber zu einer als lebenswichtig wahrgenommenen Gewissheit werden: Ich bin Ostholsteiner:in, und nicht eine:r, die oder der zum Kreis Plön oder zu einem ganz und gar anderen, fernen Kreis gehört.

Wenn man will, sind diese identitären Konzepte jedoch auf einer relativ hohen Ebene angesiedelt, denn die Ansteckung erfolgt ja nicht zwischen Kreisen, sondern zwischen Menschen, die direkt in Kontakt zueinander kommen müssen, damit der Virus übertragbar wird. Das, was sich auf Kreisebene abspielt, könnte sich also mit sehr viel größerer Berechtigung auch auf Ebene der Viertel ein- und derselben Stadt abspielen: Man zerkratzt den Menschen ihre Autos, die es wagen, von einem stark betroffenen Viertel der Stadt in ein weniger betroffenes zu fahren. Oder, noch logischer: Man verbannt die Leute der allernächsten Nachbarstraße aus der eigenen, weil sich dort mehr Ansteckungen ereignet haben als hier.

Wenn man diese Atomisierung von Einheiten konsequent immer weiter und weiter denkt, gelangt man schließlich zu den Einzelhäusern und zur Frage, wie auf dieser Ebene noch mit Kratzern gedroht werden kann, damit Grenzen eingehalten werden, die keine Regierung verordnet hat, die aber die Bevölkerung selbst den anderen, nächsten zu verordnen versucht. Es entsteht eine Bewegung von unten, durch die die Überschaubarkeit des Feindes im gleichen Maße gesteigert wird, in dem sich die Überschaubarkeit ihrer Anzahl erhöht. Denn jetzt sind es gerade nur die Angehörigen des Kreises Plön, die als Feind:innen betrachtet werden, doch sollten die Zeitungen das Unglück haben, Zahlen in anders aufbereiteter Form, heruntergebrochen auf noch kleinere Einheiten, zu veröffentlichen, ist plausibel, dass sich das Bedürfnis, zerkratzend in Erscheinung zu treten, zu einer Bewegung größeren Stils im ganz und gar Kleinen entwickelt. Die Atomisierung der Grenzgebiete entspräche dann der Vergrößerung der Zahl derer, die man als potenzielle und zugleich angreif-, da fassbare Feinde wahrnimmt. (Wichtig sind hier die Adjektive: angreif- und fassbar.)

Es gibt also ein umgekehrt proportionales Verhältnis zwischen der Herstellung immer größerer Überschaubarkeiten (durch Zerstückelung der Grenz-Kreise, in die man sich einbezogen weiß) und der Eingrenzung der Zahl derer, die einem wirklich nahekommen können. Zur Erklärung: Wenn jemand seine Angst auf Menschen des Kreises Plön konzentriert, heißt das ja, dass er sich zumindest im engsten, eigenen Umfeld ein gewisses Zutrauen bewahrt. Er muss notwendig in Kontakt zu einer bestimmten Anzahl von Menschen treten, z. B. beim Einkaufen in Eutin, und so wirkt die Übernahme engster Kreise beunruhigend und beruhigend zugleich: beunruhigend, weil noch niemand auf die Idee gekommen ist, Plönern das Kommen nach Eutin zu untersagen; beruhigend aber auch, weil man die eigenen und die fremden Zahlen miteinander vergleichen kann und sich sagen darf, dass man in einem vergleichsweise sicheren Umfeld lebt.

## Und wieder Zahlen

*»In Deutschland gibt es seit gestern 503 neue bestätigte Infektionen mit dem Coronavirus. Das teilte das Robert Koch-Institut mit. Damit haben sich seit Beginn der Coronakrise 190 862 Menschen nachweislich mit dem Virus angesteckt. 8 895 infizierte Menschen starben; das sind zehn mehr als gestern. Etwa 175 700 Personen haben die Infektion nach RKI-Schätzungen überstanden. Damit gibt es derzeit rechnerisch rund 6 300 aktive Fälle in Deutschland.«*

Damit wurden die 8-Uhr-Nachrichten des Deutschlandfunks heute, am 23. Juni 2020, beendet. Vom ersten auf den letzten Platz. In dem Maße aber, indem das einst Sensationelle zur Pflichtveranstaltung abstieg, deren sich der Sender zu entledigen hat, weil ein Problem auch dann nicht ausgestanden ist, wenn keiner mehr Lust darauf hat, werden die sprachlichen Kautelen auffällig. Die Neuinfektionen seien »bestätigt«, heißt es: Was sonst? 190 862 Menschen hätten sich »nachweislich« angesteckt: Gewiss; wie käme man sonst auf eine solche Zahl? Warum dieser Kies, warum diese Angaben Tag für Tag, die man sich schenken kann, weil sie sich von selbst verstehen?

Etwas ungenauer wird es dann im Folgenden, wenn es um die Zahl derer geht, die Corona auskuriert haben sollen; sie beruhe auf Schätzungen, heißt es, weil es offenbar nicht möglich war, den Krankheitsverlauf jedes einzelnen Falls nachzuverfolgen. Sicher zählbar sind halt nur die Toten. Wenn man die Zahlen addiert, erhält man 190 895, also nicht »rund«, sondern genau 33 mehr als die Zahl der bestätigten Fälle, was ja auch bestätigt, dass es sich bei den RKI-Schätzungen um ziemlich genaue Schätzungen handelt, die sagen, dass das RKI zwar nicht allwissend sei, aber der Wirklichkeit doch recht nahe kommt.

In Wahrheit ist das Ganze, so kurz und gedrängt es daherkommt, ein einziger rhetorischer Verhau, ein quasi kultischer Abwehrzauber, der die wissenschaftliche Beherrschung der Welt durch Zahlen suggerieren soll. Fest steht eigentlich nur das eine: *Keine einzige dieser Zahlen stimmt* – in dem Sinne, dass sie die Wirklichkeit abbilden würde. Sicher ist nur, dass sie nicht stimmen. Das zeigen die Kautelen ja auch an. Aber dadurch, dass nicht darüber nachgedacht wird, bis zu welchem Grad z. B. die Zahlen des Robert-Koch-Instituts die Wirklichkeit verfehlen, bleibt alles abstrakt. Also: Liegen die wirklichen Zahlen um den Faktor 2, 20 oder 50 höher als die gemessenen? Das wüsste man gern, wenigstens eine Tendenzaussage müsste sich doch nach mehreren Monaten, die wir uns schon mit dem Virus herumschlagen, machen lassen, oder? Aber man findet darüber nur wenig und in den offiziellen Nachrichten gar nichts.

Deswegen haben die sprachlichen Einschränkungen den umgekehrten Effekt. Das, was sich nach wissenschaftlicher Redlichkeit anhört, die sich demütig vor der Realität als Inbegriff all dessen, was ihr noch zu wissen aufgegeben ist, bescheidet, wird zur Zauberformel, die die Auseinandersetzung mit ihr blockiert und sich dann doch an ihre Stelle setzt. Die Wissenschaft, einstmals Widersacherin der Metaphysik, hat ihre Nachfolge angetreten. Die Zahlen repräsentieren nicht die Wirklichkeit, sondern das, was sie in Wahrheit ist und sein soll. Bestätigt und rechnerisch sind Leerformeln, die, wenn sie nicht mit Erfahrungsinhalten gefüllt werden, einzig und allein der Konvention genügen und vergessen werden, sobald sie ausgesprochen wurden. Sie bewirken das Gegenteil von dem, wofür sie stehen. Man salviert sich durch sie vom wissenschaftlichen Erkenntnisauftrag, nach der Devise: Man müsste dem mal genauer nachgehen. Man müsste auch mal das Klo putzen. Der Wille tritt an die Stelle der Vorstellung.

Dahinter steht vielleicht noch nicht der Wille, aber die Möglichkeit, die Wirklichkeit durch Zahlen zu manipulieren. Wenn man weniger misst, das ist ja klar, sind die Fallzahlen geringer. Wenn man keine repräsentativen Querschnittsstudien anfertigt, aus denen wenigstens ungefähr hervorgehen würde, wie sich die gemessenen zu den wirklichen Fallzahlen verhalten (es gibt diese Studien, aber nur regional); wenn man es schafft, die konkrete Wirklichkeit durch die bis zur Ödnis wiederholten, nur summarischen Hinweise auf sie wegzuillusionieren, dann ist der Weg nicht weit bis zu der Vorstellung, dass sie dem Zahlenwerk entsprechen wird, wie immer man dieses auch einrichte. Wohlgemerkt: Es steht da nirgends, nirgends ist es explizit. Aber es ist mitlaufender Effekt der zur Formel geronnenen Begriffe, die durch tausendfache Wiederholung entleert wurden, und die man deswegen nicht mehr hört, ein mechanisches Gemurmel wie das Gebet vorm Schweinebraten. Ich sage damit nicht, dass die Naturwissenschaften manipulativ oder totalitär seien. Ich sage nur, dass es nicht schwer ist, sie an der Schnittstelle zur Öffentlichkeit so umzufunktionieren, dass ihr aufklärerischer Auftrag verraten wird. Ich sage nur, dass es ein Leichtes ist, mit der Wahrheit zu lügen: nicht propositional, sondern funktional zu lügen.

# Gespenster des Digitalen

## Flüstern

Erster Online-Unterricht. Man kann nicht mit dem Banknachbarn flüstern, ohne dass das Flüstern der Lehrerin übers Mikro in die Ohren schallt. Außerdem gibt es keinen Banknachbarn und keine Bank, nur den eigenen Stuhl, zu Hause. Und damit dann eben kein Flüstern mehr und auch keinen Grund, zu flüstern. Oder vielleicht doch wohl einen Grund, aber keine Gelegenheit mehr dazu. Die räumliche Trennung, die für die Schülerinnen und Schüler zunächst einen enormen Zuwachs an Freiheit und Unkontrollierbarkeit mit sich zu bringen schien, hat sich gleich beim ersten Mal als gesteigerte Kontrolle von Seiten der Lehrerin erwiesen. Auch das ist eine Erfahrung mit dem Virus und seinen Konsequenzen: Ernüchterung im Kontext von Macht, Kontrolle, Ausgangssperre.

Aber dann der Umschlag: Die Klasse hat ihrerseits sofort entdeckt, dass die Lehrerin die Funktionsweise des Chats nicht verstanden hat. Man konnte sich also tippend etwas in den Bildschirm flüstern: die richtige Antwort. Hilfe für den Kameraden, der seine Lektion nicht gelernt hatte.

Es steht nur zu befürchten, dass die Lehrerin beim ersten Mal nur so getan hat, als habe sie den Chat nicht verstanden. Und wenn sie ihn wirklich nicht verstanden haben sollte, wird sie wohl nicht lange brauchen, bis sie ihn verstanden hat. Dann tritt die Frage, wie man einander dennoch etwas zuflüstern kann, wieder zutage. Aber Lösungen wird es geben. Wieder neue.

## Gegenschnitte

Mein Kind wird mit Aufgaben bombardiert. Als wären die Lehrer:innen froh, die Schüler:innen physisch los zu sein. Dieser Widerwille aus ihren Reihen! Er war in den Gesichtern zu lesen, drückt sich in der Körperhaltung aus, zuckte durch den Raum. Die Gegenwart dieser 13- bis 14-jährigen Körper war belastend. Man konnte nicht so, wie man wollte, fühlte sich dieser Unmasse von querschlagenden Impulsen gegenüber zu etwas verpflichtet.

Jetzt drehen manche Lehrer:innen frei. Wenn sie sich erstmal in die digitalen Plattformen reingefuchst haben, kann es so weitergehen. Was diesen Beruf in den letzten Jahrzehnten zu einer veritablen Belastung mit hoher Burnout-Gefährdung hat werden lassen, ist von Corona aus dem Weg geräumt. Die pädagogischen Motivationsspielchen kann man sich wieder sparen. Die Lehrer:innen werden auf das reduziert, was sie mal waren und womit sie über Jahrhunderte gut fuhren: Aufgaben verteilen und benoten, die Guten belohnen, die Schlechten bestrafen. Das ganze »Wie« kann man an die Schüler:innen und gegebenenfalls die Eltern delegieren, die sich in den letzten Jahrzehnten ohnehin aus der Aufsichtspflicht genommen hätten und gar noch die Lehrer:innen belangen wollten, wenn irgendwas nicht richtig lief. Es ist das Paradies. Man kann die Latte so hoch hängen, wie man es immer wollte, und wird nicht einmal in traurige Gesichter blicken. Man drückt nur auf »Senden« oder »Upload«. Wir kennen diese Verwahrlosung schon. Sie ist eine Begleiterscheinung der Digitalisierung. Durch die Entsinnlichung des Verhältnisses fallen Schranken der Höflichkeit und Rücksichtnahme dahin. Zwischen Erwachsenen mag das sein, wie es wolle. Die Schule aber verwandelt sich der Struktur nach in eine digitale Kaserne.

Gegenschnitt: Das Kind sitzt also da, einigermaßen verzweifelt über den Wust an Aufgaben in den verschiedensten Formaten und Übermittlungsmodi. Manches kommt per E-Mail, manches erreicht sie über den Gruppenchat der WhatsApp-Klassengruppe, manches läuft über die digitale Plattform. Es ist der reinste Wildwuchs. Ein Lehrer hat sogar sein E-Mail-Konto an der Schule gesperrt. Seit ein paar Stunden arbeiten wir uns durch dieses Durcheinander. So langsam wird es heller und die Panik legt sich. Es stellt sich heraus: Nimmt man alles zusammen, ist es eigentlich überschaubar. Zwei bis drei Stunden konzentrierte Arbeit am Tag und das Ding ist vom Tisch. Man könnte es immer so machen. Mein Kind hätte mehr Freizeit. Und ich, als Trennungs-Papa in einem anderen Bundesland, finde es großartig, sie mal unter der Woche bei mir zu haben und den Schulkram ortsungebunden im Homeoffice zu erledigen. Die Quarantäne ist eine echte Lockerung der Zwänge, denen mein Leben sonst unterliegt: eine echte Win-Win-Situation. Warum dann also doch Schule? »Um die Leute zu treffen«.

Zweiter Gegenschnitt. Meine Tochter, nachdem sie sich durchgekämpft hat: »Eigentlich darf das gar nicht funktionieren. Denn wenn es funktionieren würde, wäre ja klar, dass Lehrer überflüssig sind.«

## Gegen die Ratlosigkeit

Der Musikunterricht geht jetzt durch den Austausch von Videos zwischen Lehrenden und ihren Schülerinnen und Schülern vor sich. Doch die Kraft des Präsentischen ist, obwohl eine zeitliche Verschiebung zwischen dem Moment des Filmens und dem Ansehen des Videos existiert, nicht verloren. Meine Tochter nickt eifrig, wenn der Rat, den ihr die Lehrerin gibt, ihr einleuchtet. Sie nickt, um zu zeigen, dass sie verstanden hat, dass der Rat ihr als hilfreich erscheint, dass sie ihn anwenden wird in ihrem Spiel, dass sie die Lehrerin bestärken will in der Rolle derjenigen, die etwas zu sagen hat. Aber die ist beim Nicken gar nicht da.

So werden Erfahrungen mit der räumlichen Trennung zu einem Experiment mit der Überwindung der zeitlichen. Den Raum teilt man nicht, die Zeit aber irgendwie doch – eben wegen des zeitgleichen Nickens. Und weil man das Zeitliche teilt – erneut: nur durch das Nicken –, steht man vielleicht doch nebeneinander wie einst, Rat erteilend, Rat annehmend. Doch das ist nur möglich, weil das Bedürfnis nach Rat so groß ist. Möglich auch, weil die Lehrerin kraft ihrer Kompetenz als Ratgeberin anerkannt ist, noch bevor ihre Präsenz sich im Fenster des Computers öffnet. Und meine Tochter trägt ihrerseits zum Gelingen und seiner Freude bei, weil sie sich dem Rat ganz öffnet, ihn zu sich einlässt, egal, über welche Kanäle dieser zu ihr gelangt.

Nur eines steigt nachträglich als Lachen in ihr auf: Die Erinnerung daran, genickt zu haben, obwohl die Lehrerin ihr Nicken gar nicht hatte sehen können. Die neuen Wege, die der Rat nimmt, erhöhen die Selbstbeobachtung, und zu der gehört, dass man sich selbst ironisch zu sehen und über sich den Kopf zu schütteln vermag. Das ist dennoch ein Kopfschütteln, das das Nicken voller Freude bestätigt.

## Spionage

Der schulische Chinesisch-Unterricht findet jetzt über Online-Foren statt, in die sich die Kinder (sofern sie denn Internet haben) einzuklinken haben. Damit sie schon im Vorfeld überprüfen können, ob Mikro und Kamera problemlos funktionieren, lassen die beiden Lehrerinnen ihren Computer den ganzen Tag über an, und ihr Forum auch. Das schafft merkwürdige Intimitäten: Wenn die Kinder überpünktlich in die virtuelle Klasse treten, sind sie plötzlich mitten im Unterrichtsgeschehen einer ganz anderen Klasse, die vorher Unterricht hat. Und wenn das Unglück es will und die Lehrerinnen haben gar keinen Unterricht, ist der ›Klassenraum‹ trotzdem geöffnet und man hört plötzlich das Geräusch klappernder Teller, ein weinendes Kleinkind und auch sonst noch so allerlei, wozu man im Normalfall keinen Zugang hat.

Aber auch das ist jetzt in gewisser Weise Teil des regulären Chinesisch-Unterrichts. Das Privatleben dieser beiden Lehrerinnen wird akustisch durchsichtig. Man hört ihrem Alltag zu, und sofern man sich selbst hübsch still verhält und der Blick der Belauschten nicht auf den Bildschirm fällt, auf dem zu sehen ist, wer sich eingeloggt hat, ist die Beobachtung eine ganz einseitige.

Da die beiden Chinesinnen aber in ihrem Alltag alles auf Chinesisch machen, funktioniert das Voyeuristisch-Akustische nur in eingeschränktem Maße: Man muss erst mal genug Chinesisch können, um zu verstehen, womit sich die beiden Frauen in ihren Wohnungen jeweils beschäftigen. Und das Ergebnis ist dann: Das Kleinkind spricht besser als alle Lerner! Man versteht rein gar nichts! Was wiederum ein deutlicher Dämpfer für alle aufkommende Rücksichtslosigkeit ist. Oder ein Ansporn, im Unterricht, dem offiziellen, aufmerksam zu sein. Damit die Spionage dann in Zukunft wenigstens zutage fördern möge, was das Kleinkind seinen Eltern zu Zeiten des Virus zu sagen hat.

Eines ist schon jetzt deutlich: Das Bemühen, den Unterricht fortzuführen, ist groß, die Sorge, ob man zu viel Einblick gewähre ins Private, hingegen ganz gering. Auch das ist ein Einblick – und vielleicht der wesentlichste – in chinesische Kultur.

## Wach-Hunde

In Singapur werden jetzt zur Überwachung der Einhaltung eines ausreichend großen Abstands zwischen den Menschen Roboter eingesetzt, die im öffentlichen Raum herumlaufen und Messungen vornehmen. Das Interessante ist ihre Form und Gestalt: Sie haben einen gedrungenen Körper, vier Beine mit Gelenken und am Ende ihrer vier Extremitäten runde, pfotenähnliche Metallplatten. Insgesamt sehen sie, obwohl an die Stelle des Kopfes eine drehbare Kamera gerückt ist, wie mittelgroße, gelb-schwarz gescheckte Hunde aus.

Auch der Bewegungsmodus, den man ihnen gegeben hat, entspricht ganz dem von Hunden. Bevor sich die Roboter in Bewegung setzen, machen sie leichte kratzende Bewegungen, wenn eine Pause eintritt, neigen sie die Hinterbeine, als wollten sie sich in sitzende Stellung begeben. Sie können quer über Rasenflächen laufen, »wittern« visuell die Personen, die der Erziehung durch den Hund bedürfen.

Die Erziehung erfolgt auf zweierlei Weise: Erstens verfolgt der Hund die ungehorsamen Menschen, und weil er einerseits ein Hund ist und zweitens ein Roboter, wirkt das äußerst einschüchternd. Er bleibt dem Täter auf den Fersen! Er ist da! Sein Schritt klingt wie der eines echten, er ist schnell, beweglich, weiß, wen er im Blick hat. Er bellt zwar nicht – doch beißt er darum nicht umso sicherer? Zweitens ist der Hund – darin besteht der Kontrast – in der Lage, dem zu Erziehenden mit einer ebenso höflichen wie melodischen Frauenstimme zu sagen, er möge doch bitte auf die Einhaltung des vorgeschriebenen Abstands achten.

Man kann also entweder Furcht empfinden vor diesem Wesen in seiner vertrauten Unvertrautheit (ein Hund, der keiner ist). Oder man fühlt sich geschmeichelt von der Frau, die sich in diesem Monstrum verbirgt, und handelt ganz *gentleman-like*: Fast möchte man antworten und sogleich seinen guten

Willen bekunden. Vielleicht wirkt aber auch beides zusammen: Der Roboter setzt auf ein Wechselbad von Gefühlen. Erst die Verfolgung, der schnelle, trippelnde Schritt, der wirklich und wahrhaftig sehr hundeartig, sehr echt wirkt. Dann der Umschlag ins Menschengemachte, der Verzicht auf den Biss, der noch nicht mal in der Stimme mit klingt. Wohl ein Befehl, doch höflich gesetzt. Und weil man nicht so recht weiß, ob der Roboter nicht auch noch andere Fähigkeiten hat, ungeahnte, noch unheimlichere, geht man auseinander, stellt den vorgeschriebenen Abstand wieder her, beugt sich dem Tier.

## Videokonferenzen I

> Dass das neuerdings kursierende »Zoomification« sich auf Deutsch wie Mumifizierung anhört, ist ein Zufall.

*Frontal.* – Irritierend an den Videokonferenzen: Ich sehe alle Gesichter frontal. Mir wird bewusst, wie viele Schattierungen von Präsenz die Luft zulässt. Speziell in größerer Runde, so wie hier in einem Seminargespräch: Ich blicke meine Gesprächspartnerin oder meinen Gesprächspartner an; daneben sehe ich verschwommen andere Gesichter, deren Bewegungen ich gleichwohl registriere. Jenseits ihrer sehe ich nichts. Aber ich höre etwas, das Rücken von Stühlen, das Rascheln von Papier, das ganze Erscheinungsdrumherum, das es braucht, damit eine Situation lebendig wird und aus ihr etwas Gemeinsames entstehen kann.

*Schweigen.* – Das Schweigen ist schwer zu ertragen. Es ist ein anderes Schweigen als in einem Seminarraum, dieses lautlose Rauschen der Datenströme, das zu hören wir uns nur einbilden, von dem wir aber wissen, dass es vorhanden sein muss. Ein Schweigen sozusagen, das nach Subtraktion eines substituierten Geräuschs entsteht. Jedenfalls voller Gedanken. Und auch ein öffentliches Schweigen, denn nichts von dem, was wir hier tun, kann so abgeschlossen sein wie ein Seminarraum. Ich rede nicht von den offenbar beträchtlichen Unterschieden in puncto Datensicherheit, die offenbar zwischen den verschiedenen

Videokonferenzangeboten existieren. Ich rede vom Gefühl, in meiner Wohnung durchaus nicht allein zu sein; ich rede vom Murmeln der Server, über die unsere Daten laufen und in denen sie hängen bleiben, irgendwie, auf eine mystische, von keinem normalen Sterblichen mehr nachzuvollziehende Weise.

*Schwinden der Aura.* – Das beständig mitlaufende Bewusstsein, dass die anderen sich erst dann von mir als angesehen empfinden, wenn ich nicht sie, sondern die Kamera anschaue. Und: Es gibt keine andere Möglichkeit, als dass ich sie alle anschaue. Ich kann niemandem signalisieren: *Du* bist gemeint. Denn das Du, das ich durch meinen Blick ausdrücken kann, ist eine Abstraktion von allen zusammen, die sich im Auge der Kamera konzentriert. Das ist nicht neu. Aber ich begreife zum ersten Mal im Leben, wie Filmschauspieler:innen sich fühlen mögen, deren Leistung, so Walter Benjamin, *»durch die Apparatur vorgeführt wird«*. Benjamin weiter: *»Zum ersten Mal – und das ist das Werk des Films – kommt der Mensch in die Lage, zwar mit seiner gesamten lebendigen Person aber unter Verzicht auf die Aura wirken zu müssen. Denn die Aura ist an sein Hier und Jetzt gebunden«*. Wie sieht es aber aus, wenn das Jetzt erhalten bleibt, es aber keinen gemeinsamen Ort mehr gibt? Ich tendiere jedenfalls dahin, dass nur wenig von der Aura übrig bleibt, ein armseliger und fadenscheiniger Rest. So wäre festzustellen, dass die Aura, anders als Benjamin es formuliert hat, offenbar mehr an das Hier als an das Jetzt gebunden ist – zumindest im Zeichen einer Technologie, von der Benjamin nichts ahnte. Das Verhältnis ist asymmetrisch. Die Aura also als Phänomen, das nicht nur, aber vor allem an einem gemeinsamen Ort gebunden ist – an die gemeinsame Luft, die wir atmen und über die wir Gerüche, Geräusche und individualisierte Blicke, Gesten und die Stellung unserer Körper im Raum zueinander, aber auch Bakterien und Viren austauschen. Das Leben diesseits des Gedankens. Auch von ihm handelt ein Gespräch. Man merkt das nicht, bzw. erst dann, wenn es fehlt.

*Dekor.* – Bevor man sich zu einer Videokonferenz begibt, guckt man nach hinten, schaut sich um, hinein in den eigenen Raum, dem man gleich, sobald die Schaltung beginnt, den Rücken zukehren wird. Man will sehen, was die anderen von diesem Raum sehen werden, den man selbst dann nicht mehr direkt wahrnehmen wird, sondern, darin identisch mit allen anderen, nur noch indirekt, eingerahmt durch das Kästchen, in dem das Bild der eigenen Person auf dem Schirm erscheint.

Man baut also an einem Bild. Setzt man sich vor eine weiße Wand, die Neutralität vermittelt? Oder vor die Bücherwand des eigenen Wissens? Oder vor die Blätterwand des Gartens? Verschiedene Bühnen sind möglich. Nicht unendlich viele, doch Auswahl besteht. Jeder sitzt in seinem Raum, seinem Dekor, und so wird der Bildschirm zu einem Nebeneinander von Stillleben, die zwar als bloße Hintergründe konzipiert sind, jedoch weit größere Bedeutung haben, als die Beiläufigkeit, mit der sie gesetzt wurden. Die Beiläufigkeit ist nur Schein. In Wirklichkeit sieht man die anderen, frontal, in einer direkten Zuwendung des Gesichts an alle. Aber man betrachtet auch, ohne dass dies Thema würde, was hinter den Personen ist, hat plötzlich Lust, über den Rahmen hinausblicken zu dürfen: Die neugierige Frage drängt sich vor, wie Wohnung oder Garten wohl insgesamt aussehen mögen? Wie lebt der:die andere? Wie wohnt er:sie? Man träumt sich in die fremden Räume hinein, in ihre Beziehung zu den Personen, die sie sich bewohnbar gemacht haben. Das Woanders der Anderen entfaltet einen Sog, der neu und aufregend ist.

Doch dann fällt der Blick wieder auf sich selbst, den eigenen, kleinen Kasten, und man weiß, erfasst von neuer Nüchternheit: Dass die Kamera einer Festeinstellung folgt und der Hintergrund bleibt, ist im eigenen Interesse, denn man mag zwar diesen einen Ausschnitt zeigen, nicht aber all das, was in Wirklichkeit so gar nicht dekormäßig, dekorgemäß ist: die Unordnung, die gleich neben dem Ausschnitt zu wuchern beginnt, die Wäschehaufen schon seit Tagen, das herumliegende Kinderspielzeug.

*Stumm gemacht.* – Zu Videokonferenzen kann als akzeptable:r Teilnehmer:in nur der- oder diejenige geladen werden, in dessen:deren Zuhause so große Ruhe herrscht, dass die anderen Teilnehmer:innen in ihren eigenen Wohnungen nicht gestört werden. Wenn auch nur bei einem Einzigen richtig Krach herrscht, herrscht dieser plötzlich auch bei allen anderen. Erwünscht sind jedoch nur die Stimmen, nicht die Geräusche der Welt, die die des Einen ist.

Wie selbstverständlich ein gewisses Maß an Stille vorausgesetzt wird, wurde mir klar, als sich im Nachbarsgarten nach wochenlanger Stille zwei Gärtner mit elektrischem Rasenmäher und Elektrosäge zugleich ans Werk machten. Das Nervtötende wurde plötzlich zu einem sozialen Handicap. So konnte man an keiner Online-Schulstunde teilnehmen.

Immerhin: Es besteht die Möglichkeit, das eigene Mikrofon auszuschalten. Dann hört man zwar nur mit Schwierigkeiten, was die anderen sagen – die

Säge, die sich in den Baum frisst, kreischt gar zu laut –, doch immerhin ist nur man selbst gestört, und nicht die ganze Gruppe. Der Nachteil: Man muss sich aufs Zuhören verlegen. Denn wollte man selbst sich äußern und am Unterricht beteiligen, sprächen Säge und Rasenmäher sofort wieder mit. Also ist zu viel Krach eine Methode, um jemanden zur Stummheit zu verurteilen.

## Kommunikative Rationalität

Was meine Tochter in dieser Zeit vor allem lernt, ist wichtiger als der trotz aller Bemühungen verwahrlosende, fadenscheinig werdende Schulstoff. Sie lernt, E-Mails zu schreiben; nachzufragen, wenn etwas unklar ist; und auch, ein zweites Mal nachzufragen, wenn es weiter unklar bleibt. Sie lernt, sich zu entschuldigen, auch wenn es keinen guten Grund gibt, weil es den Umgang erleichtert. Sie lernt, dass die Verantwortlichen vielleicht auch im Chaos stecken, dass es sich aber um lösbare Probleme handelt. Sie lernt also so etwas wie kommunikative Rationalität.

## Videokonferenzen II

Am Ende einer Videokonferenz: das Gefühl, dass mein Kopf einmal auseinandergenommen und wieder neu zusammengesetzt wurde. Grund ist: Es gibt keine Einheit der Sinne, die den Eindruck erzeugen würde, es sei real, was sie uns liefern.

In ›Sein und Zeit‹ spricht Martin Heidegger vom »In-der-Welt-Sein«. Er meint damit, dass jeder einzelnen Wahrnehmung, jedem Urteil und jeder Praxis das Gefühl eines Zusammenhangs vorausgeht. Dieses Gefühl nennen wir »Welt«. Sie ist aber keine logische Transzendentalie, kein rationales Kategoriensystem, sondern etwas, dass sich in uns durch Geschichte, Kultur, tausenderlei theoretische und praktische Gewohnheiten abgelagert hat, die ununterbrochen hinter unserem Rücken ablaufen, ohne dass wir davon wissen.

Die Welt in Heideggers Sinne ist der Horizont, in den jede:r Einzelne gestellt ist – ein Horizont, den wir nicht verstehen und auf den wir nicht reflektieren können: weil er die Voraussetzung unseres Verstehens und Reflektierens ist; weil wir nicht wissen können, was sich jenseits dieses Horizontes befindet; weil wir das, was anders wäre als er selbst, nicht in den Blick nehmen können.

So Heidegger. Worüber er in ›Sein und Zeit‹ keine Auskunft gibt, ist der Umstand, dass sich das Grundgefüge des Weltverhältnisses so fundamental ändern kann, wie es das in der Geschichte getan hat; und wie es möglich ist, dass diese Horizontveränderung von den Menschen durchaus bemerkt und thematisiert werden kann. Die in seinem Werk von 1927 entwickelte Anthropologie ist vollkommen unhistorisch – ein Mangel, der Heidegger offenbar keine Ruhe gelassen hat. Nach der sogenannten ›Kehre‹ seiner Philosophie Anfang der 1930er Jahre ist es die Frage nach der Geschichtlichkeit des Weltverhältnisses, die ihn beschäftigt. Ihr Grund soll nun sein: die »Seinsgeschichte« als transzendentes Prinzip. Das Sein, oder wie Heidegger meistens schreibt, das »Seyn« soll es sein, aus dem oder von dem her sich die grundlegenden Umcodierungen des Weltbezug »ereignen«.

Daran mag glauben, wer will; ich tue es gewiss nicht. Es spricht vielmehr viel dafür, dass die »seinsgeschichtliche« Evolution von den Medien ausgegangen ist. Also: Der Wandel dessen, was wir Welt nennen, wird von den Techniken bestimmt, die in ihr und zu ihr Verhältnisse aufbauen: Formen des Verbindens und Lösens, der Vermittlung von Identität und Differenz; Techniken der Kommunikation im weitesten Sinne, zu denen nicht nur Buchdruck und Postwesen gehören, sondern auch das Geld als bares und unbares Zahlungsmittel, weil es Dinge, die nichts miteinander zu tun haben, wie eine Konzertkarte und ein Stück Wurst, in ein Verhältnis und einen Zusammenhang bringt; – die Sprache als Bedingung der Möglichkeit von Sätzen, durch die wir aufeinander Bezug nehmen; ein stabiles raum-zeitliches Koordinatensystem, wie es durch die neolithische Revolution entstand, und eben auch die Ordnung und das Verhältnis unserer Sinne zueinander, die uns die Daten der Welt übermitteln. Ändert sich hier etwas, so ändert sich alles.

Was die modernen Medien betrifft, so hat das Walter Benjamin als erster bemerkt. Seine Überlegungen zum Film als erstem Signal der umstürzenden Medienrevolution, in der wir leben, sind noch immer aufschlussreich in Bezug auf die Frage, inwieweit sich unser »In-der-Welt-Sein« selbst im Verlauf der letzten 100 Jahre geändert hat. Benjamin lebte zwar im vordigitalen Zeitalter – für die hier interessierende Frage ist das aber von überraschender Bedeutungslosigkeit. Der Film nämlich hebt den synthetischen Charakter der Wirklichkeit auf eine neue Stufe. Illustriert wird das von Benjamin am Sprung von einem Gerüst und dem Aufprall auf dem Boden. Im Film erscheinen sie als eine einzige kontinuierliche Bewegung. Die Drehzeitpunkte der beiden Szenen können aber durchaus Wochen auseinander liegen. In einer mündlichen Erzählung ist dergleichen gar nicht möglich. Wird sie niedergeschrieben, so bilden die dargestellte Handlung und ihre Produktion bereits zwei Zeitordnungen, die nicht viel miteinander zu tun haben. Im Film nun wird dies noch einmal gesteigert. Denn zum prinzipiell synthetischen Charakter der Abfolge tritt hinzu, dass Ton- und Textspur ihrerseits diskrete Ordnungen bilden, die zur Bildspur hinzugefügt werden. An dieser hoch arbeitsteiligen Zusammensetzung, die nur durch den Einsatz vieler Arbeitskräfte möglich ist, geht dann die ›Wirklichkeit des Films‹ hervor. Die Verschleifung, die phantasmagorische Überblendung dieser Künstlichkeit durch Farb-/Tonfilm und Hollywood, also die immense Steigerung der illusionistischen Möglichkeiten, die diesem Medium auch innewohnen, sind vielleicht das wichtigste Kriterium, durch welches sich das Kino als populäre Massenunterhaltung von seinen Anfängen löste.

Die Videokonferenzen setzen am synthetischen Charakter der, wie im Film, fernmedial vermittelten Realität an. Aber sie machen das, woran wir uns als Konsument:innen schon lange gewöhnt haben, auf verstörende Weise reflexiv. Denn wir sind ja ständig beides. Wir sind die Konsument:innen und die Produzent:innen der zersägten Bilder, die uns umschwirren. Das Auge sucht ein Gegenüber und findet es nicht; die Apparatur des Sehens und des Gesehenwerdens liegen weit genug auseinander, dass diese zusammengehörigen Pole des Elementarkontakts zu einem anderen Menschen einander ausschließen. Wir realisieren auf einmal, was die Filmschauspieler:innen machen, wenn sie uns anblicken, die vielleicht vor ihren Blicken dahinschmelzen: dass sie nämlich in eine Kameralinse starren und sich einbilden, dahinter seien wir und würden ihnen entgegensehen.

Das Bild ruckelt, mein Gegenüber schaltet das Video aus und ich höre nur ihre:seine Stimme. Meistens eilt sie der Bildübertragung ein wenig voraus, diese schleppt nach. Die Tasse Tee, die ich mir eingieße, der Geruch meiner Zigarette, sie stehen mit dem, was ich sehe und höre (manchmal auch das Echo meiner Stimme), in unverbundenem Zusammenhang, wie treibende

Eisschollen auf einem Meer. Ich fühle mich verloren, während ich rede. Auch das ist ›Welt‹, zweifelsohne, und die vergangene wird mir halb bewusst, während sie entschwindet und ein mir noch unbekannter medialer Mechanismus durch mein Hirn fuhrwerkt.

## Uni wohin?

Nach einem Konzertbesuch im Juni, dem ersten nach langer Corona-Pause: Eine Einsicht ins Wesen der Kunst. Als Einzelne besitzen wir an ihr nur das, was wir gemeinsam besitzen. Deswegen meine Unlust während der letzten Monate, die vielen attraktiven *Screening*-Angebote der Kultur anzunehmen. Sie sind gut gemeint, aber sie verwandeln den Geist in ein individuell konsumierbares Gut, letztlich in eine Ware. *»Die Sache«*, so formulierte es meine Lehrerin Hella Tiedemann, *»ist ein Verhältnis zwischen Menschen«*. Egal, ob ich mit den anderen Konzertbesuchern über die englischen, holländischen und norddeutschen Cembalostücke spreche, die wir gehört haben; egal, ob ich meinen Widerwillen gegen dieses Instrument zum Ausdruck bringe oder es für mich behalte: Es regt sich unmerklich etwas zwischen uns, und dies ist eigentlich das Werk; seine Hervorbringung, an der wir, wenn auch nicht zu gleichen Anteilen wie der tüchtige Cembalist, beteiligt sind, unser gemeinsames Werk. Und was ich hier Werk nenne, was Hella Tiedemann mit dem ihr charakteristischen Understatement »die Sache« nannte, das ist recht eigentlich der Geist. Es gibt keinen Geist ohne Gemeinschaft und es gibt keine Gemeinschaft ohne Körper.

Über die digitale Lehre kann ich nichts weiter sagen, als dass sie irgendwie funktioniert. Aber sie macht keinen Spaß. Zoom macht nicht glücklich und ich beharre darauf, dass dies zumindest der Idee nach ein Sinn der Universität ist. Es gibt keine Wissenschaft ohne innere Motivation, es gibt keine Motivation ohne Inspiration. Dieser Hauch aber, der sich von Körper zu Körper fortpflanzt, hat es schwer in der digitalen Kommunikation. Der Funke springt nicht über. Es gibt nicht diese blitzartigen Zusammenschlüsse eines Seminars zu einer kollektiven Intelligenz, die, so selten sie auch im Normalbetrieb vorkommen, eine Motivgrundlage für ein ganzes Wissenschaftler:innenleben bilden kann. Und ganz offenbar hat das, so merkwürdig es klingen mag, etwas mit der Gegenwart von Körpern in einem Raum zu tun. Geist ist nicht das Gegenteil von Körper, sondern eine Ausdrucksform sich unterredender Körper. Und dort, wo die Körper fortgelassen werden, ist das Ergebnis die Entgeistung des Geistes.

Klaus Heinrich hat es Ende der 80er Jahre in einem Vortrag über die ›Geistlosigkeit der Universität‹ formuliert, dass Geist, seiner Herkunft und seiner Substanz nach ein *»Triebbegriff«*, nicht sein kann ohne Körper. Der Begriff, auf den er es damals brachte, lautete: *»Enterotisierung des Verhältnisses zur Universität«*. Es geht hier nicht um erotische Beziehungen zwischen Universitätsmitgliedern gleich welcher Rangstufe. Was Heinrich hier beschwört, ist ein erotisches Verhältnis zwischen dem Einzelnen und der Institution, jenes unhörbare libidinöse Rascheln, das uns umgibt, wenn wir uns gemeinsam in einem Seminarraum befinden, einander zuhören, gemeinsam nachdenken, sprechen oder schweigen, die Blicke schweifen lassen, kurz an jemandem, der gerade spricht, haften bleiben, sie dann weiter schweifen lassen. Es geht um Erinnerungen an gemeinsame Orte, an den Lauf der Jahreszeiten, die ich durchs Fenster wahrnehme, wenn ich gerade nicht zuhöre, und die sich doch irgendwie mit dem noch oder eben doch halb Gehörten verbinden; es geht um andere Studierende, deren Klugheit ich bewundere, die ich nicht mag oder attraktiv finde; es geht um den Kaffee danach und um gemeinsame Projekte, die aus gemeinsamen Erfahrungen entstehen und die weit über die Studienzeit hinaus andauern können. Ohne sinnliches Triebfundament gibt es kein Werk, keine Sache und keinen Geist. Nur, wenn wir sie der Gemeinschaft überantworten, können wir sie uns aneignen, nur als Allmende sind sie uns von Nutzen.

Davon geht das meiste in der Online-Lehre verloren. Da unsere Körper in keiner Beziehung zueinander stehen, ist die Rückkehr zum Frontalunterricht, zur verkappten Vorlesung die Regel. Man kann das mal machen, und ich glaube tatsächlich, dass die viel geschmähte Vorlesung das Format ist, das der neuen digitalen Universität noch am besten entspricht. Aber es ist nur die halbe Universität, ja nicht einmal die halbe.

Die Bedenkenlosigkeit, mit der in diesem Sommer 2020 Corona »auch als Chance« betrachtet wird, mit der Durchdigitalisierung der Universität weiterzukommen; die Trägheit und Lustlosigkeit, mit der allen Initiativen begegnet wird, die eine Rückkehr zur Präsenzuniversität verlangen: Sie indizieren, dass manchen Entscheidungsträgern vielleicht noch nicht einmal bewusst ist, was gerade auf dem Spiel steht. Die von Klaus Heinrich 1987 diagnostizierte Geistlosigkeit war offenbar schon in seiner Zeit ein laufender Prozess. Der nächste Schritt war die Bologna-Reform. Den übernächsten Schritt, das nächste Level der Geistlosigkeit 3.0 erklimmen wir gerade. Weil es sich aber um einen seit Jahrzehnten laufenden Prozess handelt, ist das, was man von sich schiebt, schon immer halb vergessen.

Sind das Sentimentalitäten eines älter werdenden Mannes? Kann sein, ich möchte es nicht ausschließen. Die Sache scheint mir aber so wichtig zu sein, dass ich den Preis zu zahlen bereit bin, als Nostalgiker zu erscheinen, der dem irgendwann unausweichlichen Sog des »Früher-war-alles-besser« einfach nicht widerstehen konnte.

## Digitalisierung von Klassen

Interview mit Sybille Heinemann, Lehrerin für Latein und Französisch an einem Gymnasium am Starnberger See. Sie ist der Meinung, dass die Schule zu einem Teil online weitergeführt werden sollte; die Erfahrungen aus der Corona-Zeit sollten unbedingt genutzt werden. *»Diese Kommunikationsformen sollen aufrechterhalten werden«.*

Die Erfahrungen, die die Gymnasiallehrerin vom Starnberger See gemacht hat, dürften kaum repräsentativ für das Ganze der Gesellschaft sein. Warum redet man nicht mit Haupt- und Realschullehrer:innen? Warum kommt niemand aus einer Region zu Wort, die wirtschaftlich nicht prosperiert? Die Kette reißt dort, wo sie am schwächsten ist; warum nicht dort nachfragen? Wenn etwas verändert wird, wären alle mitzunehmen; und es wäre sehr genau zu überlegen, wie das möglich ist.

Das, was Frau Heinemann dann ausführt, klingt für mich wie ein rosaroter Traum. Meine Kinder jedenfalls haben von alledem nichts mitbekommen. Obwohl sie selber an ganz unterschiedlichen Stellen im Schulsystem stehen, lautet der Generalnenner der Online-Pädagogik, der sie in den letzten Monaten ausgesetzt gewesen sind, Verwahrlosung. Gut, mein Sohn hatte auch vorher nicht gerade ein inniges Verhältnis zur Schule; da hat sich nur fortgesetzt, was schon vorher los war. Aber bei meiner Tochter war es nicht so, doch ihre Wünsche, ihre Hoffnungen, der Spaß, den sie trotz aller Konflikte am Schulunterricht haben konnte, sind erst mal weg. Aus der Traum.

Was der Rundfunkanstalt offenbar fehlt, scheint eine Vorstellung davon zu sein, dass diese Latein- und Französischlehrerin aus Starnberg sehr wohl etwas ›repräsentiert‹, aber eben nur einen bestimmten Teil der Bevölkerung, dessen Interesse verständlicherweise darin besteht, dass sich das Leben am Starnberger See auch in Zukunft nicht ändert, und der deswegen in einer gewissen, mutmaßlich aber nicht bewussten Weise an einer Vergrößerung, mindestens aber eine Aufrechterhaltung des Unterschieds zwischen verschiedenen Schulformen gelegen sein sollte. Wenn die Digitalisierung die Möglichkeiten bietet, andere abzuhängen, dann ist sie eine gute Sache und man sollte sie weiter verfolgen.

Das aber, was der bayerischen Gymnasiallehrerin nicht bewusst ist, was ihr als Gymnasiallehrerin auch nicht bewusst sein muss, und was sie wahrscheinlich, wenn man sie fragen würde, kaum wollen würde, was aber möglicherweise trotzdem ihr Handeln und das ihres Umfelds, vielleicht auch die Agenda der *Taskforce* dirigiert, der sie angehört – nennen wir es Klasseninteresse –, sollte dem Medium bewusst sein, dem hier daran gelegen sein sollte, ein repräsentatives Bild der Gesellschaft zu zeigen, die sich aus verschiedenen, zum Teil konfligierenden Interessen zusammensetzt. Das ist schwer, zumal die Hörer dieses Radiosenders tendenziell selbst dem Bürgertum – finanziell oder habituell – entstammen. Man muss in gewisser Weise gegen die eigene Klientel auftreten. Da dies dem Radiosender in der Vergangenheit aber immer wieder einmal in spektakulärer Weise gelungen ist, könnte man auch in diesem Fall guten Mutes sein, dass es ihm gelingt, mehr zu produzieren als Klassenpropaganda. Denn darum handelt es sich im Grunde.

Warum funktioniert aber der Online-Unterricht meistens schlechter an Mittel-, Haupt- und Realschulen? Warum könnten die Gymnasien – und auch hier bestimmt nicht alle, es dürfte große regionale Unterschiede geben – aus der fortschreitenden Digitalisierung als die Gewinner hervorgehen, während die unteren Schulformen nicht mitkommen und zunehmend zu Stätten einer nullpädagogischen Abfertigung verkommen werden, an denen die untergebracht sind, an denen die Gesellschaft, Facharbeitermangel hin oder her, das Interesse verloren hat?

Es fällt schwer, das auszusprechen, weil es selber mit Tabus belegt und belastet ist. Aber es muss doch wohl gesagt werden: Über den Grad, in dem

Schüler:innen in der Lage sind, sich durch digitale Formate inspirieren zu lassen und ihnen zu folgen, entscheidet wesentlich ihre Selbstdisziplin; das heißt, in welchem Grade sie oder er also die Gebote des ihnen wahrscheinlich Nützlichen und Zuträglichen verinnerlichen, selbsttragend und selbstmächtig werden lassen konnten. So, wie ich es in meinem weiteren Umfeld verfolgt habe, entschied über den Erfolg der Online-Lehre, das heißt auch über den Spaß, den die Schülerinnen und Schüler an den neuen Formaten haben konnten, letztlich die Disziplin, die sie selber mitbrachten oder, wenn das nicht so sehr der Fall war, die Möglichkeiten der Eltern, sie zu begleiten, ihnen diese Disziplin anzutragen und zu implantieren.

Noch besser ist es aber, wenn dies schon vorher geschehen ist: Wenn ich Dinge, die in der äußeren Realität vorgefallen sind – Gewohnheiten etwa, die ich von meinen Eltern oder von meinen Freunden übernommen habe, die sie wiederum von ihren Eltern übernommen haben: ihre Disziplin, ihre Regelmäßigkeit, ihre Strenge sich selbst gegenüber, ihre Fähigkeit, Lebensrhythmen auch gegen äußere Widerstände durchzuziehen –, in meiner inneren, psychischen Wirklichkeit reproduzieren kann, dann bin ich bereit für die digitale Schule, die darauf setzt und darauf angewiesen ist. Denn diese ist nun einmal vor allem körperlos und sie tendiert – auch wenn das nicht zwingend ist – zur Vereinzelung der zum *User* ab- und aufgewerteten Schülerinnen und Schüler.

Es gibt aber hinsichtlich des Grads solcher psychologischen Verinnerlichung, Entkörperlichung und in diesem Sinne Vergeistigung, große Unterschiede – historisch, kulturell, und eben auch klassenmäßig. Wie könnte es auch anders sein, da die Arbeitsteilung im Laufe der Geschichte immer weiter fortgeschritten ist und nun Züge eines gnostischen Alptraums angenommen hat, in dem einer zwar wachsenden, aber nicht für alle zugänglichen Elite körperloser Arbeiterinnen und Arbeiter ein international zusammengesetztes Heer von Arbeitssklav:innen gegenübersteht, die körperliche Arbeit unter entmenschlichenden Bedingungen und brutalem Druck verrichten. Darin drückt sich ja die generelle Abwertung der körperlichen Arbeit aus. Sie ist in die Fundamente unserer Gesellschaft eingebaut und wenn überhaupt noch etwas von der kommunistischen Idee übrig geblieben ist, so wäre es dies, dieser Entwertung entgegenzutreten.

Ich bin ja selber Intellektueller und auch einer, der seine Arbeit gerne macht, aber natürlich auch, weil ich nichts anderes so gut kann; deswegen bin ich eben auch ein von vielen Zweifeln Geplagter. Jemand, der in der Lage ist, ein Haus zu bauen, in dem Menschen mehrere hundert Jahre wohnen können. Ein Haus, durch das Familienschicksale ziehen und das vielleicht sogar die Straße, in der es steht, verschönert, erscheint mir oft nützlicher als so manche Angehörige meiner Klasse, in deren Publikationen ich diesen Nutzen nicht erblicken kann. Und vielleicht gehöre ich auch selber zu ihnen.

Es gibt also zunächst einfach Unterschiede in den Verhältnissen der Menschen und in der Rolle, die die körperliche Präsenz von ›Welt‹ bei ihnen spielt. Es gibt Unterschiede im Grad der Verinnerlichung des gesellschaftlichen Zusammenhangs und des jeweiligen Klassenstandpunkts, zumal dieser selber ein unterschiedliches Verhältnis von Körper und Geist voraussetzt. Das Mindeste, was von einer Schulreform zu verlangen wäre, wäre, dass sie diese Unterschiede auszugleichen versucht und sich mit allen Kräften um Chancengleichheit bemüht, von der Heiner Müller in den letzten Lebensjahren gesagt hat, es sei die Minimalforderung des Kommunismus. Immerhin!

Es geht mir auch nicht darum, die Digitalisierung *per se* zu verteufeln. Man sollte sich bloß bewusst sein, dass sie auf der Linie eines jahrtausendealten Verhältnisses zur Natur liegt, dessen Triebgrund Distanzierung und Entkörperlichung ist und dass diese Tendenz die alten Klassenverhältnisse verschärfen kann. Diesem Trend kann man entgegentreten und unter bestimmten Voraussetzungen kann die digitale Teilhabe dabei sogar ein mächtiges Mittel sein. Aber auch da geht nichts ohne die daran beteiligten Körper. Werden sie ausgeklammert, liegt der Verdacht nahe, dass die neue Welt des Digitalen doch nur der Selbstreproduktion der bürgerlichen Klasse dienen soll, die hier so freundlich, ja so sympathisch wie nur möglich im Gewand einer Starnberger Studienrätin auftritt.

# Die Maske

## Dankbarkeit

Kleiner Spaziergang im engsten Umkreis des eigenen Viertels, jeden Tag von Neuem, oft unterbrochen von Begegnungen mit den immer gleichen Menschen, die wie wir einem bestimmten Rhythmus folgen, mit Arbeit und Essen, Schule und Spazierengehen zu festen Tageszeiten.

Doch heute eine neue Begegnung. Ein Mann mit einer Riesenmaske. Man sieht nur die Augen, das übrige Gesicht ist bis weit hinauf zu den Ohren abgedeckt. Wir grüßen, auch darin einem Ritual folgend, in dessen Zentrum der Wunsch steht, Solidarität zu zeigen, ohne Unterschiede zu machen: Man bleibt zwar körperlich in Distanz, stellt verbal aber die Nähe her, die früher zwischen den Körpern normal war.

Doch heute mit diesem Maskenmann ist etwas anders. Man grüßt und hat schon das Gefühl, nicht zu ihm durchdringen zu können. Er aber, wider Erwarten fast, grüßt dann doch zurück, hält inne, geht nicht weiter, spricht: Von einer Straßenseite zur anderen, über den Abgrund dieser Trennung hinweg, bietet er uns eine Maske an. »Zwanzig Euro pro Stück.«

Ich lehne dankend ab, gehe weiter. Die Kinder empört über mich: Wie ich ihm habe danken können! Ob ich nicht gesehen habe, dass er einen ganzen Sack dabeihatte, voll mit Masken?! Stimmt. Warum habe ich gedankt? Weil er, obwohl ein Schwein, unter Umständen ein armes Schwein sein könnte, das so wenig Geld hat, dass er im Kontext der Not, die in den Krankenhäusern herrscht, seinen armseligen Profit zu machen versucht? Klar war: Er geht nicht spazieren. Er ist auf Kundensuche. Die Maske trägt er, um für sein Produkt zu werben, nicht, um sich zu schützen.

Vielleicht lag darin der Grund, dass ich ihm dankte: Er war mir unheimlich. Andere Menschen, die eine Maske tragen und mir auf der Straße begegnen, bleiben, obwohl man auch bei ihnen das Gesicht nur halb sieht, zugänglich. Es mögen Krankenschwestern sein, die von der Arbeit kommen. Oder Menschen, die aus Zufall ein paar Masken vorrätig hatten. Alles keine Verkäufer, die mit einem Sack voller Masken dem Profit nachgehen. Mehr Leute, die Angst vor der möglichen Ansteckung haben. Menschen, die grüßen, ohne mit ihrer Freundlichkeit ein ökonomisches Ziel zu verfolgen.

Dieser Mann dagegen, der hatte keine Angst. Es geht ihm gut, weil er nicht nur die Riesenmaske im Gesicht trägt, sondern einen ganzen Sack unterm Arm. Ich danke ihm, damit er weggeht, fürchte mich, weil die Ansteckungsgefahr, die medizinische, ganz gering ist, die Ansteckung, die von seinem Verhalten ausgehen könnte, hingegen sehr groß. Vielleicht ist sein Profit gering. Aber es gibt Leute (und Schweine) wie ihn sicher auch im ganz Großen. Organisatoren von Riesenschweinereien. Dankt man denen auch? Es ist wahrscheinlich.

## Masken

### 1

Als ich zehn oder elf Jahre alt war, fand mein bester Freund auf dem Dachboden seiner Großtante zweihundert Gasmasken aus dem Zweiten Weltkrieg. Wir sammelten sie ein und verkauften sie auf dem Flohmarkt für fünf Mark das Stück. Sie gingen gut weg, vermutlich an Unverbesserliche, Devotionaliensammler, »Landser«-Abonnenten. Ich erinnere mich nur noch daran, dass alle Käufer Männer waren. Mir selbst jagten die Masken Angst ein. Nicht nur, dass sie hässlich und entstellend aussahen; dass sie das Gesicht in eine grotesk-insektoide Larve verwandelten, wie aus Science-Fiction und Alpträumen. Ich fürchtete vielmehr, zu ersticken. Genau das, was die Gasmaske eigentlich bewirken sollte, in einer vergifteten Atmosphäre atmen zu können, verkehrte sich mir ins Gegenteil. Ich hatte Angst, zu ersticken oder von der alt und toxisch gewordenen Filtermasse getötet zu werden. Die Schrecken des Gaskriegs waren in die Masken eingedrungen und hatten auf dem Dachboden Jahrzehnte überdauert. Sie hatten sie umgestülpt. Das, was außen war und vor dem die Maske eigentlich schützen sollte, steckte nun innen und bedrohte mich.

Dann, als ich einige Jahre später ›Psycho‹ sah, der Kreislauf einer erstickenden Assoziation. Die Mordszene in der Dusche – Duschen, Tod und Gas: eine deutsche Trinität! –: Und wie der Duschkopf den Mundstücken meiner alten Gasmasken glich!

## 2

*Die Maske »steht zwischen dem Gefährlichen, das hinter ihr ist, und dem Beschauer. So kann sie, wenn sie richtig gehandhabt wird, das Gefährliche für diesen bannen. Sie kann das Gefährliche in sich sammeln und gesammelt halten. Sie wird es nur so von sich ausfließen lassen, wie es ihrer Gestalt entspricht. Man kann sich richtig zu ihr benehmen, sobald man ein Verhältnis zu ihr hat. Sie ist eine Figur mit eigenen Verhaltensweisen. Sobald man diese erlernt hat und kennt, sobald man weiß, welchen Abstand sie von einem erfordert, schützt sie einen vor dem Gefährlichen, das sie selbst enthält«* (Elias Canetti).

Aber Canetti geht von einer Trennung aus, die für die Verwendung von Masken und Kult und Theater elementar ist, die jetzt aber nicht mehr gilt: der zwischen Maskierten und Nichtmaskierten. Das ist eine kulturelle Gewohnheit, mit der wir umgehen können. Eine Welt, in der alle zu Maskenträgern werden, um sich voreinander und vor einer Umwelt, die alle erfasst und alle durchdringt, zu schützen, kennen wir noch nicht, und stets nur in krisenhaften Ansätzen. Wer heute eine Maske trägt, zeigt: Ich bin bedroht und ich bin eine Bedrohung. Wenn alle eine Maske tragen würden, wäre klar: Wir sind alle eine Bedrohung füreinander. In diesem Krieg, der keiner ist, ist jeder potenzieller Feind des anderen. Es gibt keine Front mehr, weder draußen noch in der Heimat. Die Front ist überall.

3

In ›Die letzte Nacht‹, Epilog zu der Tragödie ›Die letzten Tage der Menschheit‹ von Karl Kraus, treten zwei Gasmasken auf, eine weibliche und eine männliche. Sie gruppieren sich um einen sterbenden Soldaten und stellen fest, dass im Krieg »Geschlecht und Gesicht« unbedeutend geworden sein. Ein neues Geschlecht erstehe, ein Maskengeschlecht, vereint im Kampf ohne Geschlecht: »Wo kein Geschlecht, gereicht's zur Ehre dem Geschlechte«. Arm in Arm verschwinden sie von der Bühne:

*»Wir haben kein Recht*
*auf Geschlecht und Gesicht.*
*Gesicht und Geschlecht*
*verbietet die Pflicht«*

Diese Verse sind selbst erstickend. Der Knappheit der Luft entspricht die Knappheit der Vokale; ihre trotz und wegen der Maske schlechte Qualität der monotonen Einfallslosigkeit, mit der Worte durch Wiederholung gezwungen werden, mit einem Überfluss an Binnenreimen zu protzen, auf die Rilke sich noch was einbilden konnte; der Enge von Pflicht und Versbett die straff sitzende Maske, die von der natürlichen Luftzufuhr abschneidet. Diese Verse atmen selber nicht. Sie sind voller verbrauchter Luft. Die abgestandenen Begriffe »Recht«, »Pflicht«, »Gesicht« und »Geschlecht«, die in dieser letzten Strophe wahrlich nicht zum ersten Mal fallen, sondern schon zuvor erschöpft waren, werden zur stumpfsinnigen Wiederverwendung und zum permutativen *Recycling* freigegeben. Was hier geschieht, diese Mimikry der Sprache an die Sache, die im Tod durch Ersticken ein neues Geschlecht kreiert, erinnert schon an Beckett, der auch gern schöne Gedichte geschrieben hätte und dem der Atem dafür ausging.

4

Hinter der Maske: der Tod und das Nichts. Der Clown und seine Maske: eine geschminkte Leiche. Sein Lachen kommt ein bisschen aus dem Jenseits, wie jedes richtige Lachen uns aus Zonen ereilt, über die wir keine Verfügung haben: ein Krampf, eine Konvulsion, ein Rausch, ein Kurzschluss von Unbewusstem und Nervensystem, ein Anfall, eine Mini-Epilepsie. Ein Moment des Grauens ist dem immer beigemischt und das macht die besondere Würze aus. Clowns sind Gruselgestalten, Todesboten, von Stephen Kings Pennywise bis zum Joker, den Masken der Hacker in ›Mr. Robot‹ und den Dalí-Masken in ›Haus des Geldes‹. Ihre zuckende Akrobatik des Ungeschicks ähnelt den Bewegungen galvanisierter Frösche. Das kann kein Mensch, das können nur Tote, die in lustige Bewegungsmaschinen verwandelt werden. Eigentlich, also unelektrisiert, bewegen sie sich mit dem unentrinnbaren Stumpfsinn von Zombies durchs Bildfeld, die tastend wie kleine Kinder oder Lurche alles, was sie berühren, mit der Krankheit zum Tode anstecken. Denn zuletzt ist hinter der Maske nicht bloß der Leichnam, nicht die amöbenhafte, gallertartige Masse, in die der Körper sich zersetzt. Es ist das Nichts, das wir uns nicht vorstellen können und das der Tod selbst ist. – *»Es befiel sie ein unaussprechlich' Grauen, da sie die leichengleiche Maske, die sie so rüde ungestüm anfassten, unbewohnt fanden, von jeglicher greifbaren Gestalt. Nun ward die Gegenwart des Roten Todes erkannt«* (Edgar Allen Poe, Die Maske des Roten Todes).

## 5

Die Masken, die man jetzt sieht, sind Mundmasken, keine Gesichtsmasken. Aber wo hört der Mund auf, wo fängt das Gesicht an? Sicher: Sie entstellen weniger als die Gasmasken des ersten Weltkriegs. *»Das fluide Treiben unklarer, halb ausgegorener Verwandlungen, deren wunderbarer Ausdruck jedes natürliche, menschliche Antlitz ist«* (wieder Canetti), endet nicht in ihnen. Aber es wird deutlich reduziert. Die Masken machen uns gleicher, setzen unsere Individualität herab, die uns so teuer ist. Angesichts der Gefahr, die vom Virus ausgeht, sollten wir Uniform tragen. Wir würden zu einer Armee von Maskierten.

## 6

Ein Autor der ›Süddeutschen Zeitung‹ posiert auf Facebook mit einer Maske, die er sich von seinem türkischen Herrenschneider in Kreuzberg hat fertigen lassen. Apple produziert jetzt Gesichtsmasken, um die Marke auch in den entlegenen Bereichen, wo analog um Menschenleben gekämpft wird, präsent zu halten. In Kenia werden Design-Masken für die Armen produziert; sie sind bunt, wie es sich – man kennt das – für Afrikaner gehört. Auch Billie Eilish macht bei dem Unfug mit und präsentiert sich mit einer hauchdünnen Chiffon-Maske von Gucci. Jaja: *»In schnelllebigen Zeiten wie diesen war dennoch absehbar, dass das Tragen der Masken auch Einzug in die Luxusmode nimmt«*. So Sonja Siegenthaler in der ›Neuen Zürcher Zeitung‹. Aber was meint sie mit »dennoch«?

7

Also: Die Individualität, die wir kennen, ist nur die Kehrseite der Uniformierung, nicht ihr schlechthin Anderes. Wir werden gleich gemacht; unter dieser Voraussetzung erscheint der lässliche und notwendige Rest als das Individuelle. Es ist wie mit dem Personalausweis, dem Dokument der amtlichen Erfassung eines jedes Individuums durch den Staat. Jeder hat eine eigene Nummer, aber wir sind alle Nummern. Individualität ist eine nicht nur zugestandene, sondern sogar notwendige Abweichung – die Abweichung, die durch die Vereinheitlichung bedingt ist, die nur eine von Differenzen sein kann, an denen sich ihre Macht beweist. Genau das kommt durch die Masken zutage. Dementsprechend vollzieht sich gerade im Ausnahmezustand das dialektische Ereignis, dem unser Begriff von Individualität sich überhaupt verdankt. Marke und Maske sind konvertibel; der Unterschied ist nur ein Buchstabe. Die Maske ist uns eingewachsen ins Gesicht. Das Gesicht war nur unsere Maske, im Ausnahmezustand kommt die Maske, die unser wahres Gesicht ist, zum Vorschein.

## Keine greifbare Form

In Poes Erzählung ›Die Maske des Roten Todes‹ tritt zum Schluss hervor, dass die Maske des Kadavers, die mit einem Schlage die gesamte Aufmerksamkeit der sich in orgiastischer Ausgelassenheit zusammenfindenden Festteilnehmer auf sich zieht, in gewisser Weise nicht demaskiert werden kann. Die Maske verbirgt nichts. Als sie heruntergerissen wird, erkennen alle mit Entsetzen, dass keine fassbare Form unter ihr liegt. Es ist eine Begegnung mit dem Nichts. Die Maske fällt, doch sie hat nichts verborgen – nur das Nichts. Keine Identität wird fassbar, sondern das Unfassbare selbst. Die Wahrheit ist nicht hinter der Maske, sondern ist die Maske selbst.

Sie hat in gewisser Weise nie behauptet, Maske zu sein, sondern war das, was sie war: nämlich der auf sie gemalte Tod. Nichts Gemaltes also. *»Die Maske, welche das Gesicht verbarg, war in allen Zügen so ähnlich einem starren Leichenantlitz nachgebildet, daß auch die gründlichste Prüfung hätte Schwierigkeiten haben müssen, den Betrug zu entdecken.«* So heißt es, als die Maske gerade erst eingetreten ist und den Blick der anderen Masken auf sich gezogen hat. Die Schwierigkeit des Ent-deckens ist aber ganz anders zu verstehen, als hier noch angenommen. Eine Maske, die nur Maske ihrer selbst ist, spielt ein offenes Spiel. Die Idee, sie spiele etwas vor, kommt von Seiten der anderen, die von sich und ihren eigenen Masken ausgehen und deshalb der Idee nicht zugänglich sind, dass es auch das unmaskierte Nichts geben könnte.

Die Entdeckung, dass nichts zu ent-decken ist, hat Folgen für die wahrhaft Maskierten, es kann gar nicht anders sein: In dem Moment, in dem man dem roten Tod die Maske herunterreißt, reißt man sie sich selbst herunter. *»Und einer nach dem andern sanken die Gäste nieder, hin in den blutbetauten Hallen ihres Schwelggelags, und starb ein jeglicher in seines Falls Verzweiflungshaltung.«* Redundanz wird bekräftigt: Der Tod ist der Tod. Seine Maske fällt, sie ist keine Maske, und diese Entdeckung ist die Entdeckung des eigenen Selbst.

Der große Aufwand, der von dem Prinzen Prospero betrieben worden war, um eine große Gemeinschaft von Auserwählten, fern des Todes, in vermeintlicher Sicherheit ihre Feste feiern zu lassen, erweist sich als Einladung des Nichts ins Selbst. Der Maskenball in all seiner Raffinesse ist schon das Nichts gewesen. Sobald erkannt ist, dass der Tod als Maske keiner Enttarnung unterworfen werden kann, wird auch die Tarnung, hinter der man sich selbst verborgen hatte, hinfällig im Wortsinn. Der Lebenshunger des Festes ist nichts anderes gewesen als die Zelebration des Todes, doch weil niemand das hatte wissen wollen und alle der Illusion unterlagen, es herrsche eine Vielfalt von Masken, wird das Nichts unter der Maske mit Verzweiflung aufgenommen. Alle verfallen dem Tod, fallen, als mit der Maske des Todes nicht nur diese, sondern mehr und vor allen Dingen ihre eigene gefallen ist: *»Und Finsternis und Verfall kam, und der Rote Tod hielt grenzenlose Herrschaft über allem.«*

## Totentanz

Ein frisiertes Auto braust vorbei, der Arm des Fahrers hängt lässig aus dem offenen Fenster, wie es wohl sein muss, wenn man einen solchen Wagen fährt. Der junge Mann am Steuer ist auf der Höhe der Zeit: Er trägt eine Maske mit dem aufgedruckten Gebiss eines Totenkopfes und einer löchrig-knöchernen Nasenspitze, die leicht nach oben gestülpt ist. Das Ganze ist perfekt gemacht und sehr eindrucksvoll. Ein neuer, individuell frisierter Stil ist am Entstehen, so scheint mir. Und ich denke über die sich ausbildenden Maskenstile nach, zu denen auch die der Reichen gehören mit ihren Herrenschneider:innen und Designer:innen, die sich längst des Themas angenommen haben. (Man will vestimentär nicht hinter den eigenen Ansprüchen zurück-, sondern vielmehr modemäßig avantgardistisch bleiben.)

Der junge Autofahrer denkt nicht so. Er bleibt mit seiner Skelett-Maske, so denke ich, den Realitäten treu, die jetzt die vorherrschenden sind, beweist Sinn für den Tod, den er sonst nur in seinem aufjaulenden Wagen fand.

Plötzlich aber belehrt mich meine Tochter. Ob ich das nicht wisse? Solche Masken habe es doch schon lange vorher gegeben, auch in ihrer Schule! Das sei doch gerade Mode gewesen! – Nein, das wusste ich nicht, und es verwirrt mich plötzlich dieses Skelett, das also schon vorher prophetisch herumspukte im Straßenverkehr und in der Schule, ohne dass ich's gemerkt hätte.

# Hier und anderswo

## Frankreich und Deutschland

Als Unterschied zwischen Frankreich und Deutschland wird zurzeit, im April 2020, die Art und Weise betrachtet, wie die jeweiligen Regierungen ihre Maßnahmen ihrer Bevölkerung näherbringen. In Frankreich herrsche ein autoritärer Stil vor, indem durch harte Strafen (die bis zur Gefängnishaft gehen) und strikte Regelungen das richtige Verhalten durchgesetzt werden soll. Dies erscheint als Ausfluss eines letztlich nie ganz überwundenen, monarchischen Prinzips, in dem ein Chef vorgibt, was zu tun ist. Dieses sich letztlich auf katholische Hierarchien zurückführende System stehe, so der Erklärungsansatz, im Kontrast zur Betonung der individuellen Verantwortung, die in protestantischen Gegenden vorherrsche und an die Stelle autoritärer Vorgaben die Rationalität des Einzelnen setze, der in der Lage sei, die Situation zu verstehen und sich entsprechend zu verhalten. Kontrollen sind diesem Modell zufolge weniger nötig, weil auf die Selbstkontrolle des Einzelnen stärker vertraut werden kann.

Dass sich die demokratischen Institutionen in Deutschland weit weniger in Frage gestellt sehen als in Frankreich, ist ein Ergebnis des Vertrauens, das die deutsche Regierung ihrer Bevölkerung entgegenbringt. (Dieses Modell sieht erst einmal von regionalen Unterschieden ab. Aber wenn man bedenkt, dass in Bayern, dem katholischen, ein weit autoritärerer Stil praktiziert wird als z. B. im protestantischen Schleswig-Holstein, wird deutlich, dass das, was für den deutsch-französischen Vergleich gilt, auch für den Vergleich zwischen eher protestantisch und eher katholisch geprägten Bundesländern gilt.)

Zurück also zum Verantwortungsbewusstsein. Im Großen betrachtet, erscheint das protestantische Modell (wenn man's denn mal so nennen will) das verführerisch einleuchtende zu sein. Die Demokratie funktioniert, die Regierung entledigt sich nicht einfach des Parlaments wie in Frankreich, die Reden, die sich an die Bevölkerung richten, vertrauen auf ihre Bereitschaft zur Mitarbeit – und die Ansteckungszahlen sind weit niedriger als im Nachbarland, wo allenthalben großes Geschütz aufgefahren wird, jedoch ohne sonderlichen Erfolg.

Doch der Blick aufs Kleine und Allerkleinste – die Hausgemeinschaft eben – schafft einen leisen Gegenpol zum allzu Elegischen, Deutschland Preisenden. Die Eigenverantwortung ist eben auch ein Drohmittel gegen die anderen, und der Gehorsam, der ganz ohne Strafandrohung funktioniert, eine Art von permanenter Unterwerfung. Selbstunterwerfung und Unterwerfung des Anderen gehen Hand in Hand, und so ganz mag man das dann doch nicht als Verhalten gefestigter Demokratien anerkennen.

Irgendetwas gibt es, was das unerträglich Autoritäre des französischen Systems fast – aber auch nur fast – wieder sympathisch macht: dass man nicht mit allem einverstanden sein muss, ja wirklich nicht einverstanden *ist*. Dass es keine Einhelligkeit gibt und ziemlich viele Übertretungen der herrschenden Regeln. Das ist zwar keineswegs sinnvoll, denn die Gefahr der Ansteckung existiert ja wirklich. Doch zumindest bleibt die Frage, wo denn jetzt gerade die Grenze verlaufe, auf welcher Ebene, noch ein wenig offen. Und das paradoxerweise, obwohl die Grenzziehungen so viel einschneidender und kleinräumiger sind als in Deutschland. Man darf sich ja wirklich nur einen Kilometer um das eigene Haus herum bewegen. Es ist vollkommen ausgeschlossen, in Begriffen von Kreisen – Ostholstein, Plön – zu denken. Die Dekrete sind hart daran, bis in jede einzelne Hausgemeinschaft zu dringen.

Auf der anderen Seite muss zugegeben werden, dass autoritäre Vorgaben von oben immer gut vereinbar sind mit autoritärem Verhalten von unten. Insofern kommt es vielleicht doch einer Idealisierung Frankreichs gleich, einen gewissen Widerspruchsgeist am Wirken zu sehen. Vielleicht ist man auch hier schon dabei, Autos zu zerkratzen, die vom Kreis Plön in den Kreis Ostholstein gefahren sind, und ich weiß das nur nicht, weil ich mich protestantisch-pflichtbewusst an die Regeln halte und vieles einfach nicht mitbekomme.

## Jeanne d'Arc

Ganz zu Beginn der Krise kündigte Macron an, die Mistral, ein französisches Kriegsschiff, das sich mitsamt seinen Offizieren und jungen, noch in der Ausbildung befindlichen Marines im Roten Meer befand, werde umgehend in den Indischen Ozean weiterfahren und die Übungen, die zuvor unter der Bezeichnung »Jeanne d'Arc« liefen, in eine logistisch-sanitäre Hilfe – die »Operation Resilienz« – zugunsten der Bevölkerung in Übersee verwandeln.

Der Präfekt von La Réunion, der diese Maßnahmen als Beweis nationaler Solidarität begrüßte und der Nation im Namen von La Réunion seinen tiefen Dank aussprach, wusste zwar nicht zu sagen, welche Funktionen das Schiff mit seinem Hubschrauberträger übernehmen würde, doch betont wurde erneut, die Operation sei gedacht als Solidaritätsaktion von allergrößter Bedeutung, es werde möglich sein, Franzosen und Französinnen, die in anderen Ländern dieses Raums versprengt und von Hilfe abgeschnitten seien, per Hubschrauber an Bord zu bringen und heimzuführen, um sodann, nach erfolgter Rettung, den eigenen Überseedépartements die entscheidende Hilfe zu bringen. Im Übrigen würden sich die Aufgaben in den folgenden Tagen noch präzisieren lassen.

Auf La Réunion wartete man also, wartete auf die Männer um Jeanne d'Arc mit ihrer großartigen Ausstattung, Hubschraubern und stählernem Willen, versprengte Franzosen heimzuführen und die französischen Inseln mit ihrer sanitären Krise ihre geographische Isolation weniger fühlen zu lassen. Man wartete und dachte dabei vor allen Dingen an die Präzisionen, die das sich annähernde Schiff mit sich führen würde. Es kam denn auch gleich die Hoffnung auf, die Mistral werde Masken, Medikamente und Betten für die Intensivstationen von La Réunion mitbringen, was in der Tat einer konkret-präzisen Hilfe entsprochen hätte.

Da sich das Schiff jedoch, als es den Auftrag bekam, in den Indischen Ozean weiterzureisen, bereits im Roten Meer befunden hatte, wo weder Masken noch Medikamente noch gar Betten an Bord genommen werden konnten, machte man sich auf den Weg, ausgestattet mit Hubschrauberträger, auszubildenden Marines des Programms »Jeanne d'Arc« sowie, vor allem, dankenswertem nationalen Pathos. Schon zu diesem Zeitpunkt aber bemerkten die Nörgler, dass man statt des Pathos lieber Betten gehabt hätte, statt Jeanne d'Arc lieber Masken, statt der Rhetorik bezüglich der Rettung von Versprengten lieber Medikamente für die Massen und, alles in allem, eine Konkretisierung des schönen Namens, den die Operation trug: Resilienz!

Da das alles aber nicht zu haben war, tat man nur eines: Die Marines verzichteten, weil die Versorgung der Massen ja wirklich wichtiger war als alles andere, auf die Suche nach Versprengten und fuhren erst einmal nach Mayotte, wo, wie zu erwarten gewesen war, die Situation ganz und gar katastrophal war, und dann nach La Réunion, wo die Situation trotz ausbleibender Betten, Masken und Medikamente etwas weniger katastrophal war, sondern nur sehr schwierig.

Aber inzwischen hatte sich das Krankenhaus der dortigen Hauptstadt organisiert und angefangen, mit Hilfe von Freiwilligen (nicht Marines oder gestandenen Offizieren, sondern vielmehr mit der Nähkunst kundiger Frauen der Insel selbst) einen ihrer Säle in ein großes Nähatelier umzuwandeln und die Masken, die man bei der Operation »Resilienz« nicht hatte in die Laderäume nehmen können, weil eben das Rote Meer in dieser Hinsicht wenig einladend ist, mit Hilfe eines Papiers herzustellen, das sich aufgrund seiner filtrierenden Eigenschaften für eine solche Produktion zu eignen schien.

Als nun die Schiffsbesatzung der Mistral, noch unter dem Eindruck der absolut katastrophalen Zustände und steigenden Infektionsraten auf Mayotte stehend, La Réunion erreichte, war man sehr erleichtert, für die Resilienz, die man nach dem Willen der Regierung in den Indischen Ozean hatte tragen sollen, etwas Konkretes tun zu können, nämlich: der sich in großer Not befindlichen Nachbarinsel Mayotte die Masken zu liefern, die soeben durch die Eigenproduktion von La Réunion frei geworden waren. La Réunion hatte zwar den nationalen Pathos mit tiefem Dank entgegengenommen, es aber doch für sinnvoll gehalten, die Hoffnungen nicht auf ein Phantomschiff zu setzen, sondern an die Stelle seiner Leere die Näharbeiten freiwillig der Resilienz zuarbeitender Frauen zu setzen. Da wiederum Marines, auch wenn sie Offiziere sind, gemeinhin des Nähens nicht sehr kundig sind, konnte von dieser Seite wenig Hilfe erwartet werden, doch die Hilfe bestand jetzt darin, dass man umgehend den Transport von Masken, Mineralwasserflaschen, Klopapier und auch sonst noch einigem zu organisieren begann, um La Réunion so schnell wie möglich wieder Richtung Mayotte zu verlassen.

Dass, entgegen erster Erwartungen, das Schiff bei Auswurf des Ankers wirklich ganz und gar leer gewesen war und noch nicht einmal die Kranken von Mayotte nach La Réunion brachte, die aufgrund der vollkommen unzureichenden Gesundheitsversorgung von Mayotte auf La Réunion vielleicht eine Überlebenschance gehabt hätten, erklärte sich daraus, dass man von Mayotte bis La Réunion drei Tage Fahrt einzuplanen hat, was Schwerkranke auf keinen Fall überleben können, weil ja, wie gesagt, Betten für Intensivstationen im Roten Meer nicht hatten besorgt werden können und das Schiff zwar genügend Transportraum für Mineralwasserflaschen, Klopapier, Masken usw. zu bieten hatte, nicht aber für die Ausstattung, die garantiert hätte, dass Schwerkranke, darin den Versprengten aus anderen, fremden Ländern gleich, es bis nach La Réunion geschafft hätten.

Und weil man, weil der Hubschrauber, der nach Versprengten hätte suchen sollen, die Suche gar nicht erst begonnen und folglich auch, trotz erster, offizieller Verlautbarungen, auch gar keine Versprengten gefunden hatte, behandelte man die Schwerkranken von Mayotte wie Versprengte, obwohl deren Lokalisierung in der ganz und gar katastrophalen Situation vor Ort ja ganz einfach gewesen war, so einfach, dass man gleich sagen konnte, dass drei Tage Transport für die Betroffenen den sicheren Tod und für die Resilienz der Bordbesatzung, die, maskenlos wie die Gebiete, denen sie Hilfe und Masken bringen sollte, zwischen den Inseln unterwegs waren, ein unzumutbares Risiko bedeutet hätten – denn wie hätten sie sich vor Ansteckung durch die Kranken schützen sollen?

Damit nun aber die Bordbesatzung sich in Zukunft besser würde schützen können und die der Krankheit ausgesetzte Bevölkerung von Mayotte auch, machte man also aus der Erleichterung über die lokale Resilienz von La Réunion keinen Hehl und strebte, weil man hier ja wegen der sich perfekt beweisenden Resilienz eh nicht viel tun konnte, gleich wieder zurück nach Mayotte, mit Masken, Mineralwasserflaschen und allem oben Genannten im Bauch des Schiffes. Man brachte also die Gegenstände, die der Resilienz zuträglich waren, von einer Insel, die schon selbst resilient geworden war, weil sie erkannt hatte, dass man sich von Jeanne d'Arc nicht zu viel erhoffen darf, zur anderen, was jedoch den Nachteil hatte, dass auf der resilienten Insel sogleich der Eindruck entstand, die »Operation Resilienz« sei nicht organisiert worden, um die Resilienz zu stärken, sondern sie vielmehr zu schwächen, weil eben, objektiv durch den Augenschein vor Ort erwiesen, die Nachbarinsel von der »Operation Resilienz« noch gar nicht profitiert hatte.

Damit aber alle gleichermaßen in den Genuss der bedeutenden, militärischen Hilfe kommen mögen, die sich in der Mistral verkörperte, argumentierte man, das Schiff sei bis zum Rand gefüllt mit Masken und allem Übrigen, was doch beweise, dass die Regierung ihre anfänglichen Versprechen umsetze und nun, darin ganz im Geiste Jeanne d'Arcs handelnd, die Produkte und Dinge bringe, die vergessen machen könnten, dass es auf der Mistral leider keine Betten gab, die entweder den Krankenhäusern der beiden Inseln hätte zugutekommen oder auf dem Schiff selbst für den Transport von Schwerkranken aus Mayotte hätten genutzt werden können, die auf La Réunion vielleicht eine Überlebenschance gehabt hätten.

Einer solchen Logik konnte man sich in der Tat schwer entziehen, denn es stand keineswegs in Zweifel, dass die Resilienz von La Réunion weit über der von Mayotte lag und die ausgleichende Gerechtigkeit nichts anderes wollen konnte als eine Teilung der Produkte, die die Regierung den Notleidenden in weiser Voraussicht von jeher hatte zuführen wollen.

Der kleine Haken an der Geschicht waren nur die nähenden Frauen hinter ihren privaten Nähmaschinen, die sehr wohl wussten, dass sie keine Masken für Ärzt:innen und Krankenpfleger:innen zu produzieren vermochten, immerhin aber doch eine Notlösung, die La Réunion ein wenig aus den mit der Isolation verbundenen Problemen herausführen würde. Und so kam es denn in einem Kommentar, der auf dem Blog der Lokalzeitung von La Réunion gepostet wurde, gleich zu einer abschließenden Bewertung der »Operation Resilienz« und die lautete, man nehmen dem Heiligen Paul das Essen aus dem Mund, um es in die gefräßigen Mäuler der muslimischen Alis von Mayotte zu stopfen.

So funktioniert also nationale Solidarität im Zeichen der Jeanne d'Arc.

## Robert Koch

Das ist jetzt der Name. Ein Symbol. Zahlen und Statistiken in täglicher Wiederkehr, und auch die Presse erinnert an Leben und Karriere des Nobelpreisträgers. Nur vergisst sie geflissentlich, dass Koch nicht nur in Europa unterwegs gewesen ist, sich nicht nur für Milzbrand, Tuberkulose und Cholera interessiert hat, sondern auch für die Schlafkrankheit und damit für Afrika. Daher seine Reisen in die deutschen Kolonien, um dort einen neuen, medizingeschichtlichen Durchbruch zu erzielen. Die Übertragungswege durch die Tse-Tse-Fliege waren zu erkunden, und am besten gleich auch ein Heilmittel gegen die tödliche Müdigkeit zu finden, die die Krankheit bis heute als ein beängstigendes Symptom begleitet.

Nach Deutschland zurückgekehrt, empfahl Koch den zuständigen Ministerialbeamten, sie mögen für eine strikte Trennung der Kranken von den Gesunden sorgen, um der weiteren Ausbreitung der Krankheit und den gravierenden ökonomischen Problemen, die mit dem Wegfall von Arbeitskräften einhergingen, einen Riegel vorzuschieben. Die Infizierten, die oft noch gar nichts von der Krankheit spürten, sollten in eigens errichteten Konzentrationslagern – so der von den Briten übernommene Ausdruck – abgesondert gehalten werden. Eine solche Maßnahme sei nicht so hart, wie es Europäer:innen erscheinen möge, denn immerhin sei man nicht in Europa, sondern in Afrika.

Wie in anderen Kolonien benachbarter Staaten auch zeigten die Maßnahmen die entgegengesetzte Wirkung: Die Schlafkrankheit breitete sich massiv aus. Die vollkommene Missachtung der sozialen Strukturen, die Unversorgtheit der Kranken, deren einzige Behandlung im Warten auf ihren Tod bestand, und die, im Widerspruch zum bloßen Warten geübte Praxis, ein neues Medikament an Patient:innen auszuprobieren, denen man nicht eigens zu erklären hatte, was sie erwartete, führten zu Fluchtbewegungen, durch die die Krankheit in neue, zuvor verschonte Gebiete drang. Die vermeintliche Lösung erhöhte die Infektionsrate.

Dabei wusste man sehr wohl, dass eine Nebenwirkung der Medikamente darin bestand, dass Patient:innen massenhaft erblindeten, man wusste auch, dass Familien brutal voneinander getrennt worden waren, doch man wollte nicht wahrnehmen, dass die von den europäischen Kolonialmächten gezogenen Grenzen, die jetzt im Kleinen durch die Konzentrationslager wiederholt werden sollten – als isolierte, in sich geschlossene Territorien im Kleinen – ohnehin ganz und gar künstlich waren und den realen historischen Gegebenheiten nicht einmal in Ansätzen Rechnung trugen. Das Ergebnis war die Durchbrechung dieser Grenzen und das massive Um-sich-Greifen des Schlafes über die jeweiligen, von einem bestimmten europäischen Land geführten Kolonien hinaus. Die Krankheit zeigte, was von jeher gegolten hatte: Sie hatte keine Nationalität, jetzt noch weniger als zuvor.

## Akzente

Krisensitzung der Fakultät, viele technische, vor allem prüfungstechnische Fragen. Ein Chaos, in dem sich Stimmen und Positionen kreuzen in einem sich trotz allem beherrscht gebenden Ton. Kein Wort über das Virus.

Erst am Schluss, als Epilog gleichsam, stellt ein spanischer Kollege vor versammelter Mannschaft dazu eine Frage. Eine, die sich an mich richtet und an mich allein. Ich, als Deutsche, ich solle ihm doch bitte erklären, wie wir »das« geschafft hätten.

»Das« – ich verstehe es gleich: Er will von mir, weil ich Deutsche bin, wissen, warum wir so wenige Tote hätten. Ich, die ich Deutsche bin, stehe für den Erfolg, nicht aus Spanien zu kommen und daher so viel weniger Tote zu haben. Es geht um das, was Spanien hätte besser machen müssen, um die Toten eines Landes zu vermeiden, aus dem dieser nette Kollege kommt, durch dessen starken, spanischen Akzent ich immer an den Meinen, nicht weniger starken erinnert werde und mich so, umgeben von Franzosen, seiner brüderlichen Verbundenheit erfreue. Mein spanischer Bruder, mein Halt.

Doch jetzt sind wir ganz plötzlich getrennt durch Zahlen, die aus unseren jeweiligen Ländern zu uns herüber schallen, er mit seinen vielen Toten und ich mit meinem Erfolg. Und da ich keine Antwort weiß und keineswegs im Gefühl lebe, zu einem »Wir« zu gehören, das »das« geschafft hat, trauere ich plötzlich darum, dass er seinen Akzent hat und ich den Meinen und dass zwar beide stark und für jedes französische (und sogar für unser eigenes) Ohr klar vernehmbar sind, jetzt aber plötzlich eine ganz andere Bedeutung gewinnen als bisher: Er ist aus Spanien und ich bin aus Deutschland, unsere Akzente sind nicht die gleichen und unsere Totenzahlen auch nicht, und so stehe ich für einen Sieg, für den ich noch nie hatte stehen wollen, auch dann nicht, wenn es in Deutschland wirklich weniger Tote gibt als in Spanien.

Und so sage ich, das »Wir« instinktiv abwehrend und den Akzent, der mich verrät, gleich mit, ich würde mehr nach Italien gucken, denn immerhin gehöre ich zu einer deutsch-italienischen Familie. Mit diesem Hinweis mache ich mich frei vom Schrecken des Erfolgs, vom längst versunkenen »Wir«, aus dem sich mein bleibender Akzent erklärt, und ich erkläre mich zugehörig zu einem neuen, deutlichen Akzent, der der meines Mannes ist mit seinen eigenen, italienischen Toten, die gar noch zahlreicher sind als die in Spanien.

Zugleich weiß ich aber sehr gut, dass mein Akzent in Wirklichkeit doch ein deutscher ist und kein italienischer, dass ich mir also Tote anmaße, die, nach Maßgabe der Akzente, nicht die Meinen sind. Und doch will ich darauf bestehen, das Französische mit spanischem Akzent zu sprechen oder meinetwegen auch mit italienischem oder einem ganz und gar anderen, denn zu traurig wäre es doch, diese innige Verbundenheit zu verlieren mit Mariano, meinem Bruder, dessen Tote plötzlich gegen die Meinen stehen wie im Krieg.

## Trump

Es fällt immer schwerer, das, was in Amerika geschieht, noch in politischen Kategorien zu beschreiben. Trump politisiere Corona, heißt es: Wer für ihn sei, trage keine Maske; umgekehrt seien seine liberalen Gegner an ihren Masken zu erkennen. Solange Politik die Kunst des überhaupt nur Möglichen, das heißt Denkbaren ist, mag das stimmen. Wenn sie dagegen die Kunst des realistisch Vertretbaren sein sollte, greift der Gedanke ins Leere.

Trump hat der Realität den Krieg erklärt, das ist der Kern seiner Politik, dafür lieben ihn letztlich seine Anhänger. Was ihn dirigiert, ist der Glaube, den Freud den Kindern, »Primitiven« und Neurotikern zuschrieb: dass die eigenen Wünsche allmächtig sein und dass ihr Inhalt Realitätswert habe. Es ist der mythische Glaube an eine durchweg anthropomorph, also nach dem Muster menschlichen Denkens und Handelns, verfasste Welt, an eine Welt, die eine Ausstülpung meines Innenlebens darstellt.

Das heißt konkret: Wenn ich mir keine Maske aufsetze, dann wird das Virus Angst bekommen und sich verziehen. Ich und meine Anhänger:innen kämpfen mit offenem Visier, das Virus wird schon merken, dass wir jedenfalls keine Angst haben und sich seine Opfer unter den linksliberalen Weichlingen suchen.

So treten wir also jetzt, am 4. Juli 2020, zum amerikanischen Unabhängigkeitstag zusammen, massenhaft und ohne Maske, und feiern – nicht viel anders als die Jugendlichen, die sich zu Corona-Partys versammeln – unsere eigene Stärke. Dass wir so viele sind, macht uns stärker, und das Gefühl unserer Nähe auch. Dass es gerade die dicht aneinander gedrängten Massen sind, die die Ausbreitung eines Virus begünstigen, das sich nicht an die menschliche Psychologie hält, und dass es dies insbesondere in einem Land tut, in dem die Ansteckungszahlen alarmierend hoch sind, will uns nicht in den Sinn; bzw. vielleicht ist es uns längst im Sinn als ein *fait accompli*, an dem sich ohnehin nichts mehr verändern lässt, und dem wir deswegen nichts anderes als unser massenhaft versammelte Innenleben entgegenhalten können.

Nicht, dass mir solche Gedanken vollkommen fremd wären. Ich glaube, dass die Menschen, die mithilfe von Magie und Animismus ihr Leben bestritten – und irgendwie kamen sie ja durch; es waren, gattungsgeschichtlich gesehen, Erfolgsmodelle –, in jeder und jedem von uns weiterleben und dass Krisen immer Gelegenheit bieten, auf diese gattungsgeschichtlich alten und robusten Erfahrungen zurückzugreifen. Was mich von den Anhänger:innen Trumps (oder von dem, was ich ihnen unterstelle) wahrscheinlich unterscheidet, ist vielleicht bloß, dass ich mich im Augenblick noch in der Lage sehe, den universellen Anthropomorphismus, der alles am eigenen Maß misst, unter Kontrolle zu halten.

Vielleicht liegt das aber auch bloß daran, dass ich mich viel mit Kunst und Literatur beschäftige und mich auch damit beschäftigen darf. Dies sind ja Gebiete, in denen jener universelle Anthropomorphismus legitim ist und von uns als schön empfunden wird. Was ist eine Metapher anderes als eine Übertragung aus der Sphäre des menschlichen Handelns auf anderes Gebiet, die damit nichts zu tun haben; was ist die kunstvoll geformte Sprache anderes als ein Residuum, in dem der magische Mensch in uns sein Genügen und seine Befriedigung haben darf? »Die Sonne geht auf«: Warum sollte sie »gehen«? *»Kunst ist Magie, befreit von der Lüge, Wahrheit zu sein«*, schrieb Adorno in den ›Minima Moralia‹. Das heißt, sie ist die Magie des wissenschaftlichen Zeitalters, eine Komplementärveranstaltung, die uns für die Kränkungen entschädigt, die uns die Wissenschaft zufügt. Ein Wort für diese Entschädigung ist Schönheit, und damit wir, das heißt der magische, unwissenschaftliche Mensch in uns, das Schöne auch entsprechend genießen können, haben wir Sphären, Bezirke und Gebäude dafür vorgesehen, in denen wir ihm huldigen: Konzerthallen, Museen, Kinos. Es sind säkularisierte Kultbezirke, in denen wir getröstet werden darüber, dass die Welt nicht so funktioniert, wie wir das gerne hätten, ja, dass sie nicht einmal menschlich funktioniert und mit menschlichem Maß zu messen ist.

Die Versuchung, diese Einsicht zu leugnen und zu regredieren, ist freilich dann besonders groß, wenn wir diese Unabhängigkeit der Welt von uns besonders drastisch vor Augen geführt bekommen. Das Coronavirus ist ein solcher Fall. Deswegen hat es keinen Sinn, sich über Trump und über die Amerikaner, die ihn verehren und vielleicht auch verdienen, lustig zu machen. Der Trend, der ihn nach oben getragen hat, ist ein allgemeiner, wir unterscheiden uns nur in dem Grade, in dem wir dem Hang zur willentlich-unwillentlichen Außerkraftsetzung der Wirklichkeit und zum pompösen Rückzug in eine Innenwelt nachgeben, die von sich nichts weiß und vermittlungslos auf die Außenwelt übergreift.

Aber diese graduellen Unterschiede machen natürlich viel aus. Darin scheint ein Unterschied zwischen Trump und Putin zu bestehen. Beides sind Autokraten, beide denkbar desinteressiert an demokratischen Prozessen (die ja zumindest in dem Punkt der Realität verbunden sind, als sie der Sicht des anderen auf die Wirklichkeit ein prinzipiell gleiches Recht wie der meinen einräumen). Putin, so scheint es mir wenigstens, glaubt seine eigene Propaganda nicht. Dadurch hält er dem Realitätsprinzip zynisch die Treue und erscheint als jemand, mit dem sich doch noch reden lässt. Durch eine lange Tradition autoritärer Herrscher in Russland hat sich ein System eingespielt, das zwischen dem, was man glaubt, was man nicht glaubt und was man glauben möchte, pragmatisch ausbalanciert. Putin kennt dieses System in- und auswendig, er hat es verinnerlicht und bedient sich seiner mit großer Virtuosität. Deswegen wirkt er, bei nicht geringerem Machtanspruch, so viel rationaler als der Potentat aus den USA. Das Böse, von dem er gleichen Teil hat, erscheint klarer konturiert, greifbarer, ernster und in gewisser Weise sogar berechtigter als im Fall des schrillen Clowns in Washington.

Ich sagte eben, dass es nicht richtig sei, sich über Trump lustig zu machen. Und Clowns sind sicherlich nicht nur lustige Gestalten, sondern auch Todesboten. Aber das heißt umgekehrt trotzdem, dass Trump in seiner Infantilität erst einmal lächerlich ist. Aber ein Teil der unheimlichen Macht, die er über Menschen ausübt, beruht eben darauf, dass es ihm dann nichts ausmacht, ja dass er es nicht mal zu bemerken scheint.

Realität hat ja nicht nur einen pragmatischen, sondern auch einen moralischen Aspekt. Sie ist nicht bloß der Inbegriff des dinglich Vorfindbaren, sondern auch die Summe der Ge- und Verbote, die unser Erwachsenwerden begleiten, also das Produkt unseres Über-Ichs. Es spricht viel dafür, dass es bei Trump nicht zur Ausbildung dieser Instanz gekommen ist. Dadurch bietet er sich als Projektionsfigur des ›Unbehagens in der Kultur‹ und aller Sehnsüchte die darauf dringen, das lästige Regelkorsett, das einen Teil des Realitätsprinzips darstellt, abzustreifen. Trump predigt eine innere Revolution, eine Befreiung von Moral und Rücksichtnahme, den psychischen Klassenkampf sozusagen, der an die Stelle des gesellschaftlichen tritt.

Deshalb hat er Erfolg bei denen, deren ökonomische Interessen von ihm und seinen politischen Bundesgenoss:innen verraten werden. Auch hier: Leugnung der äußeren Realität durch die innere. Die »Lustprämie«, die vom präsidial verkörperten Tabubruch ausgeht, ist so viel höher als die kleinen Gewinne, die sich durch soziale Grabenkämpfe einfahren lassen würden, dass es leichtfällt, sich für das Phantasma anstatt die Realität zu entscheiden. Wir haben also ein Land vor uns, das sich zum Teil von der Realität verabschiedet hat. Es ist das mächtigste Land der Welt. Gleichzeitig trifft uns die Realität mit zunehmender Gewalt und schreibt uns vor, was wir zu tun haben. Man mag über die Verhimmelung der Wissenschaft in den letzten Monaten spotten und sie sogar für gefährlich halten. Aber sie steht doch für das Realitätsprinzip in dem Sinne, dass sie dem falschen Anthropomorphismus entgegentritt. Nein, ein Virus handelt nicht wie ein Mensch. Und das Klima tut es auch nicht. Die Natur lässt nicht mit sich markten und sie lässt sich schon gar nicht ignorieren. Es ist freilich ein attraktives Angebot, wenn man insgeheim schon weiß, dass man verloren hat.

Denn dies ist wohl der tiefste Grund für den Aufstieg von Potentaten, von denen Trump die Avantgarde darstellt. Sind wir eh dem Tod geweiht, was bleibt dann anderes als der Rückzug in die Innenwelt, was haben wir noch in der Hand als uns selbst und unsere Träume. Die Möglichkeit eines evolutionären Verschwindens unserer Gattung ist der Hintergrund, vor dem sich neue Rücksichtslosigkeiten, Totalitarismen und Traumfabriken erheben. Wir müssen alle sterben, also lasst uns nehmen, dessen wir habhaft werden können! Lasst uns den Augenblick auf Kosten einer Zukunft feiern, die nur schlechter sein kann als dieser Moment! Das Ende aller Gemeinsamkeit, das Ende jeglichen Gattungsbewusstseins, jeder ist für das verantwortlich, was er oder sie vom Leben hat! *»America first«* heißt: *Fuck the rest!* Auch dafür steht Trump. Er ist der postapokalyptische, postgesellschaftliche Mensch, der die Vergangenheit über Bord geworfen hat, ein wüst grimassierendes Kind mit Superkräften, das nur an sich denkt.

Auch dann, wenn er *»America first«* schreit, denn Trump ist Amerika, Amerika in seiner postgesellschaftlichen Gestalt, er herrscht weniger über dieses Land, als dass er, der keine Grenze von innerer und äußerer Realität kennt, in es verfließt und mit ihm kommuniziert. Man nennt das Charisma: ein Komplex von Übertragungsvorgängen, die neben den Befehlsketten und institutionellen Hierarchie verlaufen, die von ihnen durchschnitten und durchkreuzt werden. Deswegen feuert Trump seine Getreuen so oft. Damit gibt er zu verstehen: Meine Macht steht auf einem anderen Fundament als die eure. Sie kommt aus Amerika, sie kommt aus dem Volk, aus dem Herzen und der Fantasie. Und deswegen spricht auch viel dafür, dass dieser Präsident eine verlorene Wahl nicht anerkennen wird.

# Leben und Tod im Leben

## Jetzt war Pest. Zu Stifters ›Granit‹

> *»Man hatte vorher in Winterabenden erzählt, wie in andern Ländern eine Krankheit sei, und die Leute an ihr wie an einem Strafgerichte dahin sterben; aber niemand hatte geglaubt, daß sie in unsere Wälder herein kommen werde, weil nie etwas Fremdes zu uns herein kömmt, bis sie kam.«*

»Kommen werde« – »kömmt« – »kam«, das sind die Zeitstufen, die hier auf engstem Raume aufeinandertreffen, identisch fast, doch unterschieden zugleich. Eine Explosion des Kommens der Vokale und all ihrer, sich im Raum verteilenden Splitter: O – Ö – A. Man steht vor der Frage nach ihrem Status. Was »kömmt« oder »kam« oder »wird noch kommen«?

Zuerst wird eine Zukunft antizipiert. Doch weil sie im Zeichen der Negation steht – niemand glaubt, dass die Pest kommen wird – ist sie eigentlich nur die Bestätigung dessen, was man durch die Vergangenheit wie durch die Gegenwart ganz sicher zu wissen glaubt: dass sie »zu uns« nicht »kömmt«, will heißen, nicht kommen *wird*.

Wichtig ist, dass das Präsens verwendet wird (wenn auch mit futurischem Unterton). Dieses ist, was allen Sicherheit vermittelt: Die Pest ist nicht da, kommt nicht, also ist auch nichts zu befürchten. Dem Präsens wächst die lange Dauer zu. Sie nährt sich von Erfahrungen, die in der Vergangenheit gemacht wurden: Die Pest war nie gekommen, und das will heißen: Sie »kömmt« auch jetzt nicht. Das »Nie« ist ein Siegel, mit der das jeweilige Jetzt gegen eine »fremde«, bedrohliche Zukunft abgedichtet wird. Auch wenn das Jetzt vergeht und einem neuen Platz macht, nährt sich das Bewusstsein von der Gegenwart doch immer davon, dass andere Gegenwarten (also Vergangenheiten) stets ohne die Pest gelebt haben.

Doch dann kommt der Umschlag. Hören wir erneut den Satz: *»[N]iemand hatte geglaubt, daß sie in unsere Wälder herein kommen werde, weil nie etwas Fremdes zu uns herein kömmt, bis sie kam«*. Das Plusquamperfekt des »hatte geglaubt« steht in einer klaren zeitlichen Beziehung zum »kam«: Erst »hatte« niemand es »geglaubt«, doch dann »kam« die Pest. So weit ist alles noch ganz logisch: Das Kommen (das semantisch die Idee von Bewegung, das heißt etwas Prozesshaftes in sich enthält) entfaltet seine Wirkung. Erst bestand eine bestimmte Überzeugung, dann musste diese korrigiert werden. Ein neues Wissen wurde geboren. Man scheint es jetzt besser zu wissen.

Doch verwirrend ist das eingeschobene Präsens: Die Pest *ist* offenbar schon gekommen (sie kam, wird nicht erst noch kommen), doch das Präsens wirkt, als werde zurückgenommen, dass sie durch ihr Kommen das Vertrauen schon durchbrochen hat – das Vertrauen, das vorher geherrscht hatte: »Niemand hatte geglaubt«, dass die Pest »kommen werde«. Aber jetzt kann niemand mehr glauben, dass sie nie kommen wird, denn gekommen ist sie ja schon, und dadurch hat sich die Überzeugung als falsch erwiesen, dass das »Nie« der kausalen Aussage »weil nie etwas Fremdes zu uns herein kömmt« ein für alle Mal gilt. Die Vergangenheit drängt sich mit Macht in die Gegenwart, und weil die Gegenwart sich stets erneuert und das Zukünftige in sich aufnimmt, kann eben auch die Zukunft wieder eine neue Pest bringen.

Das Präsens aber besagt in apodiktischer Form das Gegenteil. Die Regel »Nie kömmt etwas Fremdes zu uns herein« ist keine (und ist doch eine). Sie war eine, aber sie gehört der Vergangenheit an. Unsere eigene Gegenwart wird wieder eine sein, in der es die Pest »nie« gibt. Die Regel, die sich im Einst als falsch erwiesen hat, gewinnt den Status des Regelhaften zurück.

Und doch macht Sinn, dass Stifter zwischen das Plusquamperfekt und das Präteritum das Präsens setzt. Gewaltsam fast geschieht das, verwirrend auch durch dieses ihr Eingespannt-Sein zwischen zwei Tatsächlichkeiten: Die eine Tatsächlichkeit war die falsche Annahme, unberührt bleiben zu können, die zweite die Tatsächlichkeit der Pest, die die erste korrigierte. Doch zwischen ihnen kann jetzt eigentlich nur eine Form des Rückschlags vom »kam« auf das »Kommen« allgemein erwartet werden. Man würde erwarten, dass die Erzählerstimme sagt: »[N]iemand hatte geglaubt, daß sie in unsere Wälder hereinkommen werde, weil nie etwas Fremdes zu uns herein kam, bis sie kam«. Denkbar wäre auch gewesen, zu sagen: »[N]iemand hatte geglaubt, daß sie in unsere Wälder herein kommen werde, weil nie etwas Fremdes zu uns herein gekommen ist, bis sie kam«.

Aber genau diese Idee, dass Irrtum und Aufhebung des Irrtums in der Vergangenheit stattgefunden haben und bis ins Jetzt als neues Wissen fortwirken – die Pest »kömmt« eben auch zu uns, die Vergangenheit hat es bewiesen –, ist nicht das, was den Erzähler interessiert. Ihn interessiert die Rückkehr der Haltung, die zuvor vorherrschte. Er betont das Fremde der Pest, das heißt zeigt, dass sie auch dann noch fremd bleibt, wenn man notgedrungen, durch das bloße Faktum ihres Gekommen-Seins, schon vertraut mit ihr geworden ist.

Diese Fremdheit kann zwei Gründe haben. Grund eins: Die Pest kommt, zerbricht das »Nie« und ist doch, eben weil sie bei aller Vertrautheit so fremd ist, etwas, von dem man hofft, es werde nie wiederkommen. Weil die Fremdartigkeit und Schrecklichkeit der Pest so immens sind, schiebt sich die Hoffnung in das einstige »Nie« und verhilft ihm – dem »Nie« – zu einer neuen, erneut hoffenden Gegenwärtigkeit: Es dürfte nicht sein, dass die Pest wirklich gekommen ist, also hofft man darauf, dass es sie »nie« wieder geben wird. Und weil Hoffnung eigentlich zu wenig ist (es hat sich ja schon einmal gezeigt, dass sie nicht griff), greift man auf eine Formulierung zurück, die Sicherheit verheißt: »Nie« »kömmt« sie zu uns herein.

Und hier kündigt sich Grund zwei an, ein Grund, der nun seinerseits in den ersten greift: Der Einbruch von Gegenwärtigkeiten, die man einst nicht hatte wahrhaben wollen, weil in ihnen das »Gegen«-Menschliche so stark war, führt das Angebot mit sich, einfach an diese Kontinuität anzuknüpfen, dort weiterzumachen, wo die Pest alles unterbrochen hatte: Damals (bevor sie kam) hatte es keine Pest gegeben und jetzt, in der eigenen Gegenwart, gibt es auch keine, also geht man davon aus, dass es sie »nie« gibt, dass sie »nie« »kömmt«. Die einstige Gegenwart der Unwissenheit und falschen Hoffnungen wird unbesehen zur eigenen Gegenwart erklärt. Man könnte es in Parallele zu Karl Kraus' Satz formulieren: *»Jetzt* war *Krieg«*.

Gehen wir aus von diesem Satz: »Jetzt *war* Pest«. Man verdrängt, was gewesen ist, und macht daher möglich, dass das, was gewesen ist, nur als Gewesenes (nicht aber als aktuell Weiterwirkendes und Zu-Bedenkendes) erscheint. Und umgekehrt: Die Gegenwart wird gar nicht als Gegenwart wahrgenommen, sondern in dem Moment, in dem sie uns entgegentritt, historisiert und in die Vergangenheit abgeschoben. Den Krieg, der ist, als einen zu bezeichnen, der »war«, bedeutet, von ihm schon so zu erzählen, wie man sich von einer »Krankheit«, jenem fernen »Strafgericht«, das die Anderen ereilt, am »Winterfeuer« erzählt. Die Versetzung dessen, was war, in eine gleichbleibende, zeitlose Gegenwart, und die Versetzung der Gegenwart in die Vorvergangenheit sagenhafter Berichte: Sie stehen einander spiegelsymmetrisch gegenüber und ergänzen sich gegenseitig. Aber sie meinen dasselbe.

Dass Pest ist, jetzt und hier, hat aber damit zu tun, dass jede Erinnerung ans Gewesene ausgelöscht und damit eine Zukunft hervorgebracht wird, in der erneut das wird, von dem man gerade meint, es werde nie sein. Wichtig an diesem Gedanken ist: Man glaubt, es werde nie sein – nicht: Es werde *nie wieder* sein. (Hierhin besteht das Neue gegenüber dem erstgenannten Grund.) Denn wenn man das Wort »wieder« hinzunähme, gäbe man schon zu, dass es schon einmal die Pest (oder den Krieg) gegeben hat und dass man in der Gegenwart so zu leben hätte, dass die Pest nicht wieder auftreten kann. Das Oxymoron »Jetzt war« bedeutet aber, dass man so eben nicht lebt, sondern das Vergangene noch nicht einmal wahrgenommen hat. Das bedeutet wiederum, dass keine Konsequenz aus dem »Die Pest kömmt nie« gezogen wird und dass man daher erneut, »ungelernt« und unbelehrt, von Neuem an der Pest wird sterben müssen: Immer noch glaubt man, sie »kömme« »nie«.

Es wäre also der Satz »Jetzt *ist* Pest« von enormer politischer Bedeutung. Sie ist Voraussetzung für die Erinnerung an sie (und für deren bleibende Wirkung). Anzuerkennen ist, dass die jetzige Pest – die die Form des Virus hat – »über uns gekommen« ist als etwas wahrhaft Überraschendes. Aber überraschend war's nur deswegen, weil wir, wie in ›Granit‹ vorgeführt, immer wieder das Fremde an ihr betonen und daher unfähig werden, die Formulierung »Weil nie etwas Fremdes zu uns herein kömmt, bis sie kam« zu korrigieren. Es müsste heißen: »Weil immer dann etwas Fremdes zu uns herein kömmt, wenn wir glauben, sie sei noch nie gekommen«. Oder auch: »weil nie etwas Fremdes zu uns herein kömmt, sondern nur immer das Eigene«. Der letzte Satz würde dann auch besagen: Es gibt Gründe, warum sie kommt. Sie kommt nicht einfach, sondern man *bewirkt* ihr Kommen.

Dies ist der wahrhaft schmerzende Punkt, der erklärt, warum die Krankheit im freudschen Sinne »unheimlich« ist: unheimlich-heimisch, unheimlich-vertraut, die Marke der Negationen abstreifend, sobald man zugibt, dass die Krankheit – auch! – etwas Selbstgeschaffenes enthält. Es mag zum Teil noch so sein wie bei Stifter: Die Krankheit ist wie ein »Strafgericht«, doch dieses bleibt einem wirklich fremd. Man hat es gar nicht verdient. Man weiß, dass es gar nichts zu strafen gab, zu strafen gibt.

Aber zugleich gilt eben auch, dass es in »andern Ländern« die Pest schon gab, und da das Konzept der »andern Länder« heute weniger denn je Sinn macht, hat man mit der Integration des »zeitlich Fremden« (die dem Muster langer Winterabende folgt: »Es war einmal…«) auch die Integration des »räumlich Fremden« (»Es war in andern Ländern…«) zu bewerkstelligen. Denn sonst droht dem Satz »Jetzt *war* Pest«, gleich noch sekundiert zu werden durch die Worte »*Dort* ist Pest« (und nicht *hier*). Aber die Gegenwärtigkeiten dort sind eben schon die – erneut kommenden, auf uns zukommenden – Gegenwärtigkeiten des Hier. Und das nicht erkannt zu haben, darin besteht die Aktualität des Satzes: *»Man hatte vorher in Winterabenden erzählt, wie in andern Ländern eine Krankheit sei, und die Leute an ihr wie an einem Strafgerichte dahin sterben; aber niemand hatte geglaubt, daß sie in unsere Wälder herein kommen werde, weil nie etwas Fremdes zu uns herein kömmt, bis sie kam.«*

## Gesund und tot

> *»Die Seuche wurde die Pest geheißen, und in fünf bis sechs Stunden war der Mensch gesund und tot, und selbst die, welche von dem Übel genasen, waren nicht mehr recht gesund und recht krank, und konnten ihren Geschäften nicht nachgehen.«*

So heißt es noch einmal in Stifters ›Granit‹. Es ist das »und« zwischen den beiden Worten »gesund« und »tot«, das Irritationen auslöst. Ein »oder« wäre zu erwarten gewesen. Oder vielleicht hätte man auch die Idee erwarten können, dass man, wie danach vermerkt, in Folge der Pest »recht krank« ist und, obwohl nicht tot, trotzdem nicht mehr als wirklich gesund gelten kann, sondern vielmehr als »nicht mehr recht gesund«. In dieser letzten Abfolge – erst ist man krank, dann »nicht mehr recht gesund« und irgendwann, so bleibt zu hoffen, dann doch wieder richtig gesund – steckt die Idee einer Entwicklung: Man ist erst das Eine, dann das Andere, eines entwickelt sich aus dem anderen. Eine gewisse Nachvollziehbarkeit ist gegeben: Man schien erst dem Tode geweiht zu sein, hatte das Glück, nur »recht krank« zu werden, also doch wieder zu genesen, in einem ersten Schritt jedoch nur »recht« (also schlecht), nicht richtig »gesund«. Und am Ende darf dann doch auf die Rückkehr der Gesundheit gehofft werden.

Es ist nun aber die scheinbar größere Logik dieses »und« zwischen »nicht mehr recht gesund« und »recht krank«, die zum erstgenannten, problematischen »und« zurückführt. Das zweite »und« (das logischere) ist der Schlüssel zum scheinbar unlogischen. Stifter hat sich nicht verschrieben. Er hat recht mit seinem ersten »und«. Es ist voll an seinem Platz. Es geht weder um ein »oder« noch um ein »entweder – oder«, nicht darum also, ob man stirbt oder nicht, sondern es geht um das Verhältnis zwischen Gesundheit und Tod, und dieses Verhältnis ist darum so schwer zu begreifen, weil es zwischen Gesundheit und Tod zeitlich keinen Übergang gibt. Man ist gesund – und plötzlich ist man tot. Die Dauer ist von extremer Kürze: »In fünf bis sechs Stunden« ist alles entschieden. Die Widersprüchlichkeit von »gesund« und »tot« existiert nicht. Sie gehören zusammen, bilden eine Einheit, und gerade das ist es, was die Pest so unbegreiflich macht.

Denn so viele Menschen auch erkranken und vorführen, dass man »gesund und tot« sein kann, so sind es doch eben erst andere, die »gesund und tot« sind, und nicht man selbst. Und wenn die Krankheit dann näher kommt und die eigene Familie ist mit einem Male »gesund und tot«, wird das »und« zum Kern der Angst, die alle ergreift. Man ist gesund. Ist man darum vielleicht schon tot? Alles scheint normal zu sein. Ist darum alles schon weggekippt, weg vom Leben? Das »und« stellt uns vor die herrschenden Normalitätsbegriffe. Sie sind es, die wegbrechen. Normalerweise geht man davon aus, jemand sei gesund oder tot – jetzt weiß man, dass es möglich ist, beides in einem zu sein. Wissen tut man's aber eben doch nicht richtig – erst, wenn man selbst (oder der Nächste) »gesund und tot« ist, hat sich erwiesen, dass jetzt eine andere Normalität herrscht, und das ist die des »und«.

So gibt es neben dem »gesund oder tot« (als der ersten Normalität) eine zweite. Und vielleicht wird die Konjunktion plötzlich so wichtig, weil man sich, ausgehend von »gesund und tot«, plötzlich sagen muss, dass es die eine *und* die andere Normalität gibt. Auch diese beiden sind – dem Modell des »und« in »gesund und tot« folgend – nicht etwas Getrenntes, sondern zusammengehörig: Die Normalität im herkömmlichen und die Normalität im neuen, furchtbaren Sinne schieben sich ineinander, das »oder« seinerseits zu einem »und« machend.

Der Hinweis, dass die Genesend-Genesenen, die »recht krank« sind, obwohl nicht »tot«, »ihren Geschäften nicht nachgehen« können, ist von aktuellster Bedeutung. Die Politik muss die neue Bedeutung des »und« lernen. Man scheint schon bald wieder seinen Geschäften nachgehen zu können, denn man ist, weil, gesamtgesellschaftlich betrachtet, wieder »recht gesund«, nicht zu den Toten gehörig. Und doch ist das »recht« in »recht gesund« die Brücke, die Stifter zwischen »und« und »oder« schlägt. Man ist nicht tödlich krank, aber zumindest »recht krank«, und damit erlebt man wenigstens in Ansätzen, was es heißt, wenn man »gesund und tot« ist.

Das »recht« ist der Weg, die Nuance zwischen zwei Konjunktionen, zwischen denen es im Deutschen keinen Mittelweg gibt. Alles ist entweder dem »und« zuzuordnen oder aber dem »oder«. Die Formulierungen »recht krank« und »nicht recht gesund« zeigen, dass hier jemand dem »und« von der Schippe gesprungen ist, mehr recht als schlecht, also das Bewusstsein verkörpernd, dass es das »oder« zwischen dem »Erneut-seinen-Geschäften-Nachgehen« oder »Nicht-seinen-Geschäften-Nachgehen« nicht gibt. Man ist »gesund und tot« und darum kann man, weil das ein recht schlechter Zustand ist, in dem die Gesellschaft nur »recht und schlecht« klar kommt, den Geschäften nicht nachgehen. Das zumindest ist eindeutig: Sie ist gesund, recht und schlecht. Und sie arbeitet nicht. Kann es nicht.

Ein weiterer Beweis dafür, dass das zurzeit der Zustand ist, ohne »und« und »aber«, steckt ebenfalls in Stifters »und«. Wenn jemand »gesund und tot« ist, heißt das eben auch, dass er, obwohl gesund erscheinend, doch schon dem Tod geweiht ist. Das »und« ist aber nicht nur sein eigenes, ganz privates. Das »und« eben verbindet, und dies gilt weit über die Wörter »gesund« und »tot«, die den einzelnen beschreiben, hinaus. Das »und«, so steht syntaktisch fest, kann noch ganz anderes verbinden als nur »gesund« und »tot«. Es kann zum Beispiel »gesund und tot« als Einheit betrachten und diese Einheit ihrerseits vervielfältigen. Mit Blick auf die Gesamtgesellschaft ergäbe das dann »gesund und tot« und »gesund und tot« und »gesund und tot« usw. Das ist das, was wir gerade erleben. Wenn man also die Rückkehr zu den Geschäften empfiehlt, ist es, als gäbe es das »gesund und tot« nicht in dieser sich multiplizierenden Form der vielen »unds«. Die Eigenschaft von Epidemien aber besteht in eben dieser Form: und und und.

Daraus folgt, dass jemand, der tot und (ohne Wenn und Aber) gesund ist, seinerseits, ohne es zu wollen, dafür sorgen kann, dass der andere neben ihm auch schon »gesund und tot« ist. Die Rückkehr zu den Geschäften wird also behindert durch das Fortwirken dieses über das erste »gesund und tot« hinauswuchernde, große, gesamtgesellschaftliche »und«.

## Kommentare zu ›Gesund und tot‹

1. Starrt man länger auf diese drei Worte, bewegen sich die beiden ersten durch das ihnen gemeinsame »und« gefährlich aufeinander zu. Es ist selber ein Infektions-Verhältnis. An das »gesund« dockt das »und« an wie das Virus an die Zelle: gut getarnt, angepasst, effektiv. Es reißt das Gesunde, das was gesund ist, was gesund war, über sich hinaus, macht aus gesund tot. Wieder und wieder heißt es »gesund und und und …«

2. Robert Musil äußert sich sehr abfällig über das »und«, auch wenn er zugibt, dass der von ihm beschriebene Weltzustand sich eben nicht anders als durch diese Universal-Konjunktion darstellen lässt, die alle Synthese, einen Abschluss und damit auch allen Sinn verwüstet. Er schreibt im ›Mann ohne Eigenschaften‹: *»Das Gemeinsame, um das es sich da handelt, ist ein Geisteszustand, der durch keine weitspannenden Begriffe zusammengehalten, durch keine Scheidungen und Abstraktionen geläutert wird, ein Geisteszustand der niedersten Zusammenfügung, wie er sich am anschaulichsten eben in der Beschränkung auf das einfachste Binde-Wort, das hilflos aneinanderreihende ›Und‹ ausdrückt, das dem Geistesschwachen verwickeltere Beziehungen ersetzt; und es darf behauptet werden, dass sich auch die Welt, unerachtet alles in ihr enthaltenen Geistes, in einem solchen der Imbezillität verwandten Zustand befindet, ja es lässt sich das gar nicht vermeiden, wenn man die Geschehnisse, die sich in ihr abspielen, aus dem Ganzen verstehen will«.* Doch er unterschätzt das »und«, er unterschätzt seine subversive Kraft.

## Schwangerschaft und Geburt

Daniel Defoe erzählt in seinem Pestbuch von der dramatischen Situation, in der sich schwangere, gebärende oder stillende Frauen befunden hätten. Es sei vorgekommen, dass die Pest sie kurz vor der Geburt ereilt habe. Sterbende hätten gesunde Kinder zur Welt gebracht. Oder Kinder, die schon tot waren. Wenn Neugeborene von Ammen gestillt wurden, sei es vorgekommen, dass die Jüngsten dort krank wurden. Dann habe die Mutter ihr sterbendes Kind in den Arm genommen und sei selbst gestorben. Oder aber beide starben gleich bei der Geburt – weil keine Hebamme da war, weil der Vater der einzige war, der der Frau beizustehen versuchte, weil also die allgemeine Angst vor der Krankheit, das Wegsterben der Hebammen, der Zusammenbruch aller helfenden Institutionen die Einsamkeit des Leben-Gebens in unvorstellbare Extreme trieb.

Wir haben bei Defoe alle möglichen, zeitlichen Konstellationen von »gesund und tot« vor uns, und zwar bezogen auf die körperliche Einheit von Müttern und ihren Kindern. Es ist dies eine Symbiose, in der das »und« als Verbindung von »gesund« und »tot« seine ganze Schrecklichkeit entfaltet. Eine Pestkranke, die ihr noch ungeborenes Kind in sich trägt, ist eine Person, die zu zwei Welten zugleich gehört: zum Tod, weil dieser ihr durch die Pest unmittelbar bevorsteht, aber auch zur Gesundheit, zum Leben, denn diese beiden sind in ihr und sollten, wenn denn Normalität herrschte, einfach aus ihr heraustreten, sich von ihr trennen, als neue Form des Lebens, das sie als Mutter zu geben versteht.

Väter verlieren ihre Kinder auch. Oder Kinder ihre Väter. Es ist aber an der Situation der schwangeren Frauen etwas, wo die Dramatik zu einer schier unaushaltbaren Zuspitzung gelangt. Es ist nicht einfach nur so, dass der Moment der Geburt zum Moment des Todes wird: für die Mutter, für das Kind oder für beide. Solche Situationen waren in Defoes Epoche von großer Häufigkeit, implizierten also für die Frauen eine besondere Sicht auf den Zusammenhang von Leben und Tod – und zugleich eine besondere Sicht der Männer auf die Verletzlichkeit ihrer Frauen und Neugeborenen. Lebengeben enthielt immer schon die Möglichkeit, dass man – als Frau – daran sterben würde. Und aus der Sicht der Väter: Die Schwangerschaft der eigenen Frau enthielt immer die Aussicht, bald allein zu bleiben, was die Verantwortung für die überlebenden, älteren Geschwister des oder der Neugeborenen implizierte.

Die Häufung von Geschichten, wie sie kennzeichnend für Defoes Text sind, zeigt aber, dass durch die Pestzeiten ein qualitativer Sprung zustande kam. Es ist nicht mehr nur so, dass der Moment der Geburt und die ersten Wochen nach ihr für Mutter und Kind gefährlich sind, sondern, dass die Pest für die Mütter die Einheit von Tod und Leben zur Regel macht, mit wechselnden Konstellationen zwar, darin der vorherigen Kindersterblichkeit oder dem Tod von Frauen im Wochenbett ähnlich, gleichzeitig aber von einer nie gekannten Normalität und Regelhaftigkeit, die zu Stifters Formel »gesund und tot« zurückführen und sie aufs Grausamste bestätigen.

Der Unterschied ist, dass Stifter das »gesund und tot« geschlechtsneutral behandelt hatte – Defoe hingegen nicht. Bei Stifter konnte allen der unvermittelte Übergang vom Leben hin zum Tod zustoßen. Defoe setzt den Akzent anders: Allen kann es zustoßen, doch da die Geburt der Beginn des Lebens ist, verdichtet sie in ihrer Identität mit dem Tod das Unzumutbare, Unerträgliche im besonderen Maße. Bei Stifter wird konstatiert: Eine Person ist »gesund und tot«. Bei Defoe wird ausgemalt. Die verschiedenen Konstellationen treten konkret hervor, einzelne Mütter und ihre Kinder, die Schrecklichkeit der Geburten, der Tode von Einzelnen, sodass das »und« nicht mehr nur das Unvereinbare vereint, sondern eine auch individuelle Sprengkraft entwickelt. Man ist »gesund und tot«, doch das »und« lädt jetzt, über seine neue Regelhaftigkeit hinaus, dazu ein, das Verweilen beim jeweiligen, einzelnen Toten zu wagen.

Da ist zum Beispiel ein Mann, der verzweifelt nach einer Hebamme für seine gebärende Frau sucht, ohne Ergebnis: Die Hebamme kann erst später kommen, jetzt nicht.

> *»Der arme Mann kehrte mit gebrochenem Herzen zurück und half seiner Frau so gut er konnte; er übernahm die Rolle der Hebamme und brachte ein totes Kind zur Welt. Nach etwa einer Stunden starb die Frau in seinen Armen, in denen er ihre sterblichen Reste bis zum Morgen hielt, als der Wächter, wie versprochen, mit der Pflegerin erschien. Als er die Treppe hinaufstieg – jener hatte die Tür offen, oder nur angelehnt gelassen –, fand er den Mann, der da saß mit seiner toten Ehefrau in den Armen; so überwältigt vom Kummer, dass er selbst einige Stunden später starb – ohne ein einziges Zeichen der Infektion, niedergerungen einzig vom Gewicht seiner Verzweiflung.«*

Die Sprengkraft des »und« liegt darin, dass das »gesund und tot« von Frau und Kind ein weiteres »und« – nämlich das »und«, das zum Tod des an sich ganz gesunden Vaters – führt. Er hat die Pest nicht, ist gesund, stirbt aber am Tod der Seinen, wird so zu einer neuen, männlichen Pieta. Frau und Kind sind tot, genauer »gesund und tot«; er hingegen ist tot, weil er nicht ertragen konnte, als einziger vom »und« ausgespart zu sein, sich also schlicht bei bester Gesundheit zu befinden. So zieht ihn das »und« seiner Frau und seines Kindes in den Tod hinein, auf dass er ihnen folge in die Einheit von Leben und Tod.

Seine Frau starb an der Pest ebenso wie an der Trauer über den Tod des Kindes. Sie wird ihrerseits zum Kind des Mannes, der sie hält, wie sie ihr gemeinsames Kind gehalten hätte, wenn mit dem Tod des Kindes nicht alles seinen Anfang genommen hätte. Die Pieta in den Armen der zweiten, väterlichen Pieta, während das Kind – eine erstaunliche Beobachtung! – in der obigen Passage zum Schluss unerwähnt bleibt: Der Vater legt es sich nicht in den Arm, denn mit der Mutter, die dort liegt, ist auch das Kind schon in seiner Umarmung enthalten.

An anderer Stelle beschreibt Defoe die Schwierigkeit, die Kinder zu nähren, und auch hier scheinen Variationen des immer gleichen Musters auf, das darin besteht, dass die Gesellschaft zerfällt und dem Schwächsten kein Beistand mehr gewährt werden kann:

> *»Es gab mehr Kinder als sonst, die bei der Amme vor Hunger starben, aber das war nichts. Das Unglück war, dass sie erstens verhungerten, weil sie keine Amme hatten, während die Mutter starb, und die gesamte Familie mit den Kindern tot aufgefunden wurde; und wenn ich hier meine Meinung vorbringen darf, so glaube ich wirklich, dass viele Hundert hilflose Kinder auf diese Weise verschwanden. Zweitens verhungerten die Kinder nicht, sondern wurden von der Amme vergiftet. Ja, selbst wenn die Mutter sie gestillt hatte, nachdem sie sich infiziert hatte, vergiftete, will sagen: infizierte sie das Kind durch die Milch, manchmal bevor sie wusste, dass sie selbst infiziert war; ja, und das Kind starb in einem solchen Fall noch vor der Mutter.«*

Die furchtbare Häufigkeit, mit der sich die Milch zum »Gift« wandelt, wird von Defoe jedoch nicht nur allgemein dargestellt. Erneut gilt, dass es ihm um den Kampf gegen die Abstraktion und die konkrete Ausfüllung des »und« geht. In der Regelhaftigkeit des vollkommen ungeregelten Sterbens kommt das Individuum zur Sprache.

Die Väter bleiben jeweils zurück. Oder sie gehen ein ins »und«. Männer und Frauen haben an Fragen der Geburt auf neue, gemeinsame Weise teil: an einem »und«, wo der Tod von Frauen und Kindern den Untergang der Männer mit aller ihrer mitfühlenden Menschlichkeit besiegelt.

## Die Entstehung des Erzählens aus dem Sterben

Der Boden, auf dem die größtenteils heitere, aus den vielversponnenen Molekularbewegungen des Eros zusammengesetzte Geschichtensammlung des ›Decamerone‹ errichtet wird, ist klaffend, düster, ja eigentlich bodenlos. Es ist die Pest, die Florenz überfällt und verheert. Nicht allein, dass sie nach Schätzung des Erzählers fast die gesamte Einwohnerschaft der Stadt, etwa 100 000 Menschen, zu Tode bringt. Mit ihr zerfallen alle Werte und Ordnungen zu Staub. Es ist nicht einmal so, dass noch gezeigt werden könnte, wie das Gebäude der heiligen apostolischen Kirche geschleift wird; es ist, als hätte es nie existiert, oder doch zumindest, als läge seine Demontage in unvordenklicher Vorzeit. Die Kirchen sind schon lange Ruinen, die Priester Marionetten in dem Augenblick, in dem der Vorhang sich öffnet; und dass in den Novellen selbst Geistliche praktisch nur noch als notgeile und/oder geldgierige Karikaturen in Erscheinung treten, zieht daraus die Konsequenz: Es sind die invertierten Restbestände eines Standes, von dem nichts weiter geblieben ist als lächerliche Körperreflexe.

Auf diesem Zerfall wird eine neue Ordnung errichtet. Der Hergang ist bekannt: Sieben junge Frauen fassen den Entschluss, dem allgemeinen Sterben zu entrinnen und sich auf ein Landgut zurückzuziehen, das ihnen mehr Sicherheit verspricht als die verwüstete Metropole. Das bleibt notierenswert. So, wie es bei uns im Augenblick die Frauen sind, die dafür sorgen, dass die Gesellschaft überhaupt noch funktioniert, weil sie auf dem meist schlechtbezahlten Feld der materiellen Selbstreproduktion tätig sind, sind sie es immerhin, von denen bei Boccaccio der erste und entscheidende Anstoß ausgeht, die sich selbst verschlingende Gesellschaft des Mittelalters zu verlassen, sich zu retten und etwas Neues zu versuchen, das gerade nicht auf den wer weiß wie stark nachwirkenden Trümmern der Vorgeschichte errichtet wäre. Richtig ist, dass sie sich dafür drei junge Männer als Begleiter ausersehen. Mit Bedacht bleiben diese aber in der Minderzahl; sie machen die Säkularzahl 10 komplett und stehen nur insofern nicht in der zweiten Reihe, als es dem Boccaccio daran gelegen ist, den Geschlechtsunterschied im weiteren Verlauf des Erzählens zu verwischen. Es ist dann nicht mehr so wichtig, wer die Einzelnen sind und welchem Geschlecht sie zugehören.

Ganz im Unterschied zu den Geschichten, die uns von ihnen erzählt werden, leben die zehn jungen Menschen selbst in einer überraschend keuschen

Gemeinschaft. So delikat vielleicht die Fantasien gewesen sein mochten, die Boccaccio bei seinen Leserinnen und Lesern durch die Kombination 7 + 3 auslöst: zwischen dem Personal der Rahmenerzählung läuft nichts. Alle erotische Energie, die in diesen lebenslustigen Menschen zirkulieren mag, wird offenbar in ihre Geschichten verschoben, die mit ihr dafür umso freimütiger umgehen. Es ist eine monumentale Sublimations-/Verdrängungsleistung, die hier am Werk ist, nur dass Boccaccio ihre erotische Grundlage keineswegs verschweigt und die Interpreten nicht gezwungen sind, sie sich bruchstückweise zusammenzuanalysieren und von Symptomen auf ihre angenommene Ursache zurück zu schließen. Nein, Boccaccio zeigt nicht bloß das Endprodukt eines psychischen Vorgangs, nenne man ihn nun Sublimation oder Verdrängung: Er zeigt den Vorgang selbst und bringt damit auch die Gestehungskosten des durch ihn begründeten Erzählens zu Erscheinung. Das ist so großartig, wie man es sich nur denken kann. Es enthält die Möglichkeit einer Kultur, die ihr Verdrängungsfundament demonstriert.

Die zehn jungen Leute fliehen also aus der Stadt (und Boccaccio steht nicht an, diesen Vorgang einige Seiten vorher als *»grausam«* zu bezeichnen), sie versammeln sich in einem *hortus conclusus* kultivierter Natur – ein Gegenbegriff zu der Kultur, die auf Unterdrückung der Natur basiert –; sie geben ihrem Tagesablauf Regeln, die ihnen reihum wechselnde Aufgaben zuweisen (ähnlich wie in einer WG, die Arbeitsteilung, aber keine Hierarchie kennt); und sie erzählen einander Geschichten, die zum Teil unter ein bestimmtes Motto gestellt werden, zum Teil *ad libitum* erzählt werden können, Regel und Regellosigkeit also selbst in einer Regel verknüpfen. Auf diesen Regeln, die man sich selbst gibt, vor allem aber auf dem Unmaß der diskontinuierlich miteinander verflochtenen Geschichten, die meistenteils vom Triebgrund und aus ihm heraus erzählen, formt sich das Bild einer säkularen Kultur, die sich auf ihn stellt, weil aller spirituelle Überbau zerschlagen wurde. Es ist nicht das Ende, sagt Boccaccio, es ist nur ein Ende und trotz der furchtbaren Gräuel, die zu Beginn geschildert wurden; trotz des leisen Zynismus, mit dem sich die junge Feudalaristokratie so darüber hinwegsetzt, wie sich vielleicht auch jetzt die vermögende Intelligenzia auf ihre Landhäuser zurückziehen kann; trotz all der moralischen Bedenklichkeit, die diesen Epochenriss begleitet, ist dieses Ende in Boccaccios Augen zu begrüßen, weil es zu einem neuen Anfang hinüberführt. Den macht sich die Elite selbst. Aber muss er deswegen *per se* schlecht sein?

Es ist noch einmal Gewicht auf das zu legen, was zählt und was die Menschen in solchen Zeiten miteinander verbindet und zu neuen sozialen Mustern fügt: Gleichheit und gemeinsame Arbeitsteilung statt ihrer hierarchischen Verordnung; Sprache und Erzählung als materieller Geist, der aus den Körpern kommt, statt sie zu unterwerfen. Und zu achten bleibt wohl auch darauf, dass die Initiative zu solch säkularer Selbstbegründung von den Frauen ausgeht. Das müssen in Zeiten des sozialen Geschlechts keine Frauen im biologischen Sinne sein: Wozu auch? Gemeint ist ein bestimmter Typus von Klugheit, der Natur und Geist in ein anderes Verhältnis fügt, als dies von der herrschenden, üblicherweise der männlichen Kultur getan wird.

## Die Schritte

> *»Die Nützlichkeit des Lebens liegt nicht in der Länge [espace], sie liegt im Gebrauch: Mancher hat lange gelebt, der wenig gelebt hat. Geht deshalb achtsam mit ihm um, solang ihr da seid. Ob ihr genug gelebt habt, hängt von eurem Willen ab, nicht von der Zahl der Jahre. Dachtet ihr denn, ihr würdet niemals dort ankommen, wohin ihr zeitlebens unterwegs wart? Wie könnte es einen Weg geben, der nicht am Ziel endete! Und wenn es euch erleichtert, in Gesellschaft zu sein – nun, schließt sich nicht alle Welt eurem Gang an?«* (Montaigne, Philosophieren heißt sterben lernen)

Die Zahlenschlachten unterschlagen diesen Gedanken. Sterblichkeitsstatistiken, Erkrankungswahrscheinlichkeit nach Alterskohorten, Kurvenverlauf unterschiedlicher Länder – die Zahlen im Allgemeinen und nun gar die Zahl der Jahre, die uns gegeben sind oder durch den Virus genommen werden, sind das Aufsaugende unserer Zeit.

Merkwürdig, dass Montaigne den Wunsch, über viel Zeit zu verfügen, als »Raum« bezeichnet. Hat das damit zu tun, dass ein langes Leben uns auf verschiedenste Wege führen kann? Oder dass wir selbst, aktiv, diese Wege beschreiten? Der Begriff des »Raumes« kehrt mehrfach wieder, als Bild des Weges. Montaigne bestreitet, dass es ihrer viele gebe. Für ihn führen sie alle auf den Tod zu, sodass also, egal auf welchem Weg man sich je befindet, das Wesentliche immer gleich bleibt. Der Weg enthält die Aufgabe, sich auf dem Weg hin zu diesem einen Ziel zu wissen. Jeder Weg hält dieses Wissen parat. Der Raum, durch den die Wege gehen, ist der Zeitraum, in den alle eingebunden sind.

So schwindet der Gedanke, man müsse viel gereist sein, um die Räume des Menschen zu kennen. Es schwindet die Notwendigkeit, die Gesellschaft, in der man sich befindet, als Teil des je eigenen Raumes definieren zu wollen. Es reduziert sich der Raum auf den Innenraum des Bewusstseins, sterblich zu sein, und in diesem intimen Wissen mit allen anderen verbunden zu bleiben. Man setzt Schritt vor Schritt, der Tod kann einem schon beim nächsten begegnen.

Die Kürze des Weges ist, auch wenn sie sich nicht bewahrheitet, das Maß aller Dinge, muss es sein, weil man sonst zum Aufschub verlockt würde: Das Wichtige nicht denken, den nächsten Schritt nicht als potenziell letzten nutzen, darin liegt für Montaigne die Gefahr.

Und wenn man den Gedanken der Bedeutung des Schrittes jetzt – dieses einen – von sich auf die anderen überträgt, lebt man auch den Schritt des anderen, neben sich, als eben diesen: als den potenziell letzten, was dem geteilten Weg einen vollkommen neuen Wert verleiht. Die gemeinsamen Schritte erfreuen, und weniger, dass man »Raum frisst«, lange Strecken hinter sich bringt. Die Zerstörung des Raums durch viele, große, hastige Schritte, die einen weit hinaus oder weit nach oben tragen sollen, führt einen weg von sich selbst, weg vom Weg und damit dann auch vom Leben, das eben darin besteht: jeden Schritt sich bewusst zu halten. Noch geht die Person neben einem mit einem. Aber die Zahl ihrer Schritte könnte eine andere sein als meine. Also bleibt wichtig, auch den Schritt der anderen nicht durch Zukünftigkeit zu entwerten.

Rilke hat das in ›Orpheus. Eurydike. Hermes‹ beschrieben. Orpheus, der als »Gott des Ganges« bezeichnet wird, macht einen Fehler. Dieser liegt in der Ungeduld seiner Schritte. Der Fehler ist auch, die Schritte derer, die ihm auf dem Weg folgen, die er herausführen soll aus der Macht des Todes, nicht selbst zu genießen als das, was sie sind: als eine geteilte Strecke Weg, im Hier und Jetzt.

*»Voran der schlanke Mann im blauen Mantel,*
*der stumm und ungeduldig vor sich aussah.*
*Ohne zu kauen fraß sein Schritt den Weg*
*in großen Bissen […].«*

Das ist Orpheus. Er will dem Totenreich entkommen, mehr noch: die Geliebte Eurydike zum Leben zurückführen. Die Ungeduld bezieht sich also weniger auf sich selbst als vielmehr auf das, was er Eurydike wünscht. Sie kann allein nicht gehen, braucht Hilfe. Ob sie ihm folgt, das versucht Orpheus herauszufinden.

*»Und seine Sinne waren wie entzweit:*
*indes der Blick ihm wie ein Hund vorauslief,*
*umkehrte, kam und immer wieder weit*
*und wartend an der nächsten Wendung stand, –*
*blieb sein Gehör wie ein Geruch zurück.«*

Sich nicht anblicken, sich nicht berühren zu dürfen, wenigstens jetzt noch nicht, ist die Probe, die es, um zu leben, zu bestehen gilt. Alle Sinne sind aufs Äußerste angespannt, doch der Gesichtssinn darf den Schritt Eurydikes nicht ausmessen. So bleiben nur Geruch und Gehör für die Wahrnehmung ihrer Schritte, die mit Orpheus' Tempo nicht mithalten, viel zu langsam sind für das laufend Aufgeregte seines Blicks, das seinen Wunsch kennzeichnet, der Weg möge schon hinter ihnen liegen. Und mitunter ist es so, als verklänge der fremde Schritt und folge gar nicht mehr.

*»Er aber sagte sich, sie kämen doch;*
*sagte es laut und hörte sich verhallen.*
*Sie kämen doch, nur wärens zwei*
*die furchtbar leise gingen.«*

Das Laute der eigenen Stimme entspricht der Hörbarkeit des eigenen, schnellen Schritts. Da es aber, ganz wie bei Montaigne, darum zu gehen hätte, den Schritt derer, die man retten will, nicht unter der Vernehmbarkeit der eigenen, festen Schritte oder der eigenen Stimme zu begraben, ist das Verhallen von Orpheus selbst eigentlich schon eine Vorwegnahme der Stille, die ihn schon bald in die Einsamkeit der gescheiterten Rettung zurückwerfen wird: Er geht zu schnell. Er geht zu laut. Er will, dass man die Schritte der anderen hören könne, dass die Entschiedenheit dieser fremden Schritte der Schnelligkeit entspräche, mit der er sich, ihr voran, hin zum Leben bewegt. Genau aber diese Erwartung erfüllt Eurydike nicht. Sie wird geführt, die Bewegung ist eine geleitete, sie selbst würde nicht mehr gehen. Es ist dies ganz wie bei Montaigne: Eurydike verhält ihren Schritt, weil sie das Wissen um den Tod schon ganz erworben hat.

Der Gedanke fasst Fuß: *»Tous les jours vont à la mort: le dernier y arrive«*, »Alle Tage gehen zum Tod: der letzte kommt an«. Eurydike ist angekommen, die Fülle ist da. Noch folgt sie ihrem Geliebten, doch es ist schon deutlich, dass dieser Weg in Wirklichkeit hinter ihr liegt und nicht noch einmal gegangen werden muss.

Als Orpheus den entscheidenden Fehler begeht und sich umwendet, muss er dies einsehen. Es geht nicht darum, Eurydikes endgültigen Abstieg in die Welt der Toten zu erkennen, sondern darum, selbst stehen zu bleiben. In diesem Stehen, Nicht-mehr-Weitergehen liegt sein Erkenntnisprozess. Das Ziel ist dieser Augenblick absoluter Ruhe. Und so heißt es denn auch von Orpheus: *»Er stand und sah«*. Der Blick ist wieder da, und mit ihm eine Klarheit, die die anderen Sinne ihm zuvor nicht hatten geben können. In Wirklichkeit aber ist die Klarheit in der Tatsache enthalten, dass er nicht weiterschreitet. Im Anhalten, Verharren springt das, was Eurydike schon wusste, auf ihn über.

Und so wiederholt denn am Ende das Gedicht die gleichen Zeilen, die schon zitiert wurden. Es wiederholt sie, weil Orpheus zuvor nicht hatte wahrhaben wollen, was im Verhaltenen, Sanften, der Ungeduld Abholden von Eurydikes Schritt enthalten gewesen war: dass sie den Tod akzeptierte und sich nicht mehr bewegen wollte. *»Sie war schon Wurzel«*, heißt es, das Bild der Ausbreitung an einem Ort befestigend.

Und hier also die Wiederholung, als dränge jenes Bild jetzt erstmals in Orpheus' Augen, und vielleicht auch in die des Lesers und der Leserin, die sich bequemen müssen, in der Wiederholung die Intensität des Augenblicks zu finden, die Orpheus, der dem Leben Zugewandte, im Leben nicht zu finden vermochte, weil er zu weit und zu schnell ging, ohne Aufmerksamkeit für den einzelnen Schritt.

*»Er stand und sah,*
*wie auf dem Streifen eines Wiesenpfades*
*mit trauervollem Blick der Gott der Botschaft*
*sich schweigend wandte, der Gestalt zu folgen,*
*die schon zurückging dieses selben Weges,*
*den Schritt beschränkt von langen Leichenbändern,*
*unsicher, sanft und ohne Ungeduld.«*

## Stellungnahmen zum Tod »an« und »durch« Corona

### Daniel Defoe

*»Mütter, die im Irrsinn ihre eigenen Kinder mordeten; manche, die vom reinen Kummer überwältigt wurden, manche, die ohne jede Ansteckung, nur aus Schreck und Bestürzung starben; andere, die das Entsetzen in den Schwachsinn oder zu albernen Verrücktheiten trieb oder in Verzweiflung und Wahn oder wieder andere in melancholische Schwermut.« — »Ich habe auch von solchen gehört, die beim Tode ihrer Lieben vor unerträglichem Trauerschmerz irrsinnig geworden sind, und von einem im besonderen, der so vollständig von der Gewalt, die sein Geist erlitten, überwältigt wurde, daß sein Kopf nach und nach in seinen Körper hineinsank, so tief zwischen die Schultern, daß sein Schopf nur noch sehr wenig über das Schulterbein hinausragte; nach und nach verlor er Stimme und klares Bewußtsein, und sein Gesicht lag, vornübergebeugt, auf seinem Schlüsselbein und konnte nicht anders hochgehalten werden, als daß ein anderer es mit den Händen hochrichtete; und der arme Mensch kam nie wieder ganz zu sich, sondern siechte beinahe ein Jahr lang in diesem Zustand dahin und starb.«*

Dies sind Menschen, die durch die Pest, aber nicht an ihr starben, sondern an Auszehrung, Kummer, Verzweiflung. »Im Zusammenhang mit ...«, wie man jetzt sagt. Anderen verhungerten einfach, weil sie kein Essen mehr hatten und kein Geld verdienten, um sich Essen zu kaufen. Corona ist damit nicht vergleichbar. Dennoch beginnen sich in den letzten Tagen Konflikte abzuzeichnen, die mit Defoes Beobachtungen etwas zu tun haben. Es geht um den Konflikt zwischen verschiedenen Opferklassen, epidemiologisch gesehen, zwischen Toten erster und zweiter Ordnung.

## Boris Palmer

*»Und wenn Sie sich die Todeszahlen bei Corona ansehen, dann ist das eben so, dass Menschen über 80 insbesondere sterben. Und wir wissen, über 80 sterben die meisten irgendwann. Also ist Corona jetzt nicht wie Ebola eine Krankheit, die 20-Jährige mitten aus dem Leben reißt, sondern tödlich ist sie für hochaltrige Menschen fast ausschließlich. Und insoweit müssen wir abwägen. Ich sage Ihnen mal ganz brutal: Wir retten in Deutschland möglicherweise Menschen, die in einem halben Jahr sowieso tot wären, aufgrund ihres Alters und ihrer Vorerkrankungen. Aber die weltweiten Zerstörungen der Weltwirtschaft sorgen nach Einschätzung der UNO dafür, dass der daraus entstehende Armutschock dieses Jahr eine Million Kinder zusätzlich das Leben kostet. Da sieht man: Es ist ein Medikament mit Nebenwirkungen. Wir müssen es richtig dosieren.«*

Wenn der grüne Tübinger Bürgermeister eine Million tote Kinder, die es durch die globale Rezession geben wird, den überwiegend älteren Corona-Toten entgegengesetzt, so macht er zunächst nichts Inhumanes. Er vergleicht zwei hypothetische Zahlen miteinander, nämlich die Zahl der durch die Aufrechterhaltung strikter Ausgangsbeschränkungen wahrscheinlich Geretteten mit der Zahl der wahrscheinlichen Opfer, die das kosten wird – mit Menschen also, die nicht durch, sondern an Corona sterben werden. Sie sind bloß viel weiter voneinander entfernt als bei Defoe, nicht durch direkte Kausalketten miteinander verbunden. Wie gesagt, ich finde das zunächst nicht inhuman. Es ist ein Irrtum, zu glauben, sogenannte Triage-Entscheidungen würden nur im Krankenhaus stattfinden. Sie haben dort physische Greifbarkeit, der:die eine Patient:in liegt praktisch neben dem anderen, ich muss mich für den einen und gegen den anderen entscheiden. Aber höhergestuft im Felde von Wahrscheinlichkeitshypothesen müssen das die Politiker:innen im Moment die ganze Zeit tun. Menschenleben werden gegeneinander abgewogen. So ist es in der Krise. Der Tübinger Bürgermeister hat etwas ausgesprochen, was sich schwer ausspricht, er hat, wenn man so will, ein Tabu gebrochen: Er hat ausgesprochen, dass im Moment jede Entscheidung ihren Preis hat. Jede. – Dennoch hinterlässt es einen unangenehmen Nachgeschmack, dass diese einfache Wahrheit rhetorisch so aufgerüstet werden muss. Kinder *versus* alte Leute, Millionen *versus* Tausende, globale Auswirkungen gegen Entscheidungen, die bloß im nationalen Rahmen getroffen werden. Das ist schief und melodramatisch und vielleicht auch eine Nummer zu groß für einen Kommunalpolitiker.

## Die Armen

Wenn sich in Brasilien verzweifelte Arbeiter dafür einsetzen, dass die Ausgangsbeschränkungen aufgehoben werden, dann wägen auch sie ab. Sie sind weder unmenschlich noch dumm. Sie wägen das Risiko der Ansteckung ab gegen das der restlosen Verelendung. Hinzu kommt, dass die Verelendung sicher ist, die Ansteckung und ihre Folgen hingegen nicht. Wer will es ihnen verdenken? Der Unterschied zu Palmer besteht darin, dass sie nicht für andere, sondern für sich sprechen; und, dass es bei ihnen häufig um die nackte Existenz geht. Aber andererseits: Was wäre die Aufgabe von Politiker:innen, wenn nicht: für andere zu handeln und zu sprechen?

## Frank Castorf

> *»Ich bin nicht bereit, gerettet zu werden. Man darf den Preis dieser Rettung nicht unterschätzen. Wozu führt es denn, wenn man alte Menschen, die jetzt als Risikogruppe Nummer eins bezeichnet werden, einfach einsperrt? Das macht die Psyche kaputt und nährt den Lebensüberdruss, bis die Leute sagen: Lasst mich doch endlich sterben!« – »Mich stört, dass ich in meinen Bürgerrechten verletzt bin. […] Mir gefällt überhaupt nicht, dass mir jemand sagt: ›Das darfst du nicht.‹ Und ob ich je wieder darf, hängt von der Gnade von Leuten ab, die für anderes gewählt wurden und deren Inkompetenz allen klar ist. Trotzdem dürfen sie jetzt Machtpolitik ausüben. Ich möchte mir von Frau Merkel nicht mit einem weinerlichen Gesicht sagen lassen, dass ich mir die Hände waschen muss. Das beleidigt meine bürgerliche Erziehung«.*

So der ehemalige Leiter der Berliner Volksbühne im ›Spiegel‹. Unser kreatürliches Selbst, unsere biologische Existenz, um die in den Kliniken gekämpft wird – es ist umgeben von anderen Formen des Selbst, die sich durch lange kulturelle Prozesse in uns aufgeschichtet haben. Es gibt ein geistiges Selbst, ein religiöses, ein hedonistisches, ein politisches, usw. Sie alle nehmen im Ausnahmezustand Schaden und man kann zunächst mal der Meinung sein, dass das biologische Selbst nicht über allem steht. Dieser Meinung sind Castorf, Agamben und Wolfgang Schäuble – bei allen Unterschieden zwischen ihnen. Aber auch hier kann man die Kirche im Dorf lassen und sollte aufhören, sich moralisch zu ereifern. Natürlich wäre es praktisch, wenn sie ihr Plädoyer nur für sich behalten, wenn sie nur für sich selbst sprechen könnten. Aber ein isoliertes biologisches Selbst gibt es nun einmal nicht in den Zeiten einer Epidemie –: ein Beharren auf dem kulturellen Selbst plädiert ja gerade dafür, die Körper wieder der schönen, aber gefährlichen und krankmachenden Nähe zueinander zu überlassen. Die Entrüstung darüber ist kindisch. Die Abwertung der biologischen Existenz ist die Aufgabe der Kultur, trete sie nun in Form von Religion, Nationalismus, Literatur oder Esoterik auf. Es ist verständlich und nachvollziehbar, wenn sich die Menschen, deren Leben dies ist – Denker, Kulturschaffende, religiöse Menschen – durch den direkten Zusammenschluss von Politik und Medizin beunruhigt fühlen. Denn ihr eigener Bereich wird ausgeklammert; das, wofür sie nun einmal zuständig sind, wird gesamtgesellschaftlich in einem Grad heruntergefahren, dass es vielen an die Existenz geht. Nichts ist natürlicher, als dass sie dafür eintreten.

## Was ich denke

Es wäre einfach schön, wenn die Diskussion nicht so unerträglich moralisiert werden würde. Ein richtiges Verhalten gibt es in einer Krise ohnehin nicht. Man kann sich nur in unterschiedlichem Grade falsch verhalten. Die Unterschiede zwischen den Varianten sind haarfein, aber auf sie kommt es an. Und das, was etwas weniger falsch wäre, steht vorab nicht fest.

## Todes-Erfahrung

*»Wir wissen nichts von diesem Hingehn, das*
*nicht mit uns teilt. Wir haben keinen Grund,*
*Bewunderung und Liebe oder Haß*
*dem Tod zu zeigen, den ein Maskenmund*

*tragischer Klage wunderlich entstellt.*
*Noch ist die Welt voll Rollen, die wir spielen.*
*Solang wir sorgen, ob wir auch gefielen,*
*spielt auch der Tod, obwohl er nicht gefällt.*

*Doch als du gingst, da brach in diese Bühne*
*ein Streifen Wirklichkeit durch jenen Spalt*
*durch den du hingingst: Grün wirklicher Grüne,*
*wirklicher Sonnenschein, wirklicher Wald.*

*Wir spielen weiter. Bang und schwer Erlerntes*
*hersagend und Gebärden dann und wann*
*aufhebend; aber dein von uns entferntes,*
*aus unserm Stück entrücktes Dasein kann*

*uns manchmal überkommen, wie ein Wissen*
*von jener Wirklichkeit sich niedersenkend,*
*so dass wir eine Weile hingerissen*
*das Leben spielen, nicht an Beifall denkend.«*

Rilkes Gedicht ›Todes-Erfahrung‹ beginnt mit Versen über Liebe und Hass. Und mit einem Hinweis auf die Maske. Es ist offensichtlich, dass mit diesem nicht die heutige, sanitäre, sondern die Theatermaske gemeint ist, die in reinster Eindeutigkeit – mit nach unten gezogenen Mundwinkeln – vorgibt, welche Rolle da übernommen worden ist. In der Tat kreist das Gedicht um die Rollen, die auch die Menschen, auf Beifall bedacht, während ihres Lebens spielen.

Dennoch kann man das Gedicht heute nicht lesen, ohne den Maskenmund auf sich selbst zu beziehen. Was für eine Erfahrung mit dem Tod wird da beschrieben? Wie steht es um die Maske des Todes? Und um das Verhältnis der Maske zu uns selbst? Genauer noch: Wie steht es um das »Hingehn«, das vielleicht auch heute »nicht mit uns teilt«? Ist es weiterhin der Tod, der nicht teilt? Oder ist es umgekehrt der Mensch, der hingegangen, das heißt tot ist?

Die Behauptung, es gebe keinen Grund, dem Tod das eine oder andere Gefühl zu »zeigen«, sagt nicht, dass Gefühle dem Tod gegenüber überhaupt verboten seien. Rilke meint eher, dass die Stärke der Gefühle, die der Tod auslöst, seine Maske überhaupt erst herstelle. Die Maske ist das, was die Menschen ihm aufsetzen. Die Maske ist eine menschengemachte Entstellung des Todes.

*»Noch ist die Welt voll Rollen, die wir spielen.*
*Solang wir sorgen, ob wir auch gefielen,*
*spielt auch der Tod, obwohl er nicht gefällt.«*

Das, was Entstellung sei, wird greifbar. Spiel heißt, sich selbst darzustellen und damit zugleich Stellung zu den anderen zu beziehen, die dadurch in ihrer Rolle befestigt, wenn nicht gar in ihr gefangen werden. Das Verhältnis zum Tod ist dem Gedicht nach bestimmt durch das Verhältnis zum Leben. Weil der Mensch anderen Menschen in seiner jeweiligen Rolle gefallen will, zwingt er dem Tod die Rolle auf, deren Sinn darin besteht, nicht zu gefallen. Je mehr der Mensch zu gefallen versucht, desto mehr verstärkt sich das Gefühl des Hasses auf den Tod. In Wirklichkeit würde aber die Kategorie des »Nicht-Gefallens« entfallen, wenn der einzelne auf sein eigenes, gefälliges Spiel verzichtete.

Fast ist es, als würde eine Begegnung mit dem Tod jenseits vorgefertigter Gefühle erst möglich, wenn der Mensch nicht nach links und rechts schaut, das heißt auf Echo und Beifall verzichtet. Der Tod spielt, »obwohl er nicht gefällt«. Er stellt sich damit gegen die soziale Anerkennung, die Lebenden unverzichtbar erscheint. Aber »Echtheit«, Authentizität ist auch das nicht. Offenbar gibt es etwas jenseits der Kategorien von Gefallen und Nicht-Gefallen, und dieser Raum ist einer, in dem die Maske fällt und weder das Eine – das Gefallen – noch das Andere – das Nicht-Gefallen – bedacht wird. Es ist einfach nicht länger bedenkenswert!

In der Tat entwickelt das Gedicht den Gedanken, dass jemand gestorben sei, der eine andere Art von Wirklichkeit erkennen ließ, eine Wirklichkeit jenseits von Hass und Liebe, jenseits des Rollenspiels. Es ist dieser Tod, der das Stück, an dem er nicht mehr mitspielen kann, verändert. Plötzlich spielen auch die, die noch leben, anders: die Entwicklung des Hingegangenen ist so,

> *»dass wir eine Weile hingerissen*
> *das Leben spielen, nicht an Beifall denkend.«*

Das ist nun ein merkwürdiges Gedichtende. Ging es nicht um einen Protest gegen das Spiel an sich? Also gegen die Maske? Und jetzt? Wovon ist hier die Rede? Die Wirkung des Todes dieses einzelnen ist nicht von Dauer. »Das Leben spielen« gelingt immer nur für »eine Weile«. Doch dies scheint schon viel zu sein. Entscheidend ist, dass man »hingerissen« ist vom Spiel des Lebens, dass man es spielt, »nicht an Beifall denkend«.

Es geht also nicht gegen das Spiel. Vielmehr geht es um Spiele ohne Beifall. Es ist das Spiel, das seine Kraft – die hinreißende – entwickelt. Das Spiel – nicht das, was das Spiel bei *anderen* auslöst. Das Spiel soll den *Spielenden* ergreifen, hinreißen, nicht ein Publikum. Vielleicht reißt dann das Spiel auch dieses mit, doch das ist jedenfalls nicht die Absicht. Das Hinreißende *geschieht* einem, man *macht* es nicht geschehen.

Wenn nun aber der Mensch nicht mehr an Beifall denkt, spielt der Tod nicht mehr, »obwohl er nicht gefällt«. Auch er spielt einfach. Er ist hinreißend jenseits des Gefallens oder Nicht-Gefallens. »Hingerissen« bekommt plötzlich neue Bedeutungsebenen. Von-etwas-hingerissen-Sein heißt ja normalerweise, dass man von etwas im höchsten Grad begeistert ist. »Hingerissen« trägt aber auch die konkrete Bedeutung, dass etwas einen in eine bestimmte Richtung reißt. Man wird mit-gerissen durch eine Kraft, und das ist ganz körperlich und konkret zu verstehen.

Das könnte wiederum bedeuten, dass wir nur noch spielen, wir lebten, obwohl uns inzwischen der Tod »hingerissen« hat. Die Grenze zwischen Leben und Tod wäre unbemerkt überschritten worden, jedoch nicht als ein tragischer Moment wie in Stifters »gesund und tot«, sondern vielmehr als eine momentweise – »eine Weile« andauernde – Verzückung, in der man sich im gleichen Maße vom Leben löst, in dem man sich vom Beifall löst. Und diese neue Unabhängigkeit wäre dann, Rilke zufolge, der Moment, wo man, darin plötzlich mit dem Tod identisch, das Leben nur noch spielt. Nicht, weil man wirklich noch lebte, sondern weil man, darin dem oben genannten Verstorbenen plötzlich wieder nah, ein

*»von uns entferntes*
*aus unserm Stück entrücktes Dasein«*

in sich aufnimmt und weiterlebt. Und das wäre dann der Tod: dass man, wie jener Tote, »hingerissen« ist, dem Dasein mit seinem Beifall »entrückt«

*»wie ein Wissen*
*von jener Wirklichkeit sich niedersenkend,«*

die jetzt plötzlich nicht mehr nur die des Toten ist, sondern auch die eigene. Insofern geht es nicht darum, überhaupt nicht mehr mit anderen zusammenzuspielen. Also auch nicht um ein »rein« individuelles Sterben. Es gibt das Vorbild dessen, der schon Tod ist:

*»Doch als du gingst, da brach in die Bühne*
*ein Streifen Wirklichkeit durch jenen Spalt*
*durch den du hingingst.«*

Es ist also, als gäbe es einen Vorhang, durch den Spiel und Wirklichkeit abgetrennt sind. Der Spalt tut sich auf, wenn jemand auf eine andere Weise stirbt: ohne die Eindeutigkeit von Gefühlen wie Hass oder Liebe – als gesellschaftlicher Vorgaben – weiterzuführen. Der Tod wird damit erneut zu einem Moment der Unabhängigkeit. Auch wenn die Bühne bleibt, ist das Spiel einen Augenblick lang kein Spiel und die Bühne dadurch keine Bühne mehr. Die Gegensätze sind überwunden durch den Spalt, der die Grenze durchlässig macht. Sichtbar wird, wenn auch nicht in der Deutlichkeit ausgestellt wie das Geschehen auf der Bühne:

*»Grün wirklicher Grüne*
*wirklicher Sonnenschein*
*wirklicher Wald.«*

Das, was auf der Bühne Kulisse und Accessoire sind, ist jetzt nicht mehr. Das Adjektiv »wirklich« häuft sich als das, was aus dem Spalt auf die Bühne dringt. Wichtig ist es, dass es nicht auf diese tritt. Die Wirklichkeit bleibt hinter dem Spalt. Doch zumindest ist dadurch die Bühne erstmals als Bühne erkennbar geworden, und so auch der Satz »Wir spielen weiter«. Aber dieses Spiel ist jetzt von neuem, gefühlsmäßigen Wissen begleitet:

*»Bang und schwer Erlerntes*
*hinsagend und Gebärden dann und wann*
*aufhebend.«*

Der Hinweis auf die Bangigkeit und die Schwierigkeiten, die mit dem Erlernen der Rolle verbunden gewesen waren, zeigt, dass die Bühne eine Zwangsanstalt ist. Auf ihr geschieht, was einem als Kind als Rolle zugeschrieben wurde. Das Hingerissen-Sein vom Ende steht im Gegensatz zu dieser Mühseligkeit. Eine neue Leichtigkeit ergibt sich, und die kommt einer regelrechten Befreiung gleich. Man gefällt nicht, dann plötzlich dem Tod gleich.

Aber während der Tod immer auch befangen war in diesem Nicht-Gefallen, gefällt man hier einfach so nicht. Die Idee von Zustimmung oder Ablehnung zum Tod ist ganz verschwunden. Darin liegt das Glück, das Leben zu spielen, das schon nicht mehr das eigene ist. Vielleicht ist man tot und darum dem Leben erstmals verbunden. Dem Tod kommt, wenn er so erlebt wird, eine Kraft zu, durch die der Mensch sich zu so etwas wie dem »Eigentlichen« hingelenkt sieht. Dies ist aber keine Erziehungsmaßnahme, wie noch das Rollenlernen. Es ist, was einen »überkommt«, was »über einen kommt«, die Überraschung implizierend, die beim bloßen »Hersagen« der erlernten Rolle nie zustande kommen kann. Insofern ist der Tod im positiven Sinne das Überraschende, Neue, Unerwartete.

Vielleicht ist es aber auch nicht der Tod, sondern man selbst: Man überrascht sich selbst, man ist hingerissen von sich selbst. Das Neue daran ist nur, dass man für dieses Gefühl die anderen nicht mehr braucht. Das Hingerissen-Sein erfolgt wie von selbst. Und doch braucht man, wenn dieses Hinreißen im konkreten Sinne verstanden wird, immer jemanden, der einen reißt. Also reißt einen vielleicht der Tod hin. Das ist aber nichts Gewalttätiges mehr, sondern vielmehr etwas Gewaltig-Großartiges: die Erfahrung, weg von der Bangigkeit zu sein, weg von der Bühne, und doch noch Teil von ihr: Teil des Lebens, das die Grenze zum Tod überschritten hat, so wie umgekehrt auch der Tod die Grenze zum Leben überschritten hat. Die Einheit von beiden tritt erneut hervor, tröstend.

## Morphine

*»Groß ist die Ähnlichkeit der beiden schönen*
*Jünglingsgestalten, ob der eine gleich*
*Viel blässer als der andre, auch viel strenger,*
*Fast möcht ich sagen viel vornehmer aussieht*
*Als jener andre, welcher mich vertraulich*
*In seine Arme schloß – Wie lieblich sanft*
*War dann sein Lächeln und sein Blick wie selig!*
*Dann mocht es wohl geschehn, daß seines Hauptes*
*Mohnblumenkranz auch meine Stirn berührte*
*Und seltsam duftend allen Schmerz verscheuchte*
*Aus meiner Seel – Doch solche Linderung,*
*Sie dauert kurze Zeit; genesen gänzlich*
*Kann ich nur dann, wenn seine Fackel senkt*
*Der andre Bruder, der so ernst und bleich. –*
*Gut ist der Schlaf, der Tod ist besser – freilich*
*Das beste wäre, nie geboren sein.«*

In Heinrich Heines Gedicht ›Morphine‹ stehen Tod und Schlaf als zwei Jünglingsgestalten da, die sich stark ähneln, in ihrer Wirkung auf den Kranken, Leidenden jedoch ganz unterschiedlich seien: Auch wenn der Schlaf, weniger vornehm, weniger streng als sein Bruder, den Leidenden, das Ich, »vertraulich in die Arme schloss«, und durch die Berührung seiner Stirn mit dem »Mohnblumenkranz« »allen Schmerz verscheuchte«, ist es doch der Tod allein, der wirkliche Linderung bringt. Der Mohn ist das Mittel, das eine Weile hilft, der Tod hingegen derjenige, der den Kranken »genesen« macht »gänzlich«.

Es ist wie ein weiteres, stifterisches »gesund und tot«, doch in Umkehrung: »tot und gesund«. Der Tod befreit von der Qual der Schmerzen, lässt als einziger die Aussicht zu, dass das Leid nicht mehr zurückkommt. Es wird die Frage nach dem Preis aufgeworfen, den zu zahlen man bereit ist, um zu leben. Die Antwort des Ichs ist eindeutig: »Gut ist der Schlaf, der Tod ist besser«, denn letzterer ist zwar »ernst und bleich« und hat nicht das »lieblich« Sanfte, das der lindernden Wirkung des Morphins zukommt, doch dafür bietet er Ruhe für immer, Befreiung vom Schmerz ohne die Gefahr seiner Rückkehr, kurz: eine Erleichterung, die mitunter schwerer wiegt als das Leben selbst.

Der Selbstmord des Kranken wird zur Genesung, wird als neue Gesundheit gepriesen, auch wenn eine gewisse Angst vor dem Jüngling Tod durchaus spürbar bleibt. Daher die Steigerung des Komparativs »besser« zum Superlativ »Das Beste« und dies ist: »nie geboren sein«. Denn der Tod als Genesung setzt voraus, dass man sich willentlich von dessen Brudergestalt abwendet und seinen »Blick«, wie »selig« der auch sei, für unzureichend erklärt. Man will nicht nur jetzt vom *Leid* befreit sein, sondern *für immer*. Und da die Herrschaft, zu der sich der körperliche Schmerz aufzuwerfen vermag, mitunter so absolut wird, dass sie das Leben selbst in sich aufzehrt, alle Erinnerungen an Zeiten der Freude oder auch nur der Schmerzlosigkeit auslöschend, gewinnt der Gedanke, es wäre das Beste gewesen, man wäre nicht geboren worden, an Plausibilität. Der immerwährende Schlaf wird herbeigesehnt, doch die Möglichkeit, gar nicht erst zwischen Schlaf und Tod wählen zu müssen, noch höher geschätzt.

Es geht mithin nicht um ein »tot« oder »lebendig«, nicht um »tot« oder »gesund« und auch nicht, wie bei Stifter, um ein »gesund und tot«, wenn damit doch (wie gezeigt) ein Oder mit impliziert ist. Vielmehr wird das Leben selbst schon als Quelle allen Unglücks und die Notwendigkeit, den Tod dem Schlaf vorzuziehen, als etwas betrachtet, was, wenn man ganz und gar auf's Leben hätte verzichten können, nie hätte eintreten müssen. Insofern lautet die Gleichung »Nicht-Leben und gesund« oder »Nie-gelebt-Haben und gesund«, mit einer starken Scheidung zwischen Tod und Leben.

Nicht darum geht es, wie man den Übergang von einem zum anderen gestaltet, denn die Kraft dafür existiert nicht. Was herrscht, ist der Schmerz selbst. Und folglich gibt es auch keine Alternativen. Im Horizont der Komparative ist und bleibt das »Beste« immer das »Beste«.

Andererseits spricht das Ich, einfach dadurch, dass es spricht, aus der Paradoxie der Tatsache heraus, dass es zwar wünschen mag, nicht geboren worden zu sein, das heißt nicht gelebt zu haben, dieses Leben, bevor Schmerz und Krankheit einsetzten, aber doch gelebt zu haben. Das »Beste« hat also den Nachteil, nicht mehr umsetzbar zu sein. Kaum geboren ist man, was man ist: nämlich am *Leben*. Und damit sind Tod und Selbstmord dann doch der einzige Weg, um zu einem Simulakrum des Nicht-geboren-worden-Seins zu kommen.

Alle jenseitige Hoffnung bleibt ausgespart. Das Gedicht sagt dem:der Leser:in, wie unerklärlich schrecklich, wie in keiner Weise mitteilbar die Schmerzen einer tödlichen Krankheit sein können: so furchtbar nämlich, dass sie das Leben selbst vernichten, ja sogar den Gedanken, dass man gelebt hat und dass einst gut gewesen ist, dass man lebte. Doch gerade das zählt nicht mehr. Wenn der Körper nur noch Schmerz ist und nichts anderes, wenn er mit den kurzen Pausen der schmerzstillenden Umarmung, die der Jüngling Schlaf wie ein Liebhaber ans Krankenbett bringt, nicht mehr leben kann, weil er weiß, dass der Schmerz dennoch zurückkehren wird, dann ist das einzige, was existiert, die Ewigkeit des Jetzt und seines Schmerzes, und dieses Jetzt frisst das Früher (das Geboren-worden-Sein und Gelebt-Haben) ebenso auf wie die Aussicht auf eine himmlische Zukunft, deren Voraussetzung ist, dass man, bevor man stirbt, gelebt hat, das heißt geboren worden ist.

Aber dieser Trost scheint dem Ich im Gedicht zu billig. Er ist versenkt in den Schmerz und hadert mit dem Leben, weil es *begonnen* wurde, weil man es nicht gegen das Nicht-geboren-Werden hatte eintauschen können, kurz: weil mit dem Beginn des Lebens schon vorgezeichnet war, was jetzt Realität ist: dass der »Mohnblumenkranz« der Schlafes, »seltsam duftend allen Schmerz« verscheucht, jedoch die Tatsache der Geburt nicht.

Und während also alles auf den Anfang hinausläuft, Geboren-Werden und Sterben in eins zusammenfassend, wird damit implizit eine Rechtfertigung für den Selbstmord geliefert: Wenn der Kranke Schlaf und Mohn ausschlägt, dann geschieht das nicht etwa, um den Tod zu umarmen, sondern vielmehr, um den Zustand des Nicht-geboren-worden-Seins zu erreichen. Es kommt dem Selbstmörder dann keine Schuld mehr zu. Er hat sein Leben nicht beendet, sondern – und das ist mehr als nur eine Nuance! – er hat es gar nicht erst begonnen. Weil der Schmerz das Vorher aufzehrte, ist es nicht gewesen. Die Wahl des Todes beendet nicht etwa etwas, was gewesen ist, sondern konstatiert nur, dass von diesem Schmerz umhüllt zu sein, kein Leben ist, sodass die Verabschiedung von etwas erfolgt, was ohnehin nichts ist.

Der Kranke trennt sich nicht von etwas, sondern macht wirklich, was auch jetzt schon wirklich ist: eben, dass das hier nicht Leben ist und man es also auch nicht beendet, wenn man es beendet. Der Selbstmörder macht sich von aller christlichen Verdammung des Freitodes frei, indem er zu verstehen gibt, dass der Tod ebenso wenig eine freie Entscheidung ist wie das Nicht-geboren-worden-Sein: Es ist einfach *nichts*, Entscheidungen finden nicht statt, Schuld existiert nicht und die Trennung von Leben und Tod auch nicht. In dem Moment, in dem das Leben derart qualvoll ist, dass man das Leben selbst ungeschehen machen will, ist der Wunsch, nie gewesen zu sein, einfach ein Faktum, das sich jeder Bewertung entzieht.

## Bekämpfung des Todes

Elias Canetti hat zeit seines Lebens den Kampf gegen den Tod zu seinem Anliegen erklärt. Der Tod erscheint ihm nicht als Mittel, das die Konzentration auf das Eigentliche und Wesentliche erlaube: nicht als Notwendigkeit, die sich aus einer Art von demographischen Gleichgewicht zwischen den Lebenden der Jetzt-Zeit und denen der Zukunft erkläre, und auch nicht als Unterpfand von Freiheit, durch die der Einzelne seinem Leben ein Ende setzt, wenn es als nicht mehr erträglich erscheint oder, schlimmer noch, wenn andere Menschen alles daran setzen, es für den Betreffenden unerträglich zu machen. Vielmehr macht Canetti den Gedanken stark, dass alles Böse auf der Welt die Konsequenz der Existenz des Todes sei.

Er argumentiert als Mensch des 20. Jahrhunderts. Der Tod ist dort massenhaft zu etwas gemacht worden, was den Menschen von außen *zugefügt* wurde. Der Tod als Kern der Macht und ihres Erhalts ist das, was Canetti gegen ihn aufbringt. Wenn die Herrschenden nicht töten könnten, weil der Tod nicht existierte, könnten sie nicht angsteinflößend wirken und wäre die Bereitschaft, sich ihnen zu unterwerfen, nichts Selbstverständliches mehr. Kriege verlören ihren Sinn, der Körper würde zu einem ganz anderen Verhältnis zu sich selbst und zu den Körpern der anderen finden. Die Abschaffung des Todes käme auf überraschende Weise ihm selbst gleich: Kein Tod würde heißen, eine neue Gleichheit zwischen den Menschen herzustellen.

Aus der Perspektive von Kriegen, Massakern und Genoziden her betrachtet, entfiele das universale Unterwerfungsmittel. Und auch die Bereitschaft zur Aufopferung der eigenen Person, die für Kriege ebenso charakteristisch ist wie für die Durchsetzung – scheinbarer – Utopien, würde sich als unmöglich erweisen. Es ist eine Welt jenseits der Konfliktlogik, um die Canetti in Aphorismen und Fragmenten zum Tod kreist. Das große Buch gegen den Tod, das er anzukündigen und als Herz seines Werkes zu beschreiben pflegte, ist nicht entstanden. Aber vielleicht ist dieses Immer-neu-Ansetzen, dieses Jeden-Einwand-Wegschieben gerade das, was das Faszinierende seines Gedankens ausmacht. Es ist nicht zum System geworden, hat keine Geschlossenheit erlangt. Es bleibt bei der gedanklichen Spitze, die gegen die reine Evidenz gerichtet ist. Aber das ist schon viel.

Denn in gewisser Weise kann ja auch die Überbevölkerung, die als politische Kategorie so viel Unheil und Tod herbeigeführt hat, nicht mehr als Problem betrachtet werden. Wenn nicht gestorben werden kann, dann kann es auch den Hungertod nicht mehr geben. Dann ist der Mensch ein ewiges Wesen, das Fehler gutmachen und das lernen kann: Zeit dafür steht zur Verfügung. Die Eile bleibt aus, all das, was als lebensnotwendig deklariert zu werden pflegt, auch, denn das Lebensnotwendige muss ja nur so lange angestrebt werden, wie etwas mit Not droht.

In immer größeren Kreisen gedacht, ist diese Konzeption von Ewigkeit also etwas, was einen herrschende Selbstverständlichkeiten neu sehen lässt. Man stößt auf die Gewöhnung, die bezüglich der Macht des Todes herrscht. Zwar versucht die Moderne, den Tod immer stärker an spezialisierte Institutionen zu delegieren, doch kaum liest man Canetti, zeigt sich mit aufkommendem Erstaunen oder unwillkürlicher Abwehr, wie sehr man schon auf dem Weg zu einer gewissen Komplizenschaft war.

Warum sollte man die Abschaffung von Sterben und Tod und all der Sorgen, die damit für einen selbst, aber auch in Hinblick auf die anderen verbunden sind, nicht denken dürfen? Warum wagt man nicht, sich vorzustellen, was aus den diversen Gewaltregimen und sich absolut setzenden Utopien geworden ist? Warum der Realismus, wo es doch um etwas geht, was partiell immer von Neuem versucht wird: durch die Arbeit von Ärzt:innen und Pflegepersonal, durch die Rettung von Opfern vor Verfolgung und Tötungsmaschinen, durch Gaben, die Leben verlängern oder Leben im vollsten, reichsten Sinne zurückgeben. Man erfährt, was Leben ist. Und Geburten sind vielleicht der stärkste Moment, in dem dieses Bemühen bestätigt und als größtes Glück erfahren wird.

Lädt Canettis Gedanke nicht dazu ein, diese Versuche zu stärken, ihnen, wenn schon nicht zu universaler Dimension, so doch wenigstens zu einer möglichst großen Durchsetzungskraft zu verhelfen? Durch Tröstung von Leidenden? Durch Linderung körperlicher Schmerzen? Durch den Kampf gegen alles, was jetzt wieder so verlockend daherkommt: die Auswahl zwischen »lebenswertem« und »unlebenswertem Leben«, die praktiziert wird, weil der Tod als ökonomisches Kalkül in die Aufrechnung von Leben und Sterben einbezogen wird?

Der Gedanke vom Tod des Todes macht es den Menschen nicht leicht. Er zieht Forderungen nach sich, verlangt nach Veränderung der Welt. Er lässt, sobald man ihn ernst nimmt, vieles als unakzeptabel erscheinen, setzt Akzente neu, und die Radikalität, die er enthält, besteht darin, dass alles, schlechthin alles von der *Heiligkeit des Lebens* her gedacht werden muss.

Die Gegnerschaft zum Tod kommt einem kompromisslosen Eintreten für die Bedeutung jedes einzelnen gleich. Ohne diese Überzeugung hätte der Tod des Todes keinen Sinn. Es geht um den Menschen in seiner Schutzbedürftigkeit und Unantastbarkeit. Der Wunsch, es möge den Tod nicht mehr geben, entspricht einer wirklichen Nähe zu allen Schwachen und Ausgelieferten.

## Gesundheit nur und Geldzulage

In Heines Gedicht ›Mich locken nicht die Himmelsauen‹ bittet das sterbende Ich Gottvater um eine Gunst: Er solle ihn wieder gesund machen und für ein wenig Geld sorgen, sodass das Ich in häuslicher Zweisamkeit bei seiner Frau bleiben könne, statt zu sterben. Am Anfang steht diese Bitte, am Ende hingegen die Steigerung derselben zur Forderung: Das Ich *verlangt* jetzt das Genannte, es *insistiert.*

Das Ich ist also keineswegs schwach. Es versucht, den vom Himmel gesetzten Prioritäten seine eigenen Vorlieben entgegenzuhalten. Rhetorisch geht das so vor sich, dass das Ich in scheinbarer Unterwerfung all das für richtig erklärt, was Gott zum Eigentlichen erklärt hat: Die »Himmelsauen« als verheißenes Paradies werden zwar anerkannt, doch das Ich sagt von sich, die Frauen seien dort nicht schöner als hier »auf Erden«. Den himmlischen Engeln wird das eigene »Weib« entgegengehalten, Wolken und Psalmen andere Formen von »Zeitvertreib«. Gegen die Sündlosigkeit oben bei Gott ist nichts einzuwenden, doch auch hier macht das Ich unumwunden klar, dass es sich dem »Erdpechpflaster« und »Jammertal« auf diesseitigste Weise verbunden fühlt.

Die Ironie des Gedichts strebt in zwei Richtungen zugleich. Auf der einen Seite wird Gott von Du zu Du behandelt, wie ein Geschäftspartner also, von dem man ein wenig Mildtätigkeit erwarten dürfe. Gott selbst erscheint in einem ganz und gar diesseitigen Licht. Zugleich ist jedoch, so der zweite Pol, das, was das Ich für sich fordert, so spießerhaft-eng, dass auch die gewünschte Welt ironisch in Distanz gerückt wird:

*»Im Schlafrock und Pantoffeln bliebe*
*Ich gern bei meiner Frau zu Haus,«*

heißt es da. Oder auch, ganz am Ende:

*»Gesundheit nur und Geldzulage*
*Verlang ich, Herr! O lass mich froh*
*Hinleben noch viel schöne Tage*
*Bei meiner Frau im status quo!«*

Ein größerer Kontrast zu Montaignes Konzentration auf den Tod als Quelle des Zugangs zum Leben ist kaum denkbar. Sowohl sprachlich als auch vom Verhältnis zur Welt her stehen Heine und Montaine sich als Vertreter zweier gänzlich unvereinbarer Positionen gegenüber.

Doch Heines Gedicht geht in der reinen Ironisierung von Menschen- und Gotteswelt nicht auf. In der Abschwächung der Bedeutung von »Gesundheit« und »Geldzulage« durch das »nur« steckt der harte, materielle Kern, der auf das verweist, was Montaigne wegzuschieben versucht: Das Leid kann, wenn beides sehr groß ist, alle Versuche der Kontemplation und der Hinwendung zur göttlichen Bestimmung untergraben. Heine fordert nicht einfach nur das Recht auf Fortsetzung des Lebens. Er fordert vielmehr die Möglichkeit zu seiner *Fortsetzbarkeit*. Ohne Geld, Frau und, nicht zu vergessen, Gesundheit würde die Verwendung des Wortes aus den Psalmen, man lebe in einem »Jammertal«, von der Tatsache, bloßes ironisches Versatzstück geworden zu sein, wieder zurückschlagen in den Ernst dessen, was das Christentum meinte. Es gibt das Leid eben wirklich, und derjenige, der das am besten weiß, ist der:die Sterbenskranke. Heine aber setzt dem die folgenden Verse entgegen:

*»Ich weiß, es ist voll Sünd und Laster*
*Die Welt, jedoch ich bin einmal*
*Gewöhnt, auf diesem Erdpechpflaster*
*Zu schlendern durch das Jammertal.«*

Letztlich ist der Versuch, mit Gott über die Schönheit der Welt zu verhandeln, ein von Trauer unterspülter Hymnus auf das Leben und seine kleinen Freuden, auf den Genuss von Leiblichkeit und Sexualität und auf all das, was, obwohl als sündhaft gebrandmarkt, die Freude des Menschen ausmacht. Die Hartnäckigkeit, mit der das Ich gegen Gott rechtet, hat nämlich letztlich doch mit Verzweiflung und Krankheit zu tun: Der Sterbende weiß plötzlich, wie kostbar ist, was er hat.

Und so gibt sich das Ich als Frauenfreund zu erkennen, der, als er noch gesund war, sicher nicht nur bei seiner eigenen zu verharren pflegte. Doch indem er Gott gewisse Abstriche in Bezug auf seine einstigen Genüsse in Aussicht stellt, hofft er, das Leben im Status Quo verlängern zu dürfen um »noch viel schöne Tage«. Es geht um eine Vertauschung von Irdischem und Jenseitigem, das heißt, um eine Abschaffung des Todes an sich. Das Alltägliche und Kleine werden als erfüllend dargestellt, die Größe und Reinheit des Himmels hingegen unterschwellig als langweilig:

*»Kein Engel mit den feinsten Schwingen*
*Könnt mir ersetzen dort mein Weib;*
*Auf Wolken sitzend Psalmen singen,*
*Wär auch nicht just mein Zeitvertreib.«*

Die Parade gegen die ikonographischen Topoi von Paradiesvorstellungen zeugt erneut von einem materialistischen Eintreten für den Körper und damit Kritik an der Körper-Geist-Trennung, ohne die das christliche Bild vom ewigen Leben nicht aufrechterhalten werden könnte. Kein großer Gestus wird eingeübt, durch die (wie bei Rilke) schon im Diesseits das Leben geheiligt und zum Gegenbild des Todes werden soll. Zwar kommen beide Dichter darin überein, dass das Jenseits in klarer Absonderung von der Welt hienieden nicht das Ziel des menschlichen Lebens sein kann, doch die Wege zu neuen, nicht-christlichen Werten sind ganz unterschiedlich. Bei Rilke geht es um die kaum merkliche Auflösung der Grenze zwischen Leben und Tod, hin zu einem Diesseits, das das Pathos des Großen, Reinen in sich enthalte. Heine hingegen übt sich in Versen von geradezu volkstümlicher Einfachheit, um dem Kleinen und Alltäglichen, diesseits jeder Nobilitierung, das Wort zu reden. Keine Nobilitierung – aber doch eine neue, bescheidenere Form von Wertschätzung. Und dieser Wert, den plötzlich das ganz Kleine bekommt, erklärt sich eben erneut durch – das Sterben.

*»Genieren wird das Weltgetriebe*
*Mich nie, denn selten geh ich aus;*
*In Schlafrock und Pantoffeln bliebe*
*Ich gern bei meiner Frau zu Haus.«*

Heine benutzt die entwaffnende Naivität seines Pantoffelträgers und Schlafrockverbundenen, um damit auch Gott selbst auf dieses Maß zurechtzustutzen. Gott wird, so bedeutet das Gedicht, die Sprache des Ichs verstehen. Er wird sich die Sache überlegen. Er wird sich die vorgebrachten Argumente durch den Kopf gehen lassen. Es geht wirklich zu wie mit jedem anderen Geschäftspartner auch.

Man kann nicht umhin, dem Gedicht Recht zu geben. Vor dem Hintergrund der Ausgangssperre und – falls mehr genossenen denn auferlegten – Arbeitslosigkeit entsteht die Neigung, Gott um das Gleiche zu bitten: Wenn eine Geldzulage gesichert und im Erotischen und Häuslichen alles Nötige vorhanden wäre, könnte man es, wie das Ich des Gedichts, so ganz gut aushalten, gern auch auf Dauer:

*»Gesundheit nur und Geldzulage*
*Verlang ich, Herr!«*

– das sind Verse, die man auch heute, dieses Mal in Wendung an weltliche Autoritäten, gern aussprechen würde. Bestechend ist die Selbstverständlichkeit, die auf diese Weise dem so gar nicht Selbstverständlichen zuwächst. Ausgehend von göttlicher (oder staatlicher) Allmacht erscheint die Gesundheit als ein leicht zu habendes Gut. Dass in Wirklichkeit natürlich – für Heine allein schon biographisch bedingt – die Krankheit mit reflektiert wird, ist klar. Die Verteidigung von Erotik und Körperlichkeit schreibt sich her von ihrem Gegenteil.

Gerade darin besteht die utopische Dimension des Textes. So leicht und dahinfließend die Kreuzreime auch daherkommen, so offensichtlich ist, dass niemand Geld zu verschenken hat oder kleinbürgerliche Szenen häuslichen Glücks für eine schützens- und unterstützenswerte Einrichtung hält. Das Ganze soll als anziehend erlebt werden, doch realisieren wird es sich nicht.

Insofern ist das kleine Gedicht unterschwellig dann doch auf Großes aus, wenn auch nicht auf das, was bei Rilke als Preisen der Engel oder bei Montaigne als Selbsterhöhung des Lebens im Zeichen des Todes erscheint. Es geht um eine Form der Wertschätzung, durch die das Kleine groß wird – doch ohne sich dadurch selbst überheben zu wollen.

## Leben und Tod

### 1

Man muss versuchen, das Leben zu retten, wo es möglich ist. Aber ich bin auch der Überzeugung, dass die Vergegenwärtigung des Todes im Leben zu einem Leben in Würde und Glück dazugehört. *»Jeder Tag geht zum Tode, der letzte kommt an«* – seitdem ich diesen Satz von Montaigne in meinem Studium gehört habe, hat er mich nicht mehr verlassen. Ein Tag ist nur dann der Tag eines ganzen Lebens, wenn man sich dessen bewusst ist. All das Glück, das wir genießen, aller Rausch, den wir schmecken, sie erhalten letzte Süße durch das Bewusstsein, dass es irgendwann vorbei ist mit alledem.

### 2

Es ist der Moment der Reife, des Knapp-über-den-Berg-Seins, von dem Brecht in seinem schönsten Liebesgedicht spricht, in der ›Entdeckung an einer jungen Frau‹:

*»Des Morgens nüchterner Abschied, eine Frau*
*Kühl zwischen Tür und Angel, kühl besehen.*
*Da sah ich: eine Strähn in ihrem Haar war grau*
*Ich konnte mich nicht entschließen mehr zu gehn.*

*Stumm nahm ich ihre Brust, und als sie fragte*
*Warum ich Nachtgast nach Verlauf der Nacht*
*Nicht gehen wolle, denn so war's gedacht*
*Sah ich sie unumwunden an und sagte:*

*Ist's nur noch eine Nacht, will ich noch bleiben*
*Doch nutze deine Zeit; das ist das Schlimme*
*Dass du so zwischen Tür und Angel stehst.*

*Und lass uns die Gespräche rascher treiben*
*Denn wir vergaßen ganz, dass du vergehst.*
*Und es verschlug Begierde mir die Stimme.«*

– ach, die Begierde, die an den einzigen Moment sich hängt, den man in dem Bewusstsein, dass er in seiner Art (bitte auch für das alternde lyrische Ich!) der letzte ist, gemeinsam feiern will und muss.

3

Es ist der Moment, in dem Aufstieg und Verfall berückend und unvermerkt ineinandergreifen, wie es der hellsichtige Thomas Buddenbrook notiert:

*»Ich weiß, dass oft die äußeren, sichtbarlichen und greifbaren Zeichen und Symbole des Glücks und Aufstieges erst erscheinen, wenn in Wahrheit alles schon wieder abwärts geht. Die äußeren Zeichen brauchen Zeit, anzukommen, wie das Licht eines solchen Sternes dort oben, von dem wir nicht wissen, ob er nicht schon im Erlöschen begriffen, nicht schon erloschen ist, wenn er am hellsten strahlt …«*

4

Es ist der Herbst-Moment der überreifen Frucht, die matschig im Mund vergeht und einen Stich des höchsten Augenblicks durch uns schickt, der der höchste nur deswegen sein kann, weil er nicht verweilt. Rilke, aus den ›Sonetten an Orpheus‹:

*»Voller Apfel, Birne und Banane,*
*Stachelbeere . . . Alles dieses spricht*

*Tod und Leben in den Mund . . . Ich ahne . . .*
*Lest es einem Kind vom Angesicht,*

*wenn es sie erschmeckt. Dies kommt von weit.*
*Wird euch langsam namenlos im Munde?«*

– der Moment, den eben Orpheus, der am Verlust Eurydikes zu Grunde ging, ins »Rühmen«, so Rilke, des unwiederbringlichen Diesseits-Augenblicks übersetzt. Sein Irrtum: zu denken, er könnte die Verlorene wiedergewinnen. Das war zu lernen: dass der Raum hinter ihm, als er dem Totenreich entstieg und sich der Pforte näherte, die es vom Leben trennt, von nichts als einem schwachen Schatten erfüllt war, einer durchscheinenden Einbildung, die mit jedem Schritt schwand, den er tat. In dem Moment, in dem er sich umsah, war sie schon lange nicht mehr zu sehen. Nie war es anders gedacht. Die Toten werden nicht lebendig. Er lernte, was er wusste. Nur ihren Tod nahm er mit und ihm entstiegen die Gesänge.

## 5

Und es ist das wehmütig verlorene Cis in Beethovens letzter Klaviersonate –

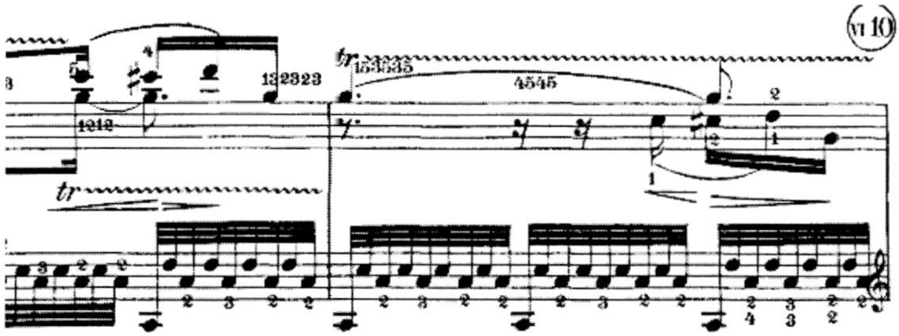

– dem Thomas Mann eine Beschreibung gewidmet hat, die mehr ist als nur Beschreibung, sondern eher eine Kunst- und Lebenslehre des Abschieds:

*»… und ein Augenblick kommt, eine extremste Situation, wo das arme Motiv einsam und verlassen über einem schwindeln klaffenden Abgrund zu schweben scheint, – ein Vorgang bleicher Erhabenheit, dem alsbald ein ängstlich Sich-klein-Machen, ein banges Erschrecken auf dem Fuße folgt, darüber gleichsam, daß so etwas geschehen konnte. Aber noch viel geschieht, bevor es zu Ende geht. Wenn es aber zu Ende geht und indem es zu Ende geht, begibt sich etwas noch soviel Ingrimm, Persistenz, Versessenheit und Verstiegenheit in seiner Milde und Güte völlig Unerwartetes und Ergreifendes. Mit dem viel erfahrenen Motiv, das Abschied nimmt und dabei selbst ganz und gar Abschied, zu einem Ruf und Winken des Abschieds wird, mit diesem d-g-g geht eine leichte Veränderung vor, es erfährt eine kleine melodische Erweiterung. Nach einem anlautenden c nimmt es vor dem d ein cis auf, so daß es nun nicht mehr »Himmelsblau« oder »Wiesengrund«, sondern »O – du Himmelsblau« oder, »Grüner Wiesengrund«, »Lebt – mir ewig wohl – skandiert; und dieses hinzukommende cis ist die rührendste, tröstlichste, wehmütig versöhnlichste Handlung von der Welt. Es ist wie ein schmerzlich liebevolles Streichen über das Haar, über die Wange, ein stiller tiefer Blick ins Auge zum letzten Mal. Es segnet das Objekt, die furchtbar umgetriebene Formung mit überwältigender Vermenschlichung, legt sie den Hörer zum Abschied, zum ewigen Abschied so sanft ans Herz, dass ihm die Augen übergehen. »Nun ver-giß der Qual!« heißt es. »Groß war – Gott in uns.« »Alles – war nur Traum.« »Bleibt mir – hold gesinnt.« Dann bricht es ab. Schnelle harte Triolen eilen zu einer beliebigen Schlußwendung, mit der auch manch anderes Stück sich endigen könnte.«*

## 6

Etwas davon hängt gerade in der Luft. Manchmal tritt was zusammen. Das Himmelsblau, der Wiesengrund, Eurydike und eine überreife Südseefrucht. Der von fern kommende, den Augenblick dehnende Ton. Ein Mehr an Tod und ein Mehr an Leben.

## Mittwochmittag/Karfreitag 2020 u.a.

Ein Freund sagte mir gestern: Der Himmel ist so blau, dass es fast wehtut. Es liege an der, auch in Deutschland, gesunkenen Luftverschmutzung. Keine Kondensstreifen in der Luft, die Produktion zurückgefahren. Ein anderes Blau, ein anderer Atem. Und ja: ich denke an die Gedichte von Rolf Dieter Brinkmann, die gefühlt immer im Sommer spielen, die so viel Platz lassen zwischen den Wörtern und Zeilen – Platz, in den mein Himmel, meine Zeit und meine Farben hineinkommen.

es sind die tage warmen biers
auf ungemähter wiese, vielleicht
des grauburgunders. von ferne
das weichbild einer stadt, dazu
ein hartgekochtes ei in leeren
straßen, des ddr-gefühls.
so eine freundin, jahrgang 70,
auf dem werkhof am feuer, vom
dürren sohn geschürt, dort,
wo es immer steckte und im
löwenzahn zwischen diesen
pflastersteinen. ja –

oder sonntags in der kleinen
stadt. meine kindheit. wozu jetzt
alles wieder wird. nichts los.
herbst und frühling ein moment.
die stimmen haben einen hall.
von den wänden sieht man
den putz rieseln, kocht zuhause.
kein wind. kühle von häusern, nicht
von wohnungen. kinderlärmen in
zeitlupe. man ist, wenns geht,
im garten, kommt voran. die schule
grad so wichtig, wie sie soll:

nicht so besonders, nein,
es stimmt nicht, aber ja –

ferien vom kapital, der augenblick
der lyrik, der leeren züge und
verrammelten fressmeilen. der frage,
was brauchen wir nicht.
die luft weiß nicht was sie will,
schwankt zwischen überklar und
diesig. wolkenschiffe und graffitis
bleichen schneller und die fenster
stehen offen. bunte wäsche auf
der gartenleine, mehrgenerationen-
klammern, farben wie bei der defa.
es wird mehr gevögelt, gezeugt,
geschieden. und abends gegrillt.
im wald drei fünfzehnjährige
pickelgesichter mit rucksack und
bier. männertag für alle. nur
stiller. der schöne junge vater baut ein
boot, die kinder jubeln, ohne dass
das nervt. man grüßt sich häufiger,
und sogar die fette töle meines nachbars,
die es sonst nicht bis zur ecke
schafft, ist da, rund keuchend,
corona auf vier beinen. ja –

was man verbietet, wird gemacht.
sogar das gute. das richtige leben
im falschen. am provinzbahnhof in
sachsen anhalt steht jemand
mit staubmantel, stetson und
einem schwarzem mundschutz.
das passt so. alles episch. once upon
a time. man kleidet sich. was man hört,
ist melodie. was man sieht,

fotografie. verluste? eher fern.
so gegenüber ist alles im diesseits
dieser tage. die worte haben einen
alten klang. staub schmeckt salzig.
ich trinke eiskaffee, den kopf voller
katzen. faules wasser, bunte schlieren
in der tonne, ja –

# Wie es zugeht

## Ausnahmezustand

Der Ausnahmezustand ist der Normalzustand, nur wahrer.

## Leidende

Viele Politiker:innen wirken jetzt wie Leidende. Viele sind es wohl auch. Aber täuschen wir uns nicht. Eine so elementare Lust liegt darin, Millionen von Menschen zu befehlen, was sie zu tun und zu lassen haben, wo sie sich aufzuhalten haben und womit sie ihre Zeit verbringen dürfen, dass es nachgerade unmenschlich wäre, unseren Politiker:innen die Lust daran nicht zuzugestehen. Als provisorisches Richtmaß für diese Lust kann vielleicht dienen, wie oft das Wort Krieg in ihren Reden fällt.

## Body Count

Nationalismen gehören der Vergangenheit an. – Dennoch freut sich jede Nation, wenn die andere noch mehr Tote hat.

## Fehlender Respekt

Der Präfekt der Stadt Paris hat die These vertreten, diejenigen, die jetzt auf den Intensivstationen lägen, befänden sich dort nur, weil sie vorher die Ausgangssperre nicht respektiert hätten. Er unterschlägt, dass es schon Kranke gab, bevor er als Präfekt die Ausgangssperre umsetzte, er unterschlägt, dass viele alte (und junge) Menschen sterben, die die ganze Zeit keinen Fuß vor die Tür gesetzt haben. Und er unterschlägt auch sonst noch einiges. Aber dafür ist er eben der Präfekt der größten Stadt des Landes.

## Stufe 3

Eigentlich ist man auf La Réunion noch nicht berechtigt, die Stufe 3 des sanitären Notstands auszurufen. Doch da alle anderen ihn ausgerufen haben, ruft man ihn auch hier aus, um wenigstens ein bisschen von dem Material abzubekommen, das mit dem Ziel verteilt wird, dass es gar nicht erst nötig ist, die Stufe 3 des sanitären Notstands auszurufen. Aber für die Stufe 2 bleibt in Wirklichkeit nichts übrig.

## Christliche Ermahnung

Zu Ostern erinnert ein deutscher Bischof eindringlich daran, dass die Mitmenschlichkeit, die jetzt, während des Virus, so vorbildlich praktiziert werde, auch über das Virus hinaus wachgehalten werden solle. Das ist für die Dogmatik der katholischen Kirche und das Gebot der Nächstenliebe ein wirklich revolutionärer, neuer Gedanke. Einer, auf den man ohne des Bischofs Hilfe nie und nimmer gekommen wäre.

## Ein Angebot

Das Angebot des Rappers Xatar, auf die Schnelle eine große Menge an Masken zu beschaffen, zeigt vor allem, dass die Mafia in Zeiten der Krise das leistungsfähigere Geschäftsmodell ist. Die Annahme liegt nahe, dass das auch vorher schon so war.

## Werbung

Im Augenblick sind sogar Spam-Mails aufschlussreich. Dieter Bohlen verlässt in diesem Monat ›Deutschland sucht den Superstar‹. Das Hotelportal HRS hat sein Angebot umgestellt auf medizinisch zertifizierte Arbeitszimmer im Hotel, wenn man es in der Familie nicht mehr aushält. So wird das allerdings nicht gesagt. Gesichtsmasken werden angeboten, die ein wenig aussehen wie die durchsichtige Ausgabe der Darth Vader-Maske. Seltsame Zeiten, in denen sogar der Datenschrott, mit dem wir überflutet werden, Sinn bekommt.

## Aktiv und Passiv

Es herrscht jetzt weltweit eine aktive Passivierung. Gibt es auch eine passive Aktivierung?

## Handlungstheorie

Die ultimative Maxime für die gesellschaftliche Endzeit, in die wir einschwenken: »*Jetzt handeln, kein Kontakt!*«

## Geben und Nehmen

Die eine Hand gibt, die andere nimmt. Vermummungsgebot und Versammlungsverbot.

## Einigkeit und Recht und Freiheit

Die Freiheit aller ist das Unterpfand der europäischen Verständigung. – In Bezug auf die Schließung der Grenzen sind sich von Beginn an alle einig.

## Leben schreiben, Schreiben leben

Im Wald ist es jetzt voller als sonst an Wochentagen. Es sind meistens Familien unterwegs und alles wirkt ziemlich harmonisch. Väter, die die mit ihren Kindern spielen: Man sieht das an diesen Tagen und um diese Tageszeit sonst nicht oft. Wenig nölende und nörgelnde Kinder: Es kann bloß ein Zufall sein. Viele sind vielleicht froh darüber, dass man noch raus kann und dass es diesen großen Stadtwald gibt, in dem Platz genug für alle ist. Frische Luft ist was Schönes, wir hatten es schon fast vergessen. Vielleicht kommen auch manche Kinder darauf, dass es auf Dauer doch ermüdend ist, den Stundenrekord beim Zocken auf dem iPad zu brechen.

Ich und meine Familie leben nicht mehr an demselben Ort und meine Kinder sind so groß, dass gemeinsame Spaziergänge nicht wirklich infrage kommen. Aber ich würde das gerne alles in Familie erleben, so anstrengend es mit Sicherheit wäre. So mache ich mich zum brüchigen Gefäß für die Schwingungen, die aufzufangen ich mir einbilde. Ich weiß aber, dass es nur eine halbe Sache ist. Diejenigen, die es erleben, können nicht schreiben, jedenfalls nicht so viel, wie es eigentlich notwendig wäre. Und diejenigen, die schreiben, und vielleicht mehr, als es notwendig wäre, erleben nur einen Teil von dem, was zu erleben wäre.

## Auf dem Land

Das Beunruhigende, wenn man aufs Land fährt: Alles wie immer. Nur noch etwas schöner, weil der Hauch darauf liegt, dass es gleich vorbei sein könnte.

## Statistiken und ihre Bedeutung

Die Gesundheitssysteme der verschiedensten Länder konstatieren, dass die Zahl der am Virus Erkrankten exponentiell wächst. Die steigenden Zahlen werden als äußerst beunruhigend gewertet.

Die Polizei konstatiert, dass Anzeigen wegen häuslicher Gewalt stark abgenommen haben. Die sinkenden Zahlen werden als äußerst beunruhigend gewertet.

## Attacken

In Italien sind Chines:innen angegriffen worden, weil sie die Krankheit ins Land getragen hätten. Und manchmal waren es auch keine Chines:innen, aber gesagt wurde, sie hätten wie Chines:innen ausgesehen.

In Burkina Faso sind Italien:inner angegriffen worden, weil sie die Krankheit ins Land getragen hätten. Und manchmal waren es auch keine Italiener:innen, aber da sie weiß waren, wurde gesagt, sie hätten wie Italiener:innen ausgesehen.

## Rebellion gegen die Wirklichkeit

Es verbreitet sich so eine Stimmung. Die Deutschen, die Angsthasen *par exellence,* haben wieder mal überreagiert. Haben es übertrieben mit den Vorsichtsmaßnahmen und dadurch dem eigenen Land schwersten Schaden zugefügt. Die widerwillige Faszination, die Trump erregt, ist die eines schrillen Superhelden, der sich um nichts schert und den stark macht, was andere tötet. Domestos saufen und ab ins UV-Licht, von dem in Zeiten des Klimawandels zum Glück mehr als sonst vorhanden ist. Die Faszination dieses Antityps ist so groß, dass sie das Wissen übersteht, mit welcher Wucht die amerikanische Gesellschaft gerade vor den Baum fährt. Er verheißt Freiheit von der Angst, deren Gründe bestenfalls bleiben, wie sie sind: Freiheit durch eine absurd heroische Einstellungsänderung, in der Rücksichtslosigkeit und Dummheit in einer Apotheose der Wurschtigkeit zusammenfinden. Etwas davon ist allmählich auf der Straße zu spüren.

## Selbstverteidigung

Der beginnende Spott über all diejenigen, die angefangen haben, sich schriftlich mit Corona auseinanderzusetzen – all die Corona-Tagebücher, die schon da sind und die noch folgen werden, die Neuauflagen von Camus' ›Pest‹ und des ›Decamerone‹ – sind unangebracht; zumal dieser Spott ja selber eine Form ist, sich schriftlich mit Corona auseinanderzusetzen. Schreiben ist eine Form der legitimen Selbstverteidigung. Und in Zeiten, in denen wir voneinander isoliert werden, bietet es eine Möglichkeit der Gemeinschaftsbildung. Wir sind nicht ganz alleine, wir tauschen mit anderen Leidensgenoss:innen und mit den Ahnen, die Ähnliches erlebt und niedergeschrieben haben, Texte aus. Es gibt 1 000 schlechtere Gründe, zu schreiben. Und meistens wird auch aus 1 000 schlechteren Gründen geschrieben.

# Verschwörungstheorie

## Vereinfachen durch Erzählen

Verschwörungstheorien sind intellektueller Bankrott. Sie gaukeln Wissen vor, wo es nichts zu wissen gibt. Sie ersparen den Menschen die fundamentale Enttäuschung des wissenschaftlichen Zeitalters, von der Sigmund Freud sprach: den Raum des Nichtwissens zu vergrößern und eine ›objektive‹ Welt anzuerkennen, von der wir das Allermeiste nicht oder noch nicht verstehen.

In einer Bedrohungssituation regredieren wir. Robuste, phylo- und ontogenetisch eingeprägte Weltverhältnisse werden reaktiviert, die wir überwunden glaubten. In Sigmund Freuds Vorstellung sind es Animismus und Magie. Anders als die wissenschaftliche Weltanschauung begreifen sie die Wirklichkeit in größerem Maße in Entsprechung zum erkennenden Subjekt. Wir unterlegen ihr, was wir selbst sind; wir interpretieren sie nach dem Muster unseres eigenen Handelns und Denkens. Sie ist ›wie wir‹: lebendig, handelnd und fühlend; ein vielleicht übermächtiges, aber zugleich vertrautes Gegenüber. Deswegen können wir sie beeinflussen, zum Beispiel durch magische Praktiken. Nach diesem Muster verfahren Verschwörungstheorien. Sie subjektivieren Prozesse, die sich nach dem Maß des Subjekts nicht begreifen lassen. Konkret heißt das: Ein ›systemisch‹ ablaufender Prozess, der seine eigenen Zukunftsoptionen im Verlauf modifiziert, wird durch eine Handlung ersetzt. Er wird zu einem Plan: zu einem Prozess, der einem Zweck unterliegt, und von diesem Ende her organisiert ist.

Es ist freilich nicht die Natur, es sind die verwesten Götter, die die Last des großen Plans übernehmen müssen; geheimnisvolle Weltmächte, die die Strippen ziehen und für alles verantwortlich sein sollen: die notorische jüdische Weltverschwörung oder, wie uns beispielsweise Wolfgang Wodarg im Interview mit Eva Herman nahelegt, Bill Gates. Dieser habe, so der Mediziner, über die ›Bill and Melinda Gates Foundation‹, die sich auch um gesundheitliche Belange, insbesondere um die globale Impfvorsorge, bemüht, die WHO finanziell praktisch in der Hand; der Digitalmagnat habe also, so gibt Wodarg zu verstehen, die WHO dafür instrumentalisiert, überall auf der Welt den Schrecken dieser Pandemie zu verbreiten – sei es, um den Einfluss dieser Stiftung zu vergrößern, sei es, um uns alle endgültig in digitale *Couch-Potatoes* zu verwandeln, die am Tropf von Mister Gates und seinen Programmen hängen.

Charakteristisch für Theorien dieses Typs ist, dass die Urheber all des Unheils über unbegrenzte finanzielle Mittel verfügen. Das eigentliche Instrument der Macht ist das Geld. Das Geld ist der wahre Nachfolger der metaphysischen Macht, die die Götter ausübten. Es ist neutral, eigenschaftslos, weitgehend unsichtbar. Deswegen die so häufige Assoziation vieler Weltverschwörungen mit den in die Zirkulationssphäre verbannten Juden. Und Bill Gates ist ja vor allem dies: der reichste Mann der Welt.

In wie fein verteilten Partikeln auch immer teilt sich die Macht solcher gottähnlichen Figuren all denen mit, die sie zu erkennen glauben und ihre Machenschaften offenlegen. Das tun die Verschwörungstheoretiker:innen. Tatsächlich sind es Akte der Magie, zu denen die Menschen zurückkehren, wenn sie Angst haben und sich ohnmächtig fühlen. Die Verschwörungsgurus helfen ihnen dabei. Denn häufig deuten sie nur an. Sie sagen nicht, wie sich alles verhält, sie »geben zu verstehen«. Sie überlassen es ihren Anhänger:innen, die vor sie hingelegten Teilchen zusammenzupuzzeln und das Drama des großen Plans zu formen. In kleinen Dosen teilt sich ihnen die Befriedigung mit, selbst darauf gekommen zu sein, den Schein der Wirklichkeit zerstreut und die darunter liegende Intrige freigelegt zu haben. Verschwörungstheorien sind auch deswegen so ansteckend, weil sie mir in Zeiten weitgehender Ohnmacht die Illusion theoretischer Autonomie geben.

Freilich: *»Aus der Tatsache, dass ich paranoid bin, folgt nicht, dass sie nicht hinter mir her wären«* (Terry Pratchett). Es stimmt ja: Paranoide haben ein scharfes Auge. So fahrlässig sie aus dem trüben Reflex heraus handeln, die Nutznießer:innen eines Prozesses zu seinem Urheber zu erklären, so diszipliniert können die Verschwörungstheoretiker:innen darin sein, Risse im Gefüge der offiziellen Narrative aufzuspüren. Die Fähigkeit, selber Propaganda zu produzieren, schwächt keineswegs die, ihre Anzeichen woanders zu erspüren. Der Balken im eigenen Auge macht nicht blind für den Splitter in dem der anderen. Eher im Gegenteil. Intuitiv weiß man schon, wie es geht.

Umgekehrt kann der Balken im Auge des anderen es einem leichter machen, den Splitter im eigenen zu vernachlässigen. Warum auch nicht? Es sind ja die Gegner. Ihre Konstruktionen sind so haarsträubend, dass es ein Leichtes ist, sie in Bausch und Bogen zu verwerfen. Auch, beziehungsweise gerade weil sie Dinge enthalten, über die nachzudenken sich lohnt. Sicherlich ist der Irrsinn in der Gesellschaft ungleich verteilt. Aber es ist gewiss nicht so, dass die da oben den klaren Verstand für sich gepachtet, die Populist:innen und das verführte Volk ihn einfach verloren hätten. Und wenn man den Gegner nicht von seiner stärksten Seite nimmt, läuft man Gefahr, sich bei ihm anzustecken. Man muss bei den Verschwörungstheorien Unterschiede machen. Es gibt welche von diagnostischem Interesse, und solche, die blühenden Wahnsinn zusammenphantasieren. Es gibt solche, die ohne weiteres in Akte der Gewalt und des Mordens münden können; wie solche, die nichts sind und bleiben als Klugscheißerei am Stammtisch.

Zurück auf Los: Ein Indikator dafür, wie sehr im Moment überhaupt jemand ernst genommen zu werden verdient, ist der Grad, in dem er:sie das eigene Unwissen einzugestehen in der Lage ist. Je geschlossener, verrückter das verschwörungstheoretische Weltbild ist, desto weniger Zonen des Unwissens wird es geben. In der vollendeten Paranoia hat dann alles seinen Platz und Sinn. Die flüssige Welt ist dann kristallin. Aber das sind graduelle Unterschiede. Wir müssen uns mit dem deprimierenden Umstand arrangieren, dass im Moment alle irgendwie Unrecht haben könnten und dass man selbst die Wahrheit zwischen den Zeilen suchen muss.

## Selbstorganisation des Systems / Verstand verloren

Wie viele gehe ich im Moment jeden Tag spazieren, genieße den Frühling und den erlaubten Ausgang an der frischen Luft. Der Freund, bei dem ich danach kurz einkehre, ist auf dem Bau tätig. Nach wie vor geht er morgens zur Arbeit, setzt Türfüllungen ein, kachelt Wände und Böden. Gerade steht der Innenausbau einer Kneipe an. Es läuft nicht ganz rund, aber es läuft. Ich frage ihn, was er von all dem hält.

Seine Antwort ist widersprüchlich. Klar gehe es darum, jetzt die alten und kranken Menschen zu schützen, zu verhindern, dass die Krankenhäuser zusammenbrechen. Das sei schon irgendwie vernünftig. Trotzdem der Eindruck, dass alle, dass das System gerade den Verstand verloren habe und durchdrehe. Mal sehe es so aus, mal so, wie eine Münze, die geworfen wird: Man könne immer nur eine Seite sehen.

Auf dem Heimweg denke ich darüber nach. Ja, auf gewisse Weise dreht gerade alles durch. Es ist ein unwirklicher Zustand; traumhaft. Zu ihm gehört auch, dass Phrasen wie die vom »System«, das dieses oder jenes tue, auf einmal eine unheimliche Durchschlagskraft bekommen. Scheint es nur so zu sein, klammern wir uns an solche Begriffe, weil wir sonst den Halt verlieren? Oder tritt in der Krise eine Wahrheit zutage, die wir sonst nicht so sehen und allenfalls nachplappern? Ist das System eine Art lebendiges Wesen – ein Subjekt, das über ein Bewusstsein und eben, so die Unterstellung, auch über ein Unbewusstes verfügt, das sich rational nicht fassen lässt? Ist das bloß ein Hilfsmittel, eine Erkenntniskrücke, weil wir nun mal nicht anders können, als Dinge *per analogiam* zu verstehen – weil es Erkenntnis, in der Subjekt und Objekt zusammentreten, ohne projektive Anteile gar nicht geben kann? Oder ist da etwas dran?

Systeme, so hat es Niklas Luhmann formuliert, beruhen auf Kommunikation. Darin liegt: Kommunikation ist selbst kein System, sondern das Prinzip, durch das Systeme funktionieren. Sie bildet kein Teilsystem wie Recht, Politik, Wirtschaft oder Kunst, denen Luhmann eigene Untersuchungen gewidmet hat. Durch Kommunikation halten diese Systeme vielmehr in sich zusammen und sind untereinander verkoppelt.

Der Unterschied, auf den es hier ankommt, ist der zwischen »Handlung« und »Kommunikation«. Eine Handlung ist auf eine Sache bezogen – ein Ding in der Welt, das ich als einzelnes Subjekt verändern will. An jedem Kommunikationsakt dagegen sind mehrere beteiligt; und er handelt immer von mindestens zwei Dingen, von einem bestimmten Sachverhalt nämlich und von der Kommunikation selbst. Indem ich einen Sachverhalt sprachlich vermittle, rede ich nicht nur über ihn, sondern implizit auch darüber, wie andere potenziell oder tatsächlich von ihm reden, geredet haben oder reden werden. Darin liegt auch, dass eine Handlung abgeschlossen werden kann, Kommunikation dagegen nie. Eine Handlung erschöpft sich im Vollzug, zum Beispiel, wenn das Tier, das ich jagen wollte, getötet und verzehrt ist; wenn der Stuhl, den ich zimmern wollte, fertiggestellt ist. Diesen Erschöpfungspunkt gibt es nicht im Feld der Kommunikation. Die Sache, über die geredet wird, ist nicht dinglich;

es sind Vorstellungen und die verändern sich mit der Rede über sie: der aller anderen und meiner eigenen, die fortlaufend Bezug nimmt auf die der anderen und auf sich selbst.

Man kann den Unterschied zwischen modernem und vormodernem Denken so beschreiben, dass das vormoderne Denken Prozesse nach dem Muster der Handlung, das moderne sie nach dem Muster der Kommunikation beschreibt. Das ist gleichbedeutend mit dem Unterschied von Teleologie und Systemlogik. An die Stelle des Zweckes (des ›Telos‹), von dem her der ganze Prozess organisiert sein soll – religiöse Menschen sagen dazu »Vorsehung«; Verschwörungstheoretiker:innen, ihre untoten Wiedergänger:innen, reden von einem geheimen Plan, den sich die allmächtigen *Masterminds* dieser Erde ausgesonnen haben –, tritt das System als Integral einander durchkreuzender und miteinander kommunizierender Zwecke, das seine eigene Zukunft aus der Mitte eines anfangs- und endlosen Prozesses heraus generiert. Historisch liegt der Umschlagspunkt zu einem solchen Denken bei Hegel; bei aller Originalität zieht Luhmann in vielerlei Hinsicht doch auch die Konsequenz aus der von Hegel vorbereiteten »systemtheoretischen Wende«.

Aber es wurde doch schon vorher, also vor Hegel, kommuniziert! Zweifellos, aber die Aufmerksamkeit richtete sich nicht auf die Struktur der Kommunikation mit ihren vielen Zentren und seltsamen Feedback-Schleifen. Der Fokus lag auf Handlung. Ein gar nicht anachronistisches Beispiel einer solchen Reduktion von System auf Handlung bietet die Art und Weise, in der Aristoteles mit dem Drama umgeht. Ein Drama ist ja das Paradigma eines prozessierenden Systems. Es wird wenig gehandelt, doch umso mehr gesprochen. Es gibt keinen objektiven Standort, keine Erzählerautorität, sondern immer nur das, was die Personen über sich und andere sagen. Ein System verschiedener Perspektiven, ein komplexes Mobile. Aristoteles reduziert es mit einem Handstreich auf eine »Handlung«, die als eine, ganze und abgeschlossene schicksalsgleich von Anfang bis zum Ende durchlaufen soll.

Wir selbst verhalten uns oft nicht anders. Zum Beispiel, wenn wir einen Skiunfall, durch den ein uns nahestehender Mensch umgekommen ist, als ›tragisch‹ bezeichnen. Wir unterwerfen dann ein Ereignis, zu dem viele kontingente Faktoren beigetragen haben, einer dramatischen Logik. Und wenn eine Seuche als Strafe Gottes an den sündigen Menschen, oder als Rache der Natur an unserer durch den Kapitalismus zum Mega-Parasiten aufgeschwollenen Spezies aufgefasst wird, wird dem Kontingenten, systematisch Prozessierenden Sinn dadurch zugesprochen, dass es als Handlung interpretiert wird. Offenbar lässt es sich dadurch leichter ertragen – auch wenn kein einziges Menschenleben dadurch gerettet wird.

Hegel und seine Nachfolger, die sich über diese Verführung der Erkenntnis erhoben, sind aber nicht durch pure Gescheitheit darauf gekommen, dass es sich anders verhält. Denken prozessiert auf materieller Grundlage. Ohne den durch die allmähliche Verbreitung der Massenmedien bedingten ›Strukturwandel der Öffentlichkeit‹ wäre die Dominanz von Kommunikation über Handlung im gesellschaftlichen Gesamtprozess unbemerkt geblieben. Massenmedien sind institutionelle Formate, die praktisch nur Akte der Kommunikation prozessieren – die eben auch Akte der Kommunikation über Kommunikation sind, also die *Feedback*-Mechanismen qualitativ und quantitativ verstärken. Dass sie aus der informellen Sphäre der mündlichen Kommunikation heraustreten, ist ein wichtiger Grund dafür, dass sie in der Philosophie und anderswo thematisch werden konnten.

Dieser Überhang verstärkt sich in Zeiten der Krise. Es sind dies vor allem Zeiten eines beschleunigten Informationsflusses. Egal, wie viel pro Zeiteinheit passiert, noch sehr viel mehr passiert in den Massenmedien. Der Psychologe Stephan Grünewald hat mit Bezug auf die Corona-Krise gesagt: *»Die Erregung hat sich ja schneller ausgebreitet als der Erreger«*. Das trifft das Problem recht gut. Das Verhältnis ist nicht linear, und es hat sich durch die Digitalisierung der Massenmedien noch einmal in Richtung des Kommunikationsparadigmas verschoben. Nicht nur, dass von Seiten der Software neue Formate wie Twitter und Facebook entstanden sind. Wichtiger ist, dass sie durch eine neue Hardware – das Smartphone – überall zur Verfügung stehen.

Eine weitere Gewichtsverschiebung findet dadurch statt, dass wir das, was uns jetzt bedroht und wogegen nun mit drakonischen Maßnahmen angekämpft wird, nicht sehen. Das Virus ist unsichtbar, weil mikroskopisch klein. Sein Verhalten lässt sich in keiner Weise mehr als Handlung deuten, sondern nur statistisch, das heißt ziemlich unanschaulich, erfassen. Und auch wir selbst handeln ins Leere, und das, was wir tun, hat verzögerte Resultate. Es ist nicht so extrem wie beim Klimawandel, in dem wir den Nutzen ökologisch verantwortbaren Verhaltens – wenn wir uns denn einmal wirklich dazu entschließen würden – erst Jahre oder Jahrzehnte später zu spüren bekämen. Hier, im Falle der Epidemie, sind es zwei bis drei Wochen. Aber auch da ist es nicht leicht, die Verbindung zu schlagen.

Und das Virus ist ja nicht einmal lebendig. Aber es ist auch nicht tot. Sein Leben hängt von den Bedingungen seiner Rezeption ab. Darin besteht seine unheimliche Konkordanz mit der Information, die erst durch ihre Rezeption zu Kommunikation wird und soziale Wirkung entfalten kann. Bei Grünewald klingt das nach in der Resonanz zwischen »Erregung« und »Erreger«. Dass eine Information im Zeitalter der Kommunikation ›viral geht‹, ist mehr als ein *Bonmot*, sondern eine recht genaue Strukturbeschreibung. Es besteht eine mimetische Beziehung zwischen Kommunikationsprozess und Infektionsprozess. Träger und Reflektoren dieser Beziehung sind wiederum die Medien, die in Zeiten von Ausgangsbeschränkungen ohnehin ihre große Stunde haben.

All das läuft heiß und hysterisch in Zeiten wie diesen, verselbstständigt sich und scheint ein eigenes, einigermaßen verrücktes Leben zu gewinnen – wie das Gerücht in der Lithographie von A. Paul Weber. Ich will damit nicht sagen, dass die Medien Gerüchte in die Welt setzen oder Gerüchten einfach folgen – die Dinge sind dazu viel zu kompliziert. Aber das Gerücht, das dem Modell folgt: »Jemand hat gesagt, dass jemand gesagt hat«, bietet immerhin ein noch fassliches Modell, um zu verstehen, dass eine wahre Aussage denselben gesellschaftlichen Impact haben kann wie eine falsche und dass es in Zeiten beschleunigter Kommunikation, in der Redaktionen manchmal nicht anders können als voneinander abzuschreiben und sich im Zweifelsfall auf die Agenturmeldungen zu berufen, die das mitunter auch tun, sehr schwer ist, das eine vom anderen zu trennen. Es ist fast unmöglich, sich in einer solchen Situation diszipliniert zu verhalten und einen kühlen Kopf zu behalten, wenn es sich nicht entscheiden lässt.

Daher, so scheint mir, rührt das Gefühl, das mir der Freund, von dem ich zu Beginn sprach, mitteilte – das Gefühl, sich in einem irren Traum zu befinden, der seinen eigenen Gesetzen folgt, die nicht der rationalen Kontrolle unterliegen. Und obwohl Menschen sterben, obwohl das Gesundheitssystem mancher Länder kurz vor dem Zusammenbruch steht, obwohl es noch immer genügend belastbare Fakten gibt, trifft, wie ich meine, dieses Gefühl etwas Richtiges.

Über die Richtigkeit der von den Regierungen angeordneten Maßnahmen ist damit nicht befunden. Es wird nur eine Vermutung darüber angestellt, wie es zu ihnen kam, und wie ein System, in dem schlechterdings alles durch die überhitzten medialen Kreisläufe geschickt werden muss, auch dadurch in den

Zustand einer Krise eingetreten ist, bei der unsere Bewertungskriterien außer Kraft gesetzt zu sein scheinen und über deren Ausgang sich schlechterdings nichts sagen lässt.

## Rollback

Es hat den Anschein, als würden die Verschwörungstheorien gerade ihren Charakter verändern. Vorher erschienen sie mir wie hilflose Versuche, einem überfordernden Geschehen irgendwie Sinn zu geben – durch Rückgriff aufs teleologische Schema, nach dem ein verborgener Zweck von allem Anfang an wirksam war. Jetzt sind es aggressive Selbstrechtfertigungen. Die Menschen haben keinen Bock mehr. Sie wollen in ihr altes Leben mit seinem Komfort zurück. Alles soll sein wie vorher. Gleichzeitig wissen sie irgendwie, dass sie dadurch andere gefährden können. Irgendwo kriecht der Wurm des schlechten Gewissens herum. So entschließt man sich zur Realitätsverleugnung. »Nichts ist, was es scheint«. Alles war ein abgekartetes Spiel, Mittel zu welchem Zweck auch immer. Eine Zeit lang fielen wir drauf rein. Aber zum Glück nicht sehr lange. Und ein komisches Gefühl hatten wir ja schon von Anfang an.

## Das Kaninchen

»Ich bin Anhängerin von Verschwörungstheorien!«, sagt Mathilde, Querflötenlehrerin an der städtischen Musikschule, als wir uns einige Tage nach Ende des Lockdowns zufällig im Park treffen. Das ist ihr erster Satz, die Antwort auf meine Frage, wie es ihr gehe, wie sie die letzte Zeit erlebt habe. Wir kennen uns seit einigen Jahren, sind uns sympathisch, denn wir blicken ähnlich kritisch auf das Schulsystem, unter dem Joachim, ihr 10-jähriger Sohn, von jeher leidet. Und noch mehr leidet, so scheint's, seitdem sein Vater, ein Gitarrenlehrer, eine andere Frau kennengelernt und sich von Mathilde getrennt hat. Seitdem spielt Joachim nur noch Tennis, mehrere Stunden am Tag, und sieht den Sinn von Schule und Musik gar nicht mehr ein. Mathildes Bruder ist buddhistischer Mönch in Indien, Mathilde und ihr Ex-Mann Christoph würden gern häufiger hinfahren, wenn die Gehälter für Instrumentallehrer nur besser wären.

Und jetzt also dieser Einstieg: Verschwörungstheoretikerin als Identität. Sie baut vor, damit es gar nicht erst zu Missverständnissen komme. Und in der Tat ist ihre Position ganz uneindeutig. Sie sei noch nie so viel herumgekommen wie jetzt, während der Ausgangssperre, sei nie auf Polizei gestoßen, sondern habe ihr Kind immer mit zum Wandern genommen, hinauf in die Berge. Das mit dem Virus sei ein einziger großer Betrug, nichts davon stimme, es gebe ihn gar nicht, den Zahlen sei nicht zu trauen. Ob ich das wüsste? Ich erkläre ihr, dass wir Bekannte in Italien haben und damit Informationen über die dortigen Zustände, unabhängig von der journalistischen Berichterstattung, dass sicher viele Unsicherheiten in Bezug auf die Statistiken bestünden, an der Realität der Probleme, vor denen die Krankenhäuser verschiedener Länder stehen, für mich aber nicht zu zweifeln sei.

Ob die Italiener, von denen ich spreche, alte Leute gewesen seien, Alte, die gestorben seien, will Mathilde wissen. Ich bestätige das, füge hinzu, dass aber auch Erwachsene meines Alters zu den Kranken gehört hätten. Die hätten aber, so sage ich noch, ganz der Wahrheit gemäß, die Krankheit überstanden.

Doch die Konkretheit dessen, was ich aus erster Hand weiß und sozusagen als das Ungefiltertste, was ich anzubieten habe, vorweise, beeindruckt sie wenig. Sie sagt, sie sei in ihrem Leben noch nie geimpft worden, werde sich auch gegen den Virus nicht impfen lassen. Durch eine Nachrichtensendung des französischen Fernsehens habe sie erfahren, dass Wissenschaftler:innen schon an einem neuen Virus arbeiteten. Das nächste Mal werde der Plan klappen. Eine Milliarde Menschen werde sterben. In den 14-Uhr-Nachrichten sei das berichtet worden.

Joachim, der nicht weit von uns sein Kaninchen überwacht, das im Park ein paar Meter ohne Leine laufen darf, mischt sich plötzlich ein: Ob wir dann alle sterben würden? Ich antworte nicht, denn die Aufgabe, ihm die Zukunft zu erklären, kommt, so scheint mir, seiner Mutter zu. So frage ich nur, wie er die Schule erlebt, wie es gewesen sei in den letzten Tagen. Sie hätten sich achtmal am Tag die Hände waschen müssen und richtig spielen sei nicht möglich gewesen, berichtet er. Dann ist er schon wieder hinter seinem Kaninchen her, denn die Mutter findet, es ist jetzt zu weit weg gehoppelt.

Auch ich breche ab, fühle mich im höchsten Grad verwirrt. Natürlich weiß ich, dass Mathildes Ideen jetzt in weiten Kreisen zirkulieren, aber ich habe eben noch nie eine Mathilde getroffen, und schon gar nicht die Mathilde, die ich wirklich kenne und insgesamt in ihrer Blässe, mit ihrer kaum hörbaren, brüchigen Stimme und ihrer großen Sanftheit schätzte. Das ist auch der Grund, warum ich nicht weitere Ideen aus ihr hervorlocke, sondern ihr ehrlich sage, was ich selbst denke. Es ist eine Frage des Respekts ihr gegenüber.

Aber während ich schon meine Abschiedsworte murmele und mich zum Gehen anschicke, ärgere ich mich, dass ich das Gespräch nicht vertieft habe, sie nicht gefragt habe nach dieser Mischung aus reinster Sorglosigkeit und katastrophalsten Zukunftsvisionen. Ich ärgere mich, weil ich hätte versuchen können, zu verstehen, warum sie, die ihren Sohn immer aus der Schule hatte herausnehmen wollen, es nicht tut, jetzt, wo kein Mensch sie zwingt, ihn zu schicken.

Ich weiß nicht recht, warum, aber irgendwie gehören beide Fragen zusammen: Es ist nix los, die Gefahr ist erfunden, aber die echte Gefahr bereitet sich vor. Der Sohn soll freier sein dürfen, aber jetzt schickt man ihn gleich wieder dahin, wo Disziplin im höchsten Maße gefordert wird. Und in gewisser Weise ist ja auch logisch, was sie tut: Da es die Krankheit nicht gibt, kann sich ihr Kind nicht anstecken. Das Kind weiß durch die Mutter, dass es sich nicht anstecken kann, dass es nichts zu fürchten hat, aber in der Schule muss es sich der Forderung unterwerfen, sich achtmal pro Tag die Hände zu waschen. Es durfte in den Bergen herum stiefeln und ganz die Freiheit auskosten, aber jetzt weiß es, dass die Situation, weil die bösen Kräfte versagt haben, das nächste Mal nur schlimmer sein kann.

Schlimmer kann man aber eigentlich ja nicht sagen, denn passiert ist nichts, alles ist Erfindung, und richtig schlimm wird's erst werden, wenn die Erfinder eines neuen, besseren Virus aus den Fehlern, die sie dieses Mal gemacht haben, gelernt haben werden. Dann wird ein Siebtel der Menschheit sterben. Das Kind hat also seine Mutter hinauf in die Berge begleiten dürfen, der Sorgen der übrigen Gesellschaft enthoben, gleichzeitig aber, so stelle ich mir vor, unter dem Druck stehend, dass ein viel größerer, immenser, gar nicht vorstellbarer Schatten über einer nahen Zukunft liegt. Damit ist das Händewaschen in der Schule dann doch eine Art Training für das Kommende, und die Mutter in ihrer ganzen Sorglosigkeit das genaue Gegenteil von dem, was sie zu sein glaubt: sorgenbehafteter, verängstigter oder – was das Wahrscheinlichste ist – auch fasziniert vom Tod im großen Stil, von dem sie gleichzeitig aber behauptet, er tangiere sie nicht.

Und ich frage mich, wie man wohl zu einer solchen Haltung kommt? Ihr Ex-Mann arbeitet jetzt mehr im Restaurant seiner chinesischen Freundin, das mit dem Gitarrenunterricht klappt nicht so richtig, es gibt nicht viel Arbeit. Die städtische Musikschule, an der sie unterrichtet, hat ein schlechtes Niveau, man braucht Geduld und ein Stück Resignation, um ausgerechnet dort zu sein. Also eine gewisse persönliche Unzufriedenheit als Quelle der Katastrophenlust? Weil Christoph jetzt bei seiner Chinesin im Restaurant arbeitet und nicht mehr ihr Leben teilt? Ausgerechnet eine Chinesin? Wo man doch immer in andere Welten hatte aufbrechen wollen? Wenn schon nicht auf den Spuren des mönchischen Bruders in Indien, dann doch wenigstens auf einer Insel im Indischen Ozean?

Man lässt das Kaninchen im Park laufen, doch nicht zu weit, man muss es jederzeit wieder einfangen können. Joachim ist fast zwei Monate lang täglich in den Bergen gewesen, doch jetzt muss er sich in der Schule achtmal täglich die Hände waschen. Meine Kinder, die während zweier Monate nicht in den Bergen waren, jetzt aber zu Hause sind, ohne sich die Hände waschen zu müssen, schütteln die Köpfe, als ich ihnen erzähle, was Mathilde glaubt. Ob der Virus für sie nun real sei oder nicht, wollen sie gleich wissen. Na, beides eben, sage ich, und freue mich, dass sie, als Kinder, sofort gesehen haben, wo der gedankliche Haken liegt.

Mathilde, so sage ich mir, gefällt sich in einer Totalopposition zu den herrschenden Ansichten. Man sieht sich außer- und oberhalb der Lügen-Maschine, man belehrt diejenigen, die ihre Familie in Italien haben, wie es jetzt gerade in Italien sei, man schafft sich Realitäten, um anderen die eigene Unabhängigkeit von der jetzigen unter Beweis zu stellen, und doch ist eine Anerkennung des Virus im Übermaß spürbar: Das nächste Mal wird es eine Milliarde Tote geben, Voraussehbarkeit des Todes und Fatalismus ihm gegenüber sind perfekt. Es gibt den Virus nicht, aber es *wird* ihn geben. Man weiß das, weil es ihn dieses Mal *nicht* gibt. Aber es hätte ihn immerhin geben *sollen*, das ist schon wahr. Die Intention, die gescheitert ist, wird in die Zukunft verschoben, die Überzeugung, man dürfe sich auf keinen Fall impfen lassen, weil man Impfungen ja auch in der Vergangenheit stets zu umgehen wusste, wird in sie, die Zukunft, hinein verlängert, auch wenn es natürlich Unsinn ist, dass sich jetzt Joachim in der Schule dauernd die Hände waschen muss.

Das Kaninchen wird trotzdem wieder eingefangen und kommt, wie ich, die ich mich mit einem Male ganz müde und traurig fühle, aus der Ferne noch sehe, wieder an die Leine.

## Eine Milliarde

Mathilde sagt weiter voraus, dass der nächste Virus in der Zukunft eine Milliarde Menschen dahinraffen werden. Was daran bemerkenswert erscheint, ist, wie sich Präzision und Unbestimmtheit mischen. Eine Vision von Zukunft wird präsentiert, die glaubt, zu wissen, wie es sein wird: Die Zahl der Toten steht schon fest. Gleichzeitig ist die Zahl »eine Milliarde« jedoch so wunderbar rund – es werden, laut der Voraussage, nicht (sagen wir mal) 960 000 000 Menschen sterben, und auch nicht 1 130 000 000, sondern eben eine Milliarde –, dass die Zahl als Annäherungswert vor einen tritt.

Wenn Prognosen davon leben, dass sie, ausgehend von gegenwärtigen Kenntnissen, Zukünftiges voraussagen, Prophetisch-Apokalyptisches hingegen, aus einer Endzeitgewissheit heraus, davon, dass es Zukunft bald nicht mehr geben wird, dann steckt in der Zahl beides zugleich. Das will zugleich auch heißen: Eine gewissermaßen »wissenschaftliche« Genauigkeit – man vermag die Zahl der bevorstehenden Toten anzugeben – durchmischt sich mit einer ganz und gar metaphorischen Sprechweise: Eine Milliarde Tote durch den nächsten Virus, das ist unvorstellbar und ist so genau auch nicht gemeint.

Also spiegelt die Zahl, psychologisch betrachtet, noch etwas anderes: Wer nicht einfach nur sagt, der nächste Virus werde noch viel schlimmer sein als der jetzige, sondern die dazugehörige Zahl gleich mitliefert, gibt sich das Ansehen, genau zu sein, was heißt: Die Person will, dass man ihr *Glauben* schenkt. Zugleich will sie aber durch den metaphorischen Anteil ihrer Rede auch über alle Grenzen hinaus den anderen (und sich selbst) erschrecken, das heißt, als Prophet des Entsetzlichsten sich selbst zur Würde verhelfen. Die erste Haltung bedeutet also eine Unterwerfung unter das Zahlen-Regime, das gerade jetzt, wo Statistiken in der Berichterstattung breiten Raum einnehmen, so einflussreich ist. Die zweite Haltung hingegen macht sich ganz von den Zahlen los, indem sie sozusagen mit dem Zählen – nämlich der Eins – ganz von Neuem beginnt. (Dass dann an der Eins noch einige Nullen hängen, ist dabei ganz nebensächlich.)

Offenbar wird psychologisch durch den Hinweis auf »eine Milliarde Tote« ein Gewinn eingefahren. Während Mathilde diese düstere Prognose abgibt, steht ihr eigenes Kind dabei, hin- und hergerissen zwischen Sorglosigkeit und Sorge im Übermaß, ungeheure Freiheiten genießend und zugleich unter der Gewissheit sich duckend, dass es bald ganz und gar vorbei sein wird. Die Mutter also wird zu einer gottähnlichen Instanz, unverständlich-widersprüchlich, mal schützend, mal mit einem mysteriösen Tode drohend, in ihrer Schwäche menschlich und dann doch wieder durch das scheinbare Konstatieren bezüglich des Kommenden von schneidender Kälte.

Vielleicht ist es also der Akt der Kommunikation, der im Vordergrund steht: Man will den anderen – hier das Kind – dem Wechsel der Gefühle aussetzen, dem man selbst unterliegt. Man fügt dem anderen Zukunft zu, so, wie einem selbst vielleicht in der Vergangenheit etwas zugefügt worden ist. In der Gegenwart gibt man sich jedoch ganz sorglos. Aber die Sorglosigkeit ist eingespannt zwischen große, zermalmende Mächte. Irgendeiner Sache in der Vergangenheit ist man entkommen, doch in der Zukunft wird das anders sein. Es ist, als reduziere sich die Zeit, über die man noch verfügt, auf diesen kleinen Ausschnitt jetzt und hier.

Das Sich-hinweg-Setzen über die Regeln der Ausgangssperre, wie Mathilde es hinauf in die Berge praktizierte, ist so sorglos also doch nicht. Vielmehr vermittelt es den Eindruck, als solle da schon einmal eine Welt abgeschritten werden, in der man niemanden mehr trifft. Mutter und Sohn sind bereits allein auf der Welt. Diese hat sich geleert, so wie es beim nächsten Virus tatsächlich (und zwar in noch größerem Maßstab) geschehen werde. Der Gang in die Berge, vielmehr: der Aufstieg in sie, nach *oben*, wirkt, als wolle man sich erheben über das Schicksal der Allgemeinheit, der Gemeinen, die als kommende Tote schon feststehen.

Demnach ist auch etwas extrem Gewalttätiges, Gewaltbereites in dieser Haltung. Eigentlich steckt in der Voraussage, eine Milliarde Menschen werden sterben, die Gewissheit, dass man von so einer abstrakten Zahl selbst nicht betroffen sein wird. Man prophezeit's den anderen, um selbst am Leben zu bleiben, vielleicht sogar das gegenwärtige Leben zu steigern, ihm eine Spannung zu verleihen, die es durch Alltäglichkeiten und Routinen verloren hat. Aber das Ungewöhnliche besteht eben darin, dass man den Blick über die anderen streifen lässt und sich, mit der Zahl im Hinterkopf, bei jedem siebten Menschen sagen kann: »Und der … und der … und der auch!« Ein Abzählspiel, in dem man schon mal den Tod zuweist. Es werden Menschen davonkommen, aber ein Siebtel eben wird sterben.

Ein Siebtel – das ist keine runde Zahl. Aber es enthält die Idee, wir seien »zu viele«, die Menschheit müsse schrumpfen, das Ziel sei ein eugenisch-demographisches, festgelegt durch unbestimmte Mächte. Ein Siebtel – das ist zugleich eine Märchenzahl, nicht so aufgeladen wie die Drei mit ihren Anklängen an die Dreieinigkeit, auch nicht der Zwölf gleichend mit ihren Jüngern. Eher eine sperrige Zahl, ungerade, die sich da ins Verhältnis setzt zur Eins.

Aber in gewisser Weise ist auch gar nicht wichtig, ob man jetzt von der Sieben spricht oder von einer anderen Zahl. Entscheidend ist – noch einmal – die Überzeugung, wir seien viel zu viele. Zwar wird behauptet, *andere* dächten, wir seien, demographisch gesprochen, zu viele, doch in Wirklichkeit ist diese Überzeugung Teil des Ichs, das anderen, Unbestimmten die Absicht zuschreibt, ein Siebtel der Menschheit töten zu wollen.

Kommt es zu solchen Phantasien, weil sich das Ich selbst überflüssig, oder, besser noch: überzählig vorkommt? Und erklärt es wiederum andere für überzählig, als Form der Rache für den eigenen Status? Interessant wäre dann, dass diese Rache ganz unpersönliche Formen annimmt. Man rächt sich nicht an dem Partner, der einen verlassen hat, nicht an jemandem, den man persönlich kennt und gegen den man etwas unternehmen möchte. Fast ist es, als wolle man festhalten am Selbstbild, als wolle man die gleiche, sanfte Person bleiben wie zuvor – die Rache muss dann aber gegen alle gehen, gegen alle, doch gegen niemanden persönlich, gegen niemanden direkt.

Die Abstraktion, dass man sich rächt, obwohl man gar nichts Konkretes unternimmt, was irgendwie nach Rache aussehen könnte, wird aufgewogen dadurch, dass die Rache zahlenmäßig im Superlativ daherkommt. Zwar rächt man sich an niemandem, den man kennt, zwar macht man nichts gegen diejenigen, die's verdient hätten – doch dafür phantasiert man sich in eine Situation hinein, in der die Rache Hekatomben hervorbringt. Das Sanft-Bleiben und Nicht-Agieren fände zu einem Ausgleich durch das schiere Übermaß des Todes, den man ins Zentrum der eigenen Wünsche stellt.

Politisch würde daraus folgen, dass man sich vor sanften Personen besonders vorzusehen hätte. Da rumort etwas, da ist auch ein klischeehaft Weibliches am Werk: Man genießt die tödlichen Aussichten, doch man vermeint, sie nicht herzustellen. Weil man aber – obwohl man nicht viel Geld hat und sich Strafzahlungen eigentlich nicht recht leisten kann – während der Ausgangssperre bewusst wegfährt, alle Regeln umwirft, ist vielleicht irgendwo, unterschwellig, doch der Wunsch da, durch das eigene Verhalten die Krankheit zu befördern. Daher der so offensichtliche Widerspruch, der darin besteht, dass man einerseits sagt, der Virus existiere nicht, andererseits aber behauptet, er sei eigens hergestellt worden. Nichts ist passiert, man hat selbst nicht getötet, doch gern hätte man's, und noch lieber wäre man Teil der Gruppe der Virenbauer gewesen.

Eine Idee von Gemeinschaft mag im Hintergrund stehen: Wer sich, gemeinsam mit einer verschworenen Elite, daran macht, das Sterben einer Milliarde Menschen ins Werk zu setzen, muss im höchsten Maße eines Erlebnisses von Macht teilhaftig werden. Man hat plötzlich die Massen vor sich, unübersehbar in ihrem Ausgeliefertsein.

Dass dieses Element eine Rolle spielt, dafür spricht erneut die Zahl »eine Milliarde«. Denn merkwürdig ist doch, dass die Möglichkeit vom Tisch gewischt wird, dass im Falle eines neuen Virus Gesellschaften eine Gegenwehr versuchen und dadurch die Zahl der Kranken und Neuansteckungen kontrollierbar halten würden. Die Phantasie des Todes, der ein Siebtel der Menschheit betreffen wird, geht aus von einer merkwürdigen Passivität aller Gesellschaften, setzt als gegeben, dass der Plan der Mörder ohne Gegenwehr abläuft und die Zahl daher voraussagbar ist. Wenn man erneut davon ausgeht, dass die Sanftheit die versteckte Form von Tötungslust ist und die Rache in all ihrer Abstraktheit nur die Hemmung verbirgt, vor sich selbst zuzugeben, an wem man sich gern rächen würde, dann ist eigentlich auch das Bild von den passiven Gesellschaften der Zukunft nur das Bild von einem selbst, der nicht zu agieren vermag, der sein Leben nicht mehr in der Hand hat – nur eben in den wenigen Momenten, in denen er in die Berge aufbricht, während alle anderen zu Hause bleiben. Eine Geste des Widerstands hinein in die allgemeine Leere.

## Ungeimpft

### 1

In Deutschland wollten Impfgegner:innen mit einem Davidstern am Ärmel demonstrieren gehen, auf dem in schwarzem, hebraisierendem Schriftzug das Wort »ungeimpft« stand. Ein Verbot ist erfolgt, die Aktualisierung von Geschichte hat durch polizeilichen Entscheid nicht stattgefunden, doch zumindest weiß man jetzt, dass sich Impfgegner:innen als Verfolgte sehen, denen man die Anheftung des Davidsterns verbietet, die sich durch aber genau durch dieses Verbot in ihrer Überzeugung bestätigt sehen werden, dass die Kennzeichnung und Ausgrenzung von Ungeimpften bevorstehe.

Eine Variante zum Wort »ungeimpft« stellt das Wort »Impfgegner« dar, das wahlweise als T-Shirt-Aufdruck oder Anstecker getragen wurde. Auf Plakaten wurden Impfstoffe als *»Endlösung der Coronafrage«* bezeichnet, während ein anderer Demonstrant, in gestreifte KZ-Kleidung gehüllt, verkündete: *»Maske macht frei«*. In München und anderswo fand wiederum ein Aufkleber Verwendung, der die Gesichter des Virologen Christian Drosten und des NS-Arztes Josef Mengele nebeneinander zeigte. Legende: *»Trust me, I'm a doctor«*.

Was ergibt das für ein Gesamtbild? Erst einmal dies: Der Tabubruch ist ganz unoriginell, da von der Verwendung des Davidsterns mit der Aufschrift »Dieselfahrer« auf Demonstrationen gegen Dieselwagen her schon bekannt. Neu und bemerkenswert ist hingegen, dass demonstriert wird gegen einen Impfzwang oder, wahlweise, einen Immunitätsausweis, die es beide nicht gibt und in Zukunft wohl auch nicht geben wird. Darin besteht der Unterschied zu den Diesel-Demos. Jetzt wird allenfalls Bezug genommen auf politische Ideen, die einmal in der Diskussion waren.

Es zeigt sich, dass die Demonstrant:innen nicht Opfer von Zwängen *sind*, sondern gern Opfer von Zwängen *wären*. Sie reden und demonstrieren etwas herbei, was es in der Realität gar nicht gibt. Eine Identifizierung auf doppelter Ebene findet statt: Man ist kein Jude, doch man wäre gern eine:r, um sich im superlativischen Sinne als Opfer fühlen zu können – Opferneid. Da man aber weder ein Opfer der nationalsozialistischen Mordmaschine ist noch ein Opfer der israelischen Weltherrschaftspläne, die, so die aktuellen Verschwörungs-Theorien, umgesetzt werden sollen, indem der von »den Juden«

gemachte Virus die Wirtschaft der Welt in die Knie zwinge, muss man eben selbst aktiv werden und durch die Reaktionen, die in ritualisierter Voraussagbarkeit auf den Tabubruch eines »Maske macht frei« und ähnliches zu erfolgen pflegen, das herstellen, was sonst nicht herstell- und behauptbar gewesen wäre, nämlich: dass man *wirklich* ein Opfer ist (nämlich das Opfer der Bestimmung, die besagt, auf diese Weise dürfe man nicht demonstrieren gehen).

Auffällig ist, dass, weil in Bezug auf die Impfung keinerlei Zwänge bestehen, der nicht-existierende Zwang durch die Herstellung eines dann sehr wohl existierenden ersetzt, das heißt zur Realität gemacht werden soll: Indem man sich, da zu den Impfgegner:innen gehörend, als Häftling eines Konzentrations- oder gar Vernichtungslagers darstellt, wird die Darstellung dem Verbot unterworfen. Darin also liegt das Ziel, und die Einfalt von Politik und Polizei ist zu konstatieren mit Blick auf die Verbote, die prompt bestätigen, was bis dahin rein ins Leere lief: Impfgegner:innen sind ganz und gar unverfolgt, niemand wird sie dazu zwingen, sich impfen zu lassen. Man spielt also ein Spiel mit, und die empörte Rede, es sei »geschmacklos« und »verharmlosend«, den nationalsozialistischen Judenstern in diese neuen Kontexte zu stellen, ist zwar nötig und in ihren praktischen Konsequenzen unbedingt anzuraten, doch gleichzeitig ist der Demonstrant, der mit seinem Auschwitzer Zebra-Anzug der Demonstration verwiesen wird, glücklich ans Ziel gelangt: In dem Moment, in dem er die (gleichfalls gestreifte) Maske abnimmt und das Kostüm auf einem Bügel wieder in den Kleiderschrank hängt, ohne demonstriert zu haben, ist psychologisch erreicht, was er erreichen wollte. Er ist das Opfer staatlicher Bestimmungen. Da aber gleichzeitig von Rahmenbedingungen, die für Demonstrationen gesetzt werden, keine psychotherapeutische Sensibilität erwartet werden kann, muss die Frage, wie die Logik des Opferneids durchbrochen werden könne, ohne Antwort bleiben.

## 2

So scheint es also wichtiger, den Bildern und Formulierungen dieses Demonstranten-Typus' nachzugehen. Der Slogan *»Maske macht frei«* impliziert gleich mehrere Dinge auf einmal. Wer die öffentlichen Transportmittel nutzen oder sich in bestimmten, öffentlichen Räumen bewegen will, ist angehalten, eine

Maske zu tragen. Andernfalls bleibt man, so impliziert der Spruch, auf das eigene Zuhause beschränkt. Ohne Maske wirke, so die unterschwellige These, die Ausgangssperre weiter fort.

Das KZ ist dieses Mal also nicht Auschwitz, über dessen Eingangstor die Verheißung *»Arbeit macht frei«* angebracht war, sondern das eigene Zuhause, denn dies ist ja der Ort, an dem sich die Impfgegner:innen eingesperrt fühlten. Da man sich inzwischen wieder ganz frei draußen bewegen kann, praktisch ohne Auflagen, weiß man aber nicht recht, ob die Demonstrant:innen wirklich die Freiheit im Draußen suchen oder im Gegenteil wünschen, man möge ihnen das Verbleiben zu Hause erneut zur Pflicht machen? Vielleicht trauern sie, ohne es zu wissen, den Zeiten nach, in denen sie staatlichen Zwängen unterworfen waren? Denn eigentlich ist doch Enge in jeder Hinsicht die Ingredienz, die diese Phantasien am stärksten prägt. Bricht da eine generelle Angst vor allem durch, was nicht das eigene »Heim« ist?

Der Freiheitsbegriff der heutigen Antisemit:innen nimmt sich dadurch besonders absonderlich aus, als dass das Substantiv »Arbeit« gegen den Hinweis auf die »Maske« eingetauscht worden ist (»Maske macht frei«). Das Tragen einer Maske ist schwerlich als ermüdende Tätigkeit oder Aktivität zu bezeichnen. Eigentlich geschieht der Person nur etwas. Zeichen wandern an den Körpern der ganz und gar Unversehrten herum: Die schwarz-weiß gestreifte Gesichtsmaske gleitet als Davidstern auf die Brust oder als ebensolcher auf den Oberarm, und wer die Kennzeichnung einer ganzheitlichen Gestaltung zuführen will, bedeckt dann sogar den gesamten Körper mit der neu geschneiderten Häftlingskleidung.

Eine verlogene Karnevalistik ist im Gang, deren gemeinsamer, wenn auch ungenannter Bezugspunkt der Tod ist. Wer im Nationalsozialismus mit dem Davidstern gekennzeichnet war und nicht wagte, das Risiko auf sich zu nehmen, dieses Stigma zu beseitigen, war – Ausnahmen waren selten – dem Tod geweiht. Denn der Stern ermöglichte und erleichterte die Identifizierung und war damit unabdingbare Voraussetzung der Konzentration, Ghettoisierung und nachfolgenden Deportation der Verfolgten. Der Virus hingegen hat zu keiner Kennzeichnung irgendeiner Art geführt. Die Demonstrant:innen machen sich selbst zum »Auserwählten Volk« im neuen Sinne. Sie stellen sich als dem Tod geweiht dar, wobei der Tod auf Umwegen kommt: Eben nicht allein (und mitunter gar: nicht so sehr oder sogar gar nicht einmal durch den Virus selbst), sondern vielmehr durch die Impfung, in der keineswegs ein Schutz gegen Krankheit und Tod gesehen wird, sondern ganz im Gegenteil die eigentliche, tödliche Gefahr. Eine Todessehnsucht also? Eine Faszination, die von Zerstörung ausgeht? Spricht sich hier der Wunsch aus, die Gewalt gegen die eigene Person möge endlich ausbrechen?

Dieser letzte Gedanke wird augenscheinlich als Voraussetzung für die Gegengewalt betrachtet, die man so gern in Gang setzen würde. Die merkwürdige Mischung aus Passivität und Aktivität, die den Einspruch gegen den Staat kennzeichnet, wird hier greifbar. Die Passivität zeigte sich, als man brav zu Hause blieb, als dieses Zuhause-Bleiben staatlich verordnet war. (Demonstrieren geht man, wie gesagt, erst wieder, seitdem es nichts mehr kostet und zu überwindende Widerstände rein imaginär sind.) Die Aktivität hingegen wohnt der Tötungslust inne, die sich als Angst vor dem von außen – durch die Juden und ihre Impfstoffe – zugefügten Tod maskiert.

Diese Doppelung, dieses Kippen zwischen den Gegensätzen scheint auch im Bezug auf Mengele auf. Da wird eine ganze Ärzteschaft – verkörpert durch den staatlich besonders anerkannten, die Regierung beratenden Virologen – zum Prinzip des Bösen schlechthin erklärt, als Instanz einer Selektion, auf die die furchtbarsten Versuche an Menschen folgen würden. Die Jagd ist freigegeben, doch auch sie ist zwitterhaft: Da jagen nicht nur Ärzt:innen die Impfgegner:innen, um ihnen die Phenol- oder Impfspritze zu verpassen, sondern umgekehrt erleben sich die Impfgegner:innen offenbar auch als die Instanz, die, weil sie die Ärzt:innen von heute aufs Schlimmste verunglimpft, eine Art perverser »Entnazifizierung« der offiziellen Medizin anempfiehlt. Es wäre nicht verwunderlich, wenn Drosten demnächst einem Akt von Lynchjustiz zum Opfer fiele.

Das wäre dann die eigentliche »Endlösung der Coronafrage«. In der Wiederaufnahme des Nazi-Euphemismus wird angekündigt, dass Hitlers Projekt, da unabgeschlossen, zu Ende zu führen wäre. Juden werden unablässig produziert, jetzt, wo es in Deutschland ohnehin nur kleinste Gemeinden gibt. Sie fallen als Projektionsfläche gar zu dürftig aus. Man setzt die Internationalität ihrer Verbindungen in die Welt, um sich selbst dennoch hinreichend in die Opferrolle hineinsteigern zu können. In Wirklichkeit besteht aber auch hier ein proportionales Verhältnis zwischen der Lust, zum Opfer zu *werden*, und der brennenden Bereitschaft, sich selbst Opfer zu *suchen* – natürlich als »Gegenwehr«, die sich dann an den Formen und Vorbildern der Männer vom Schlage Mengeles zu orientieren hätte.

Einerseits entspricht alles nur einer Rhetorik der Provokation. »Maske macht frei«, »Die Endlösung der Coronafrage« – all das ist nichts weiter als der vorstellungslose Missbrauch historischer Versatzstücke. Man weiß nicht, wovon man spricht. Andererseits muss aber leider auch davon ausgegangen werden, dass selbst diejenigen, die der Überzeugung sind, der Virus sei reine Erfindung, unterschwellig von tiefsitzenden Ängsten umgetrieben werden. Und dann tritt die Rhetorik aus ihrer Formelhaftigkeit heraus, und es droht eine Situation, in der Sprache und Sache doch identisch werden. Das ist die eigentliche Befürchtung: dass da Leute am Wirken sind, die sich, trotz (und auch: gerade *wegen*) all dieses Imaginären, wirklich und wahrhaftig bedroht glauben. Und da vollkommen unerheblich ist, was wirklich ist und was nicht, und für ihr künftiges Handeln allein entscheidend sein wird, was sie schon jetzt für wirklich *halten*, sind die Phrasen und all das, was aus der historischen Mottenkiste wieder zum Leben erweckt wird – die Häftlingskleidung in Schwarz und Weiß, das Auschwitz-Portal –, dann eben doch von wahrhaft furchterregender Virulenz und der Virus ein möglicher Auslöser von sehr wohl tatsächlicher Gewalt.

Noch begnügt man sich damit, sich einhegen zu lassen durch Verordnungen und Auflagen für Demonstrationen. Noch ist die psychische Instanz, die nach Autoritäten lechzt, das heißt unbewusst wünscht, sich unterwerfen zu dürfen, stark genug. Auf der anderen Seite ist das Gegenteil schon spürbar: der Ausbruch.

## Wie ich zum Verschwörungstheoretiker wurde

Es war am späten Nachmittag, so erzählte Dominic, als ich zu meinem täglichen Spaziergang aufbrach. Wunderbares Sommerwetter, kleine, ganz plastische Wolken wie auf holländischen Gemälden des 17. Jahrhunderts, schwache Windstöße zwischendurch aus verschiedenen Richtungen. Auf den Straßen war nicht viel los; im Wald das erwachsene Grün des Augusts, der Boden federte unter den Füßen.

Ich entschloss mich irgendwann, meinen Vater anzurufen. Er lebt jetzt in einem Altersheim bei Paderborn, langsam aber sicher verschluckt ihn eine vaskuläre Demenz. Doch es gibt immer wieder lichte Momente. So einen hatten wir. Er erzählte, er habe den ganzen Nachmittag in Büchern über den Nationalsozialismus gelesen, grauenvoll, wie so etwas habe passieren können. Nein, welche Bücher das waren, das wusste er nicht mehr. Ich sagte, es könne sich wiederholen; Menschen würden unter veränderten, druckvollen Umständen mindestens zu Mitläufern, wenn nicht zu Tätern. Es sei leider normal, Widerstand die rare, nicht vorauszusehende, vielleicht nicht mal zu verlangende Ausnahme.

Er habe es selbst, fuhr Dominic fort, an sich erlebt, Anfang der 90er Jahre in Heiner Müllers Inszenierung des ›Arturo Ui‹. Als der ganze Klamauk, das Einstudieren der Rede vor dem Spiegel, das hoch bemühte Gefuchtel à la Hitler, aufhörte, als Martin Wuttke, der den Ui spielte, sich an die Rampe begab und nun im Ernst auf das Publikum mit der Gewalt einer Rede niederfuhr, der wir alle erlagen, wusste ich, sagte er, dass alles einstudierter Blödsinn ist, trotzdem war ich im Bann dieser krakeelenden, gestikulierenden, dionysisch erschütterten Gestalt. Ich war mir nicht sicher, wie es mir während der Sportpalastrede gegangen wäre. Hätte ich es ausgehalten, wäre ich für mich geblieben, anstatt im Sog der sich manifestierenden BEWEGUNG unterzugehen? Ich wurde zum potenziellen Täter, ich verstand, dass mich im Prinzip nur Glück, die gescholtene Gnade der späten Geburt von den Tätern trennte, und dass es keinen Grund gibt, sich für etwas Besseres zu halten als die unseligen Vorfahren: dass man nur hoffen kann, man hätte in sich die Kraft gefunden, standzuhalten …

D.'s Vater, der an diesem Tag sehr gesprächig war, erzählt von der Stimmung der ersten Nachkriegsmonate. Die meisten hatten *nichts* gewusst und fielen gemeinsam über diejenigen her, die immerhin zugaben, geahnt zu haben, was mit den Kommunist:innen, was mit den Juden und Jüdinnen und den Homosexuellen geschehen war. Ja, aber warum sie denn nichts dagegen unternommen, nicht Widerstand geleistet hätten? Hier wuschen sich Leute rein, hier fand wieder eine Art Selektion statt, 12 Jahre war mein Vater zu dieser Zeit und alt genug, um zu verstehen, dass etwas nicht stimmte.

Langsam, zögernd kamen die beiden auf ihn zu. Das Bild pixelte sich allmählich zusammen, der Wald hämmerte hart und gläsern im Ohr, die Stimme des Vaters rutschte weit in die Kulissen. Sie trug eine riesige Sonnenbrille, wie Dominic sie von ihrer Mutter kannte, aber er erkannte sie doch, an der Kopfhaltung, am Gang, an der Art und Weise, in der sie seinen starren Blicken auswich und zu Boden sah. Er war diesseits der Angst, nur eine zerrissene Leinwand, in die die Projektile dessen, was er sah, lautlos einschlugen.

Dann eben SIE, ihre neue Freundin, ich habe das, sagte mir D., einfach angenommen, weil sie der Beschreibung entsprach, die Katharina mir in abgerissenen Zwischenbemerkungen während der langen angehaltenen Tage der Trennung gemacht hatte: Ein mütterlicher Typ, stark gebaut, wiegender Gang, ein breites und freundliches Gesicht, ganz anders als ihre spitzen Mauszüge, die sich unglücklich oder wütend verkleinern konnten, je nachdem.

Es war mein erster Impuls, ihr eine SMS zu schreiben, des Inhalts, sie soll sich doch, verdammt noch mal, verpissen. Ich bin davon abgekommen, nicht weil es unberechtigt war, das war es sowieso, es ist nun mal nicht meine Stadt, sondern in mühseliger Anerkennung der noch immer und vielleicht für immer bestehenden Kräfteverhältnisse. Egal, was er ihr schriebe, ihre Antwort, die auch eine Nichtantwort hätte sein können, wäre schlimmer ausgefallen, sie hätte mich verwickelt in etwas, in das ich nicht verwickelt sein sollte.

So rannte er blind durch den Wald, irgendwann hatte er das Telefongespräch über Täter und Opfer abgetan und sah nicht mehr, was auf der Netzhaut noch anschwoll und abschwoll. Die Wut formierte sich. Brandete gegen den, ihren, überschmalen Körper an, dem er so verfallen gewesen war, »dass ich mich nur noch mit ihren Augen sehen konnte«. Diesen Körper, der über ihm gethront und das, was er mal war, weggevögelt hatte, beißend und kratzend Rache für irgendwas anderes genommen hatte, von dem ausgenommen zu sein er geglaubt hatte. Er war's nicht, vielleicht würde die neue Liebe es sein, der mütterliche Typ mit dem breiten Gang, den er eben noch gesehen hatte; im Bett so, dass K. nicht auf sie verzichten wollte.

Weil diese Wut aber nicht rauskonnte und wie ein blinder Verrückter durch den Wald sauste, weil es sich dieses Mal aber auch nicht anbot, sie gegen sich zu richten: wie ich es über Monate und Monate getan hatte, blind vor Selbstvorwürfen, bereit, mein ganzes Leben zu zerkratzen, fiel sie, diese Wut also, über den BESTEN FREUND her, sagte er, der einzige, der ihr die Treue gehalten hat, weil er nicht anders kann, der den Spagat versucht hat, das Hin und Her, das Verschweigen und vielleicht auch die Tabus, die stumm und fordernd in der Ecke stehen. Bei ihm waren sie gewesen, GANZ KLAR, dort hatten sie übernachtet, zusammen geschlafen, gejubelt und gefrühstückt, Wein getrunken und ihre Stimmen vom Balkon aus über den engen Hof erschallen lassen, mit den Kindern gespielt, und es gab vielleicht nicht mal Tabus, weil ich nicht so wichtig bin, ein Liebeskranker unter so vielen, das Leben geht weiter, das wird schon …

Aber warum, so bohrte Dominic weiter, und diese Zurschaustellung begann mir unangenehm zu werden, hat er mich nicht vorgewarnt! Er weiß doch, wie es mir geht, wir sind Freunde, ja verdammt, es wäre zu verlangen gewesen; es ist einfach nur bequem, darauf zu hoffen, dass alles gut gehen wird. Wenn ich von ihrem Besuch gewusst hätte, vielleicht hätte ich die Stadt ja für ein paar Tage verlassen, warum sich zumuten, was noch nicht möglich ist!

Ältere Erinnerungen kamen wieder hoch, wie schon so oft. Das Geburtstagsfest dieses Freundes, im Januar, der hatte ihn drei Tage vorher nochmal angerufen und gefragt, ob er Zeit hätte und ob er kommen wolle und wie viel Uhr er käme. Das hatte er vorher, sagte Dominic, noch nie gemacht; und ich hatte schon zugesagt. Er kam mir vor wie der Regisseur einer guten Komödie, in der alles aufs TIMING ankommt: Wann verlässt der eine die Bühne, wann betritt der andere sie durch die entgegengesetzte Tür? Und die Feier war entsetzlich. Ich war, sagte mir D., die ganze Zeit von dieser Vorstellung besessen, dass Katharina sich, sei es alleine, sei es mit Anhang, durch diese Räume bewegt habe. Der Abend war versaut gewesen. Am Ende einer Parallelstraße stand überdies ein umgebautes Mercedes-Wohnmobil mit Berliner Kennzeichen, das gab mir den Rest. Wochen später traute ich mich, nachzufragen, wie es denn wirklich gewesen sei. Nein nein nein, natürlich war sie nicht da gewesen; sie hätte nicht mal angerufen. Manchmal höre man eben die FLÖHE HUSTEN.

Aber ein Rest Unglauben blieb. Nicht mal angerufen? Sie waren doch gut befreundet, dachte er, die Trennung hatte so einiges ins Schlingern gebracht, sie waren aber wohl wieder einigermaßen ins Reine gekommen. Er glaubte das zu wissen. Andererseits: Würde sein Freund das Risiko auf sich nehmen, ihn regelrecht zu belügen? Ich bin genug belogen worden, sagte D., sie hat mich ab einem bestimmten Punkt immer mehr belogen, etwas verschwiegen oder falsch dargestellt; die Lebenssphären immer strikter voneinander getrennt und gegeneinander undurchlässig gemacht. Er muss doch wissen, dass die Freundschaft zu Ende ist, wenn das mal rauskommt.

So sagt mir mein Verstand, dass er die Wahrheit sagen muss, aber das Misstrauen bleibt. Ist es wirklich nur so, wie es scheint?

Da habe ich ihm, erzählte D. weiter, eine brutale, möglicherweise wahnhafte Mail geschrieben, voller gesagter und ungesagter Vorwürfe. Es war nicht die erste dieser Art, so habe er, der Freund, unwirsch, ja sehr sauer reagiert:

Nein, er sei jetzt nicht mal bereit, den Redeschwall zu Ende zu lesen, und ob ich – D. – denn nicht mal auf den GEDANKEN gekommen wäre, danach zu fragen, ob er von ihrem Besuch überhaupt *gewusst* habe.

Nein, das habe er nicht, und auch jetzt, in der Rückschau, nachdem der Freund, immer noch gekränkt, versichert hatte, dass er wirklich keine Ahnung gehabt habe, kann ich es nicht so richtig glauben. Wie nach dem Geburtstag: Das einzige Argument, das für das spricht, was er mir versichert hatte, ist, dass der Preis der Lüge so hoch war. Das heißt: Nein, es gibt noch ein zweites Argument – er, also der Freund, sei nicht feige, er hat eigentlich kein Problem damit, unangenehme Wahrheiten zu sagen, warum hätte er davor in diesem eher gefährlichen Fall zurückschrecken sollen?

Und natürlich dämmerte es ihm nach einiger Zeit auch, wie wenig er in Wirklichkeit wusste. Vielleicht war Katharina selber gefangen in dieser bescheuerten Dreieckskonstellation, in der sie nun mal steckten: beste Freunde zuvor, die Gemeinschaft zerrüttet durch eine plötzliche, ankündigungslose Trennung. Vielleicht wollte sie ihn sogar schonen (aber das sagte er sich nur, glaubt es nicht); vielleicht war es ein Akt der Sphärentrennung; vielleicht nur ein Blitzbesuch bei der Familie, keine Zeit, die trotz alledem sehr guten Freunde im neuen Aggregatzustand des Lebens zu besuchen. Und doch, nur ein Dämmern: Vielleicht aber belogen sie ihn trotzdem, alle vielleicht. Letztlich wäre ja niemandem etwas nachzuweisen.

VERLUST DES URVERTRAUENS: Gefühle und Unwissen formen die Geschichten, aus denen wir manchmal die Wirklichkeit zusammensetzen. Beides ist nicht gut auszuhalten und fügt sich zu dem zusammen, was man sich erzählt, um Lücken zu stopfen, Parallelwelten und Modelle, die den zerfaserten, löcherigen Fakten ihre Folgerichtigkeit entgegenstellen. Grundregel: Die Urheber sind böse.

# Ökonomisches

## Samstagnachmittag

Im Supermarkt ist es ziemlich voll; ich bilde mir ein, es ist voller als sonst. Was sollen die Leute auch anderes machen? Was ihnen an *Socializing* noch erlaubt ist, beschränkt sich aufs Einkaufen, auf die Arbeit und eventuelle Besuche beim Arzt. Nur aufs Wesentliche, das heißt »Systemrelevante«. In der Krise werden wir auf die Funktionen reduziert, die für den Kapitalprozess essentiell sind: Produzieren, Konsumieren, Erhalt unserer Arbeitskraft. Mit der Freiheit in Ketten ist es so eine Sache; wir werden sehen, was dabei herauskommt. Einmal mehr und einmal deutlicher werden wir zu Anhängseln eines Systems degradiert, dass seiner eigenen Reproduktion alles Überflüssige opfert.

## Im Supermarkt

Wenn ich denn in den Supermarkt ginge (doch ich gehe nicht in den Supermarkt), würde ich die Kassiererinnen beobachten. Die Kassiererinnen nämlich gehen in den Supermarkt, weil sie Kassiererinnen des Supermarkts sind und nicht die Wahl haben, nicht in den Supermarkt zu gehen. Wenn sie nicht in den Supermarkt gingen und damit meinem Beispiel folgten, würde der Supermarkt nicht öffnen können und würde sich meine Entscheidung, nicht in den Supermarkt zu gehen, von Grund auf ändern.

Denn es ist natürlich so, dass ich nur *vorerst* nicht in den Supermarkt gehe, es über kurz oder lang aber doch tun werde, weil ich sonst nichts mehr zu essen haben würde. Ich gehe also davon aus, dass die Kassiererinnen des Supermarktes keine Wahl haben und tagtäglich in den Supermarkt gehen werden, damit ich, wenn ich in Zukunft nicht mehr die Wahl habe und in den Supermarkt werde gehen müssen – gehen *müssen*, doch beileibe nicht täglich oder gar tagtäglich! –, offene Türen und genug Nahrung vorfinde, um in der darauffolgenden Zeit erneut nicht mehr in den Supermarkt zu gehen (ich hätte wieder genug zu essen, um vorerst nicht mehr in den Supermarkt zu gehen).

Gesetzt nun aber den Fall, dass wirklich wird, was bisher nur in Konjunktiven in Erscheinung tritt – nämlich, dass sich die Kassiererinnen weigern, weiterhin in den Supermarkt zu gehen –, dann wäre plötzlich die ganze Sicherheit, von der meine Entscheidung abhängt, vorerst nicht in den Supermarkt zu gehen, futsch, und ich würde teilhaben an der Unsicherheit, die die Kassiererinnen des Supermarktes schon jetzt empfinden. Die Angst wäre eine doppelte: Ich würde Supermärkte weiterhin vermeiden wollen, weil sie potenziell Orte der Ansteckung sind, aber ich würde plötzlich auch Angst davor haben, dass es diese Orte der Ansteckung nicht mehr gibt, weil das Problem, dass es nichts mehr zu essen gibt, sich in den Vordergrund und damit gar vor die Angst vor einer möglichen Ansteckung im Supermarkt schieben würde.

Damit ist aber beileibe nicht gesagt, dass diese meine dann vorherrschende Angst auch auf Seiten der Kassiererinnen die vorherrschende wäre. Vielleicht wäre (und ist) bei ihnen die Angst vor einer möglichen Ansteckung im Supermarkt schon jetzt die vorherrschende, nur, dass sie sich dem kollektiven Vorherrschen der anderen Angst – nämlich nichts mehr zu essen zu haben – bisher unterordnen, das heißt ihre eigene Angst hinter der der anderen rangieren lassen.

Dieses Sich-selbst-Zurückstellen ist kein Altruismus, ist kein Heroismus. Es ist eine Notwendigkeit. Denn wenn die Kassiererinnen meinem Beispiel folgten und nicht mehr in den Supermarkt gingen, würden sie nicht mehr bezahlt werden und hätten Schwierigkeiten, in den Supermarkt zu gehen, um sich etwas zum Essen zu kaufen. So sitzen sie also tagaus, tagein an der Kasse und sehen das Essen derjenigen an sich vorbeiziehen, die, wie ich, zwar in den Supermarkt gehen müssen, um etwas zum Essen zu haben, nicht aber im Supermarkt *bleiben* müssen, tagaus und tagein, um etwas zum Essen zu haben.

Notwendigkeiten treten auseinander. Zwar sind wir als Menschen alle durch die Notwendigkeit miteinander verbunden, etwas essen zu müssen (und zwar tagtäglich), doch die Notwendigkeit der Kassiererinnen, zum Supermarkt zu gehen, rührt eigentlich nur von den Notwendigkeiten her, die die Meinen (und die der Meinen) sind. Noch ist es so, dass meine und der Meinen Notwendigkeiten die Notwendigkeit auf Seiten der Kassiererinnen erzwingen, in den Supermarkt zu gehen (und dort zu bleiben). Doch über kurz oder lang ist es nicht undenkbar, dass die Angst der Kassiererinnen vor mir und den Meinen und den Vielen, die ihre Ansteckungsgefahr wie auf dem Laufband der Kasse erhöhen, umkippt in ihre Entscheidung, neue Notwendigkeiten zu setzen und mich und die Meinen und die Vielen vor eine Situation zu stellen, in der wir die Notwendigkeit, etwas zum Essen zu haben, ganz neu anblicken müssen.

Denn wenn wir ehrlich sein wollen, wirklich ehrlich vor der Wirklichkeit, der noch potenziellen und doch schon vorhandenen, dann müssen wir zugeben, dass wir noch nie die Notwendigkeit haben Wirklichkeit werden sehen, dass man etwas zum Essen haben muss. Die Notwendigkeit war immer hinter der Wirklichkeit verborgen, dass wir etwas zu essen *hatten* und nichts zum Essen zu brauchen schienen, weil die Supermärkte ohnehin offen waren und tagtäglich den Einkauf ermöglichten. Die Gefahr der Ansteckung öffnet den Blick für die Möglichkeit, dass die Tore der Supermärkte nicht immer offenstehen werden und wir, die wir keine Kassiererinnen sind, nicht genug zum Essen haben könnten. Das Laufband stünde still, der Gedanke an Möglichkeiten käme in Gang. Stille als Bewegung, Hunger als Entdeckung des Essens, der Supermarkt als Zentrum des Marktes der Ängste, die mit der Notwendigkeit, zu essen, spekuliert.

## Von Ast zu Ast

Daniel Defoe berichtet in seinem Buch über die Pest von London:

> *»Wenn jemand ein Stück Fleisch auf dem Markt gekauft hätte, würde man es nicht direkt aus der Hand des Fleischers entgegennehmen, sondern es sich selbst vom Haken holen. Seinerseits würde der Fleischer das Geld nicht unmittelbar berühren, sondern veranlassen, dass es in einen Topf mit Essig getan würde, den er für diesen Zweck bereit hielt. Der Käufer führte immer genügend Klein-*

*geld bei sich, um auch krumme Beträge passend zu haben. Sie hatten Flaschen mit Duftwässern und Parfüms in der Hand, und alle Mittel, die angewendet werden konnten, wurden angewendet; aber die Armen konnten selbst diese Dinge nicht aufbringen, und gingen ein hohes Risiko ein.«*

Elias Canetti beschreibt in ›Masse und Macht‹ die Technik, die es Affen erlaube, sich von einem Ast zum anderen zu schwingen. Die Bedeutung, die die Hand bei der Evolution der Affen gespielt habe, sei längst erkannt, doch sei nicht genug bedacht worden, welche verschiedenartigen Funktionen beide Hände beim Klettern übernähmen.

*»Sie tun keineswegs dasselbe zur selben Zeit. Während die eine nach einem neuen Ast langt, hält die andere am alten fest. Dieses Festhalten ist von kardinaler Wichtigkeit; bei rascher Fortbewegung verhindert es allein das Fallen. Unter keinen Umständen darf die Hand, an der das ganze Körpergewicht hängt, loslassen, was sie hält. Sie gewinnt eine große Hartnäckigkeit darin, die aber vom alten Festhalten der Beute sehr wohl unterschieden ist. Denn sobald der andere Arm den neuen Ast erreicht hat, muss der alte von der haltenden Hand losgelassen werden. Wenn das nicht sehr rasch geschieht, kommt das kletternde Geschöpf nicht recht von der Stelle.«*

Man mag sich fragen, warum ich zwei Zitatblöcke, die auf den ersten Blick nicht das Geringste miteinander zu tun haben, so schroff nebeneinanderstelle. Eine Verkaufsszene aus Defoes Bericht und die Affen. Was soll das? Die Antwort ist einfach: Es gibt keinen thematischen Sprung. Und das kommt so:

Die Affen, die zwischen Festhalten und Loslassen den richtigen Rhythmus zu finden versuchen – einen, der ihr Klettern so schnell wie möglich macht, ohne das Fallen vom Baum zu provozieren –, sind nicht einfach nur aufgrund ihres abgespreizten Daumens unsere nächsten Verwandten, sondern auch in Bezug auf das Verhältnis zum Geld. Diese Aussage mag erstaunen, doch Canetti zeigt, was im Vergleich zu anderen Tieren an Affen (und damit auch an unserem Verhältnis zum Verdienen) neuartig ist: *»Das blitzartige Loslassen ist es […], was als neue Fähigkeit dazukommt; die Beute früher wurde nie losgelassen, nur unter äußerstem Zwang und sehr gegen alle Gewohnheit und Lust.«* Zwei Stadien gab es: Die Jagd, in der Klauen, Maul, Zähne und Schlund zusammen wirkten und das, was man gefangen hat, dem eigenen Körper als Beute (oder

Verdienst) einverleibte. Und dann, als Neuerung, die Fähigkeit, scheinbar Verzicht zu üben (nämlich den einen Ast loszulassen), nicht jedoch, ohne sich sicher zu sein, dass die andere Hand den nächsten Ast – als eine neue Etappe des Festhaltens – in erreichbarer Nähe hatte. *»Die Leistung des Festhaltens besteht also für jede Hand einzeln aus zwei aufeinanderfolgenden Phasen: Ergreifen, Loslassen, Ergreifen, Loslassen. Die andere Hand tut zwar dasselbe, aber um eine Phase verschoben.«*

Die skeptische Frage vom Anfang scheint noch nicht beantwortet zu sein: Was hat das um Gottes willen mit Geld zu tun? Was Canetti beschreibt, ist der herkömmliche Vorgang von Handel. Dieser leitet sich etymologisch nicht zufällig vom Wort »Hand« ab. *»Er* [nämlich der Handel; A. P.] *besteht darin, dass man für etwas, was man bekommt, etwas Bestimmtes hergibt.«* Der Verkauf von Fleisch durch den Fleischer ist ein hervorragendes Beispiel für diese Art von Austausch: Er reicht dem Kunden das gewünschte Stück Fleisch, und der Kunde reicht dem Fleischer die entsprechende Summe Geldes.

Zugleich gilt: *»Die eine Hand hält zäh an dem Gegenstand fest, mit dem sie den Partner zum Handel verlocken will.«* Der Fleischer also will sein Fleisch behalten, der Kunde sein Geld. Nur der Umstand, dass die Aussicht auf den Erhalt des Äquivalents bestimmte Vorteile impliziert, bringt die Affen oder Menschen, Aufsteiger in Bäumen oder aufstiegsorientierte Händler dazu, ihre Sache loszulassen, das heißt, die Hand zu öffnen und den genannten Besitz freizugeben. (Darin ist also doch noch ein Restbestand des Festhaltens um jeden Preis zu beobachten, das das Verhältnis anderer Tiere zu ihrer Beute kennzeichnete. Doch wir stehen vor einer Schwundstufe. Man lernt *peu à peu* das Loslassen. Eine Veränderung hat sich vollzogen.) Noch einmal, in Zeitlupe: Während die eine Hand an ihrem Gegenstand festhält, passiert mit der zweiten Hand etwas anderes: Sie *»streckt sich verlockend nach dem zweiten Gegenstand aus, die sie gern für ihren eigenen haben möchte. Sobald sie diesen berührt, lässt die erste Hand ihren Besitz los; vorher nicht, sonst könnte sie ganz darum gebracht werden.«*

Erstaunlich an der Pest ist also, dass sie dem Misstrauen, das darin bestand, die Phasen von Ergreifen und Loslassen, Ergreifen und Loslassen genau zu takten, einen neuen Zeitindex einschreibt. Natürlich ist es gerade in Krisenzeiten so, dass der Händler auf keinen Fall betrogen werden, das heißt nicht um sein Produkt – hier das Fleisch – gebracht werden will. Umgekehrt will der Kunde auf keinen Fall das Risiko eingehen, Geld zu verlieren, ohne in den Besitz des Äquivalents zu gelangen. Doch die Angst vor Ansteckung ist so groß, die Gefahr, die von der Beibehaltung der Geste des Sich-gegenseitig-die-Äquivalente-Reichens ausgeht, so überdeutlich, dass den Ästen eine neue Bedeutung zuwächst. Der Kunde will nicht, dass der Fleischer ihm das Fleisch herüber gibt. Und der Fleischer akzeptiert – was, vom Klettern her gedacht, nicht weniger erstaunlich ist –, dass der Kunde sich das Fleisch selbst nimmt.

Es findet also eine Abstraktion statt, die dem Betrug sehr förderlich sein könnte: Der Händler muss vollkommen neue Risiken eingehen. Der Kunde hat sich zu sagen, dass die Fähigkeit des Fleischers, das betreffende Fleischstück im Auge zu behalten, an die Stelle des einstigen Festhaltens dieses Stücks durch die Hand getreten ist. Der Fleischer muss darauf vertrauen, dass er die Situation weiterhin in der Hand behält, auch wenn es in Wirklichkeit der Kunde ist, der plötzlich alles in die Hand nimmt: Er nimmt das Fleisch vom Haken und übergibt noch nicht einmal (darin liegt, aus Sicht des Handels, der zweite Skandal) direkt das Geld, das er dem Fleischer für das Fleischstück schuldet. Vielmehr muss das Geldstück in den Topf geworfen werden, der dem Einsammeln des Geldes dient. Aber immerhin: Das Auge des Fleischers wacht, und zwar aufmerksamer denn je.

An dieser Stelle ist es in der Tat er – der Fleischer –, dessen Wünsche bezüglich der Äste maßgeblich werden. Er gibt nicht, wie es zunächst schien, alles einfach so aus der Hand Obwohl er im Normalfall (das heißt außerhalb der Pestzeiten) verlangen muss, dass das Herüberreichen des Geldes als Äquivalent für das Herüberreichen des Fleisches realisiert werde, ist er es jetzt, der seinerseits ebenso große Angst hat, von seinem Kunden angesteckt zu werden, wie jener Angst hatte, vom Fleischer angesteckt zu werden. So wie sich die Pest dem Fleisch mitteilen kann, wenn der Fleischer es berührt, kann die Pest sich auch dem Geld mitteilen, wenn der Kunde es berührt. Da jedoch der Kunde gar nicht anders kann, als das Geld aus seinem Beutel zu nehmen, bevor er diesen seinen Ast loslässt und den lockenden Ast des Fleisches ergreift, muss das Geld den Umweg über das bereitstehende Essigbad nehmen. Das Geld wird gegeben, aber es durchläuft einen Prozess der Reinigung, wie alle anderen Geldstücke vor und nach ihm, und kommt erst dann wirklich in der Hand des Fleischers zu ruhen.

Leider sagt Defoe nicht, wie genau dieser Essigtopf beschaffen ist. Es wäre plausibel, dass er aus einem durchsichtigen Material – zum Beispiel Glas –

gefertigt ist, denn wenn wirklich des Fleischers Auge die Funktion der Hand übernehmen muss, die stets darin bestanden hatte, sich der Verlässlichkeit des nächsten Astes zu versichern, dann muss jetzt wirklich eine Kontrolle ausgeübt werden, um sicher zu sein, dass der Kunde den Ast auf korrekte Weise aus der Hand gegeben hat und nicht in betrügerischer Absicht (z. B. durch den Einwurf einer zu kleinen oder, schlimmer noch, gar keiner Münze).

> *»Diese krassere Form des Betrugs, wo einem etwas ohne jeden Gegenwert weggenommen wird, entspricht, in die Vorgänge des Kletterns übersetzt, dem Fallen vom Baume. Um ihn zu verhindern, bleibt man während des ganzen Handels auf der Hut und beobachtet jede Bewegung des Partners.«*

Und dieses Auf-der-Hut-Sein wird also in Pestzeiten ein doppeltes. Pestzeiten sind anstrengend, weil die Beobachtung, die jeder Bewegung des Partners gewidmet werden muss, sich abgelenkt sieht vom Festhalten und das, was, sozusagen äffisch normal, das Vorrecht des Besitzes ausmacht – eben dass man seine Ware festhält –, durch ein, von Fragen der Hygiene erzwungenes, frühzeitiges, weniger leicht zu kontrollierendes Loslassen des eigenen Astes abgelöst wird.

Doch anders kann man nicht handeln, denn auch wenn man den eigenen Ast mitunter zu früh loslässt und auch wenn der Kunde seine Münze nur zum Schein in den Essig wirft, hält sich der Schaden in Grenzen. Man fällt dann zwar vom Baum, doch nicht ganz so hoch, wie wenn der Handel überhaupt nicht mehr stattfinden würde. Partielle Stürze vom Baum wegen des Aus-dem-Takt-Geratens von Festhalten und Loslassen, Festhalten und Loslassen sind dem totalen Sturz des absoluten Einbruchs des Handels und der Märkte entschieden vorzuziehen.

## Konsum als Bulimie

Was ist Gesellschaft? Wir kennen praktisch nur noch eine einzige Form der Vergesellschaftung, nämlich den Konsum. Da uns die meisten Formen produktiver Vergesellschaftung abhandengekommen sind, unsere Arbeit entfremdet ist, das Produkt von uns getrennt und die Kolleg:innen als unsere Konkurrent:innen von uns abgeschnitten sind, wir aber trotzdem nicht alleine sein möchten, hat sich der Konsum als das etabliert, was uns das Gefühl gibt, dazuzugehören. Gewiss: Er ist ein ökonomisches Prinzip. Ab einem gewissen Zeitpunkt seiner Entwicklung musste die kapitalistische Gesellschaft den Konsumenten erfinden, der ihr die *»ungeheure Warensammlung«* abnahm, auf die sie programmiert ist und von der Marx – vielleicht doch nichts ahnend von dem, was da noch drin war – zu Beginn des ›Kapital‹ spricht. Aber lange schon haben die ökonomischen Zusammenhänge auf unsere psychische Organisation übergegriffen. Und das ist nötig. Auch hier produzieren wir nicht mehr die Wirklichkeit, wir konsumieren sie. Das ist kein normaler ›Stoffwechsel mit der Natur‹. Das Kapital hat uns vielmehr zu Bulimiker:innen erzogen, die in einem fort fressen und kotzen und dabei doch gertenschlank bleiben. Nun, in diesen Corona-Zeiten fällt das alles aus! Wir sind allein, weniger weil wir die Freunde nicht mehr sehen, sondern weil wir unter den Bedingungen reduzierten Konsums die Gesellschaft nicht mehr so recht spüren. In der Gesellschaft der Unberührbaren, die Wirtschaftsminister Olaf Scholz bis auf Weiteres als die »neue Normalität« ausgerufen hat, ist der Andere ein Gegenüber, eine Bedrohung, mein Feind. Der gemeinsame Konsum war eine Illusion, aber sie hat gewirkt. Jetzt sehe ich förmlich die Verbindung zwischen uns dünn und fadenscheinig werden. Die Supermärkte sind eine Bühne für den Totentanz von Einsamen.

# Solidarität

Meine Autoversicherung teilt mit, die Zahl der Autounfälle sei aufgrund des Virus so stark zurückgegangen, dass Einsparungen von 100 Millionen Euro verzeichnet worden seien. Man habe daher, obwohl man dazu gar nicht verpflichtet sei, den Entschluss gefasst, diesen Gewinn gerecht unter den Versicherten aufzuteilen.

In den nächsten Tagen bekommt man also entweder eine Rückzahlung, oder man gibt den Betrag frei für die Solidarität mit Krankenhäusern, Forschungseinrichtungen oder sozialen Einrichtungen. Über die Modalitäten werden die Versicherten noch informiert werden.

Ich weiß nicht recht, wofür ich am dankbarsten sein soll: dafür, dass die Autounfälle zurückgegangen sind, oder dafür, dass die Versicherung eine Solidarität übt, zu der sie gar nicht verpflichtet ist. Sicher ist eines: Sie betont, dass sie tut, wozu sie gar nicht verpflichtet gewesen wäre, lässt konsequenterweise auch dem Versicherten die Freiheit, das Geld in die eigene Kasse oder in die Kassen der Solidarität fließen zu lassen, also entweder zu tun, was zu erwarten ist (nämlich die eingesparte Summe zu behalten), oder im Gegenteil eine Entscheidung zu treffen, zu der niemand verpflichtet wäre.

Wenn aber die Autoversicherung mal so eben Einsparungen von 100 Millionen Euro weiterverschenkt, darf man selbst mit den kleinen Summen, um die es da gehen wird, nicht zu knauserig sein und wird man dem Beispiel der Versicherung folgen und tun, wozu man gar nicht verpflichtet gewesen wäre: Man wird, nachdem man sich überraschend als beschenkt erlebt hat, andere voller Dankbarkeit mit dem unerwarteten Betrag beschenken. Und da die Weiterleitung dieses Geschenks an Krankenhäuser, Forschungseinrichtungen und soziale Einrichtungen natürlich durch die Versicherung selbst erfolgt, wird nicht nur das gemeinsame Geschenk weitergeleitet und ausgebreitet werden, sondern darüber hinaus auch die Botschaft, dass die Versicherung, vorangehend *in puncto* Solidarität, das Unerwartete getan hat. In ihre Kassen fließt also die Dankbarkeit zurück, und zwar in der soliden Münze der Werbung.

## Monotonie der Tragik

In dem Moment, in dem die Überweisung der Sozialhilfe erfolgt war und die Haushaltskassen ihrer Empfänger:innen endlich wieder Aussicht hatten, sich zu füllen, füllten sich auch die Räume der Postbank (die die billigste aller Banken ist). Die Sozialhilfeempfänger:innen wollten Geld abheben, darum waren sie gekommen. Weil aber allen zugleich das Geld der Sozialhilfe überwiesen worden und in den Haushaltskassen gemeinhin keines mehr war, waren alle zugleich in der Bank, was ganz und gar den staatlichen Maßnahmen zuwider lief, die getroffen worden waren, um den Virus zu stoppen.

Es ist mithin davon auszugehen, dass ein statistischer Zusammenhang nachweisbar sein wird a) zwischen dem Moment der Überweisung, will heißen: Abhebung der Sozialhilfe und der dabei erfolgten Ansteckung und b) zwischen dem prozentualen Anteil der Sozialhilfeempfänger:innen an der Gesamtbevölkerung eines bestimmten Viertels, einer bestimmten Stadt oder Region und dem Ansteckungsrisiko, das mit dem Gang zur Postbank jeweils verbunden ist.

Auf La Réunion liegt der prozentuale Anteil von Sozialhilfeempfänger:innen bei über 50 Prozent, was einem signifikant erhöhten Risiko entsprechen dürfe, das vom Gang zur Postbank, vom Warten in ihren Räumen, vom Abheben des Geldes und mithin letztlich von der Sozialhilfe selbst ausgeht. Denn das Geld, um dessentwillen man sich zur Postbank bemüht, ist das Geld, das einem im Rahmen der Sozialhilfe zusteht. Nur, dass das Sozialamt nicht bedenkt, dass es durch die Vereinheitlichung des Termins der Überweisung zugleich auch das Ansteckungsrisiko der betroffenen Bevölkerungsgruppe (und mittelbar aller) terminlich vereinheitlicht hat.

Einheitlich ist nämlich, dass die Sozialhilfe so gering ist, dass am Monatsende niemand mehr Geld hat und also, um einkaufen zu können, Geld ausgerechnet am Monatsanfang abheben muss und nicht etwa dann, wenn sich die Postbank wieder geleert hat und das Ansteckungsrisiko gesunken sein wird. Da mit der Verfügung über das neue Haushaltsgeld die Einkäufe erfolgen können, die am Monatsende wegen fehlenden Geldes nicht mehr möglich waren, verschiebt sich das Ansteckungsrisiko von der Postbank räumlich (doch keineswegs terminlich) weiter hin zum Supermarkt. Dieser folgt als Ort der Konzentration auf den Ort der Abhebung des Geldes. Denn der Supermarkt ist jetzt der Ort (der einzige), an dem man das Geld der Sozialhilfe in Essen umsetzen kann, das zu Hause zu fehlen begann, weil sich das Monatsende näherte und kein Geld mehr in der Haushaltskasse war.

Und dass dann oft schon am Monatsanfang sehr viel Geld ausgegeben wird (mehr auf jeden Fall als am Monatsende), hat wiederum mit zwei Dingen zu tun: Erstens damit, dass man zu Hause wirklich kein Essen mehr vorrätig hat (was die Einkäufe ausgerechnet am Monatsanfang zu einer objektiven Notwendigkeit macht), und zweitens damit, dass man endlich wieder den Eindruck genießen will, der Monotonie der Leere zu entkommen, das heißt, genug Geld zu haben, um in den Supermarkt zu gehen (was sich beim Einkaufen dann nicht nur in objektiven Käufen, sondern auch als »Kaufen an sich« zu äußern pflegt). Aus der Tatsache, dass objektiv gesehen nicht genug Geld zur Verfügung steht, um über das Monatsende hinaus Geld zurückzulegen, folgt das scheinbar weniger objektive Muster, dass sich auch am Monatsanfang kein Kaufverhalten durchsetzt, das es erlauben würde, über das Monatsende hinaus Geld zurückzulegen, um so die Notwendigkeit zu vermeiden, mit allen anderen Sozialhilfeempfänger:innen zugleich zur Postbank zu gehen und auf diese Weise das Ansteckungsrisiko für sich und die eigene Familie signifikant zu erhöhen.

Dass umgekehrt der Staat durch eine Ausdifferenzierung des Turnus, dem die Überweisung der Sozialhilfe folgt, eine Absenkung des Ansteckungsrisikos für Sozialhilfeempfänger:innen (und mittelbar für alle) bewirken könnte, ist eine rein theoretische Annahme. Denn eine Verschiebung des Überweisungstermins würde voraussetzen, dass die von der Verschiebung betroffenen Familien genug Geld in der Haushaltskasse übrig haben, um den Rhythmus, mit dem sie zwecks Abhebung von Geld zur Postbank zu gehen pflegen, ändern zu können und so aus dem von den meisten Sozialhilfeempfänger:innen praktizierten Rhythmus auszutreten.

Da aber der Minister für Soziales weder eine Staffelung der Überweisungstermine über den gesamten Monat hinweg ins Auge fasst noch gar eine – wenigstens zeitweilige – Erhöhung der Sozialhilfe, die die Voraussetzung dafür wäre, dass die Sozialhilfeempfänger:innen über den ganzen Monat hinweg den Tag auswählen, an dem sie ihr neues Haushaltsgeld von der Postbank holen (und nicht nur am Monatsanfang), wird alles bleiben, wie es ist: Die Haushaltskassen werden am Monatsende leer und die Postbank zu Monatsanfang voll sein. Das Ansteckungsrisiko wird folglich zu Monatsende stark sinken, zu Monatsanfang hingegen in die Höhe gehen.

Daraus folgt wiederum, dass nach Ablauf der Inkubationszeit die Krankenhäuser mit einer erhöhten Zahl von Angesteckten zu rechnen haben werden, was gesamtgesellschaftlich einem erhöhten Überlastungsrisiko der Krankenhäuser überhaupt entspricht. Insofern werden selbst diejenigen, die zu jedwedem Zeitpunkt zur Postbank gehen können (oder gar zu einer ganz anderen, teureren Bank), weil genug Geld in ihrer Haushaltskasse ist, um sich den Zeitpunkt für den Einkauf auszusuchen, betroffen sein. Auch wenn man immer in den Supermarkt gehen kann (nur dann natürlich nicht, wenn die Sozialhilfeempfänger:innen gehen, also bloß nicht am Monatsanfang), ist man in die Logik der Sozialhilfe einbezogen und stellt man fest, dass diese eigentlich vor allen Dingen eine enorme Hilfe für den Virus ist. Und der wirkt monoton und tragisch wie die gesamte Sozialpolitik, die die Schalter der Postbank zu ihrer Bühne erklärt hat.

## Spargelstecherinnen

Dicht gedrängt stehen die Erntehelferinnen am Flughafen. Frauen mit Kopftuch, dazwischen einige wenige Männer. Auf diesem Foto wenigstens. Ihre Masken sind verrutscht, teilweise verschmutzt. Es interessiert niemanden, sie tun das nur, um den Schein zu wahren. Wir sind wieder dort, wo wir immer waren. Die herrschende Klasse kann Abstand wahren, die beherrschte nicht. Wir verrichten eh keine manuelle Arbeit und sind auf Körperkontakt, abgesehen von ein bisschen Liebemachen, nicht angewiesen. Den Rest machen die Anderen. Aber sie sind eine Gefahr.

Der Unterschied zwischen den Menschen besteht darin, wie viel Kubikmeter Luft sie als ihr Eigentum beanspruchen können. Das ist der Inbegriff von Individualität. Es war immer schon so, jetzt aber kommt es heraus. Die Beherrschten haben diesen Platz nicht. Aber sie sind auch keine Individuen. In Panikkäufen stürmen sie die Supermärkte in Istanbul, versuchen, auf überfüllten Bahnhöfen Delhi zu verlassen und werden in Flüchtlingslagern zu einer kompakten Biomasse zusammengepfercht, einem Herden-Ich, bei dem es auf die Einzelnen nicht mehr ankommt und das Entscheidende nur ist, dass nichts davon nach außen dringt.

Und ich sitze am Schreibtisch und schreibe darüber. Darüber.

## Die Steuererklärung

Die zweite Phase der Aufhebung der Ausgangssperre beginnt an diesem Tag: Alles öffnet – Restaurants, Cafés, die öffentliche Verwaltung, Schulen, wenn auch unter bestimmten Auflagen. Die rechte Zeit, die Papiere für die Steuererklärung wegzubringen.

Doch bei der Steuerbehörde ist alles zu, die Gitter geschlossen, eine einzige junge Wächterin neben den Urnen postiert, in die man seine Papiere zu stecken hat. Mir fehlen zwei Formulare, Online-Erklärungen haben noch nie funktioniert, ich wollte kurz zwei Fragen stellen.

Aber es ist niemand da. Nur diese Frau vom *Security*-Dienst. Ob sie mir helfen könne? Ich stelle meine Fragen, danke dafür, dass sie behilflich sein will in einem Bereich, der gar nicht der Ihre ist. Und in der Tat: Antwort hat auch sie nicht.

Aber dafür beginnt sie zu erzählen von den Leuten, die wie ich eine Frage stellen wollten und vor verschlossener Türe standen. Wenn man unter der Telefonnummer, die groß auf allen Urnen vermerkt ist, Auskunft zu bekommen versuche, antworte niemand, so hätten ihr die Leute erzählt. Sie habe diese Beobachtung weitergeleitet, auch die Verzweiflung, die das ausgelöst habe, aber ob sich das morgen ändern werde, wisse sie auch nicht.

Weil viele der Vorbeikommenden weder lesen noch schreiben konnten, habe man sie, die Wächterin, gebeten, zumindest das Datum unter die Formulare zu setzen. »Auch die Zahlen beherrschten diese Leute also nicht?«, frage ich, obwohl das eine ganz dumme Frage ist, denn ich weiß ja, dass die Analphabetenrate auf meiner Insel besonders hoch ist. »Nein, ich musste sogar beim Datum helfen.«

Und ich erinnere mich plötzlich an den riesigen Andrang, der in den letzten Jahren einige Tage vor Ablauf der Frist bei der Steuerbehörde zu herrschen pflegte – aus gutem Grund. Auch die Beamt:innen auf der Post brauchen oft so viel Zeit, weil sie alles Schriftliche an Stelle mancher Kund:innen erledigen müssen.

Erst überlege ich, ob ich meine Papiere wieder mit nach Hause nehmen und es doch mit dem Internet versuchen soll. Aber dann gebe ich dem Bedürfnis nach, gegenüber den Vertretern dieses so wichtigen Bereichs des öffentlichen Dienstes, die sich einfach zurückgezogen haben, zu kommunizieren, dass auch ich absolut nicht weiß, was genau ich einzutragen habe. Und so setze ich denn unten an den Rand der letzten Seite die zwei Zahlen, die vermutlich fehlen, sowie den Hinweis, die Steuerbehörde sei leider geschlossen gewesen, sodass ich nicht an die entsprechenden Formulare herankam. Ich trage auf diese Weise ein ganz wenig bei zum Chaos, das durch Angaben verursacht werden wird, die nicht automatisch lesbar sein werden.

Aber dann denke ich mir, dass keinerlei Grund besteht, vor die Steuerbehörde nur eine einzige, kleine Wächterin zu setzen, und dass bei mir die Mischung aus gutem Willen (ich lege ja alles offen, was unsere Einkünfte betrifft) und unterschwelliger Bösartigkeit (ich schreibe ein kurzes Briefchen in die Leere, die gar nicht dafür vorgesehen war) eine Solidaritätsadresse an diejenigen sein könnte, die, anders als ich, noch nicht mal einen Protest schreiben können.

# Dialektik der Aufklärung

## Schleim, Saft, Gift

Im Lateinischen bedeutete »Virus«: Schleim, Saft, Gift. Eigentlich wirkt das so, als gehörte das, was von außen kommt – das Gift – schon ganz zum Körper mit seinem Schleim und seinen Säften, also zum Inneren. Das, was anfällt, ist schon im selben Wort enthalten, das auch das Angefallene bezeichnet. Oder umgekehrt. Damit wäre der Virus aber gar nichts wirklich Fremdes mehr, sondern es bestünde eine Nähe, Verwandtschaft, die die Krankheit integrierbar macht ins Eigene. Oder integrierbar machen müsste. Aber darin besteht eben gerade die Zumutung und Unmöglichkeit.

## Ansteckung

Die Erkenntnis, dass jemand, der noch keine Symptome hat, die Krankheit schon in sich tragen und daher an andere weitergeben kann, ist keine Selbstverständlichkeit. Trotz des jahrhundertelangen Sterbens an der Pest hat als krank immer nur derjenige gegolten, der wirklich krank geworden war und mit dem Ausbruch den anderen zu erkennen gab, dass er von nun an gefährlich und zu vermeiden war.

Einerseits muss die Angst deswegen sehr viel diffuser gewesen sein als heute. Ansteckungswege konnten nicht von Grund auf verstanden werden. Die Krankheit war da oder sie war nicht da, und es gab zwischen beiden quasi kein Dazwischen. Auf der anderen Seite fällt es heute umgekehrt schwer, uns vorzustellen, was es bedeutet haben muss, nicht in jedem Gesunden einen potenziell Inkubierenden zu sehen. Vielleicht ist die Angst heute im Gegenteil diffuser als damals. *Jeder* kann die Krankheit in sich tragen.

Im besten Falle ragt dieses Wissen hinein in unsere Selbstwahrnehmung: Man kann sich sagen, dass man potenziell gefährdet ist, zugleich aber auch potenziell gefährlich. Doch die Entwicklungsgeschichte enthält in sich ihre vorherigen psychologischen Dispositionen als etwas Unüberwindbares. Obwohl man weiß, dass die Pest wie der Virus ihren eigenen Zeitindex haben und uns bezüglich der »Wahrheit« eine bestimmte Zeit lang warten lassen, verhalten wir uns, als gäbe es besagtes Dazwischen nicht.

Man versteht es zwar, sich als *Opfer* zu imaginieren, nicht aber als *Täter:in*. Solange man sich nicht krank fühlt, beschränkt man sich auf das sichere Gefühl, sich nicht krank zu fühlen. Dem anderen hingegen wird abverlangt, dass er, obwohl auch er sich nicht krank fühlt, unserem Gefühl Rechnung tragen muss, dass er, anders als wir, krank sein *könnte*. Die Objektivität des »Seins« gilt für den anderen, einem selbst gesteht man die Sicherheit reinster Subjektivität zu: das Gefühl von sich selbst.

In dieser Hinsicht ist es also doch nicht wahr, dass wir uns nur schwer vorstellen können, wie Krankheiten wie die Pest in Zeiten wahrgenommen worden sein müssen, die von Inkubation und Ansteckung vor jedem Symptom nicht das Geringste wussten. Wir leben diese Unkenntnis als unser ureigenstes, privates Privileg. Und nur wenige versuchen zumindest, dieses Privileg hinter sich zu lassen, hinter sich auch ihre Subjektivität, hin zu den anderen.

## Phantomschiffe

Die Pest hat es schon in der Antike gegeben, doch die Geschwindigkeit und Weiträumigkeit ihrer Ausbreitung, die wir bis heute mit ihr assoziieren, verdankt sie der Geschichte des Schiffbaus. Solange Schiffe für die Zurücklegung bestimmter Wegstrecken Zeit brauchten, konnte die Krankheit eine relativ lokale bleiben: Die Besatzung wurde, wenn sie die Krankheit in sich trug, schon auf dem Schiff krank, starb also auf dem Meer. Daher die Phantomschiffe, die niemand mehr steuerte.

In dem Moment aber, in dem der Bau der Schiffe sich verbesserte und die Geschwindigkeit der Fahrten zunahm, konnten diese Fahrten schneller als der Ausbruch der Krankheit werden und die Pest daher unbemerkt bleiben. Man wurde ihrer erst inne, wenn es schon zu spät war, das heißt wenn man sie, glücklich ankernd im neuen Hafen, schon an andere weitergegeben hatte.

Bedeutet das, dass der Tod mit der Reisegeschwindigkeit nicht mehr mitkam? Hechelte er den Schiffen hinterher? Hängte der Fortschritt im Bereich der zunehmenden Mobilität ihn ab? Fast scheint es, als habe er sich nicht mehr zu erkennen geben und nicht mehr vor sich selbst warnen können. Die Menschen waren schon woanders, ihm entkommen.

Doch natürlich war das genaue Gegenteil wahr. Die Geschichte des Fortschritts im Bereich des Verkehrs hat den Tod mehr denn je mit im Gepäck geführt. In dem Maße, in dem die Kapitäne und Matrosen ihm nicht genug Zeit ließen, in ihren Körpern aufzusteigen, hat er über den engen Schiffsraum hinaus in die Welt hinein diffundieren können. Er schritt mit über die Planke, die das Schiff mit dem erreichten Land verband. Der Schiffe großartige Geschwindigkeit war die Seine. Der Fortschritt im Verkehr hat sich als medizingeschichtlicher Rückschritt von weltgeschichtlich größten Ausmaßen erwiesen.

Die frühneuzeitlichen Fahrten, die die Kenntnisse von der Welt so ungeheuer erweitert und Globalisierung überhaupt ermöglicht haben, sind Teil einer Ur-Geschichte unserer eigenen, aktuellen Erfahrungen. Wieder kommt das Wissen, indem es sich absolut setzt und als objektiv und gesichert erlebt, nicht mehr mit einem anderen Wissen mit: mit dem, das der *Tod* vertritt. Zwar mögen wir mit Autos, Zügen und vor allen Dingen Fliegern Welt erfahren, doch gezeigt hat sich, dass die Geschwindigkeit, mit der wir zugleich die Ausbreitung des Todes ermöglicht haben, gar nicht wirklich unsere ist. Wir sind es, die unserer eigenen Geschwindigkeit und unserem vermeintlich sicheren Wissen hinterherhinken.

Wir glaubten, allein zu reisen, doch in Wirklichkeit reisten wir begleitet. Unser Begleiter konnte zu einer Weltreise antreten, weil in Wirklichkeit wir Menschen aus dem Rhythmus gekommen sind. Der Tod breitet sich aus und erschreckt durch seine Geschwindigkeit. Dabei werden wir nur darum zu Opfern, weil wir die Existenz von Phantomschiffen nicht mehr hinzunehmen verstehen. Diese sind weniger ein Bild des Todes als vielmehr ein Bild des Wissens, das dem eigenen und dem Leben anderer Langsamkeit zugesteht.

In dieser Hinsicht sind Phantomschiffe Schiffe des Lebens. Nicht für diejenigen, die das Unglück haben, zu ihrer Besatzung zu gehören. Dafür aber Schiffe für die große Mehrheit, die nicht von einem Kontinent zum anderen jagt, sondern einem anderen Rhythmus verhaftet bleibt – einem Rhythmus, den die Globalisierung als Langsamkeit und fehlende Entwicklung abtut. Noch einmal: Die Langsamkeit hat ihr eigenes Wissen, und es ist ein Wissen vom Leben.

## Ansteckung II

Unterhalb der sauberen Ordnung der Begriffe, die jedem Ding seinen Platz in der Ordnung des Seins zuweist, unterhalb der klassifikatorischen Rationalität, die die Welt vor sich aufreiht wie eine Militärschwadron, gibt es eine zweite Art und Weise, in der die Dinge miteinander zusammenhängen. Es ist eine Logik der physischen Berührung, eine Logik der Ansteckung. Eine poetische Logik, eine Logik des Unbewussten und des Triebs. In den Künsten war sie seit jeher zu Hause. Die freie Assoziation in der psychoanalytischen Therapie war ihre erste wissenschaftliche Bühne: ein ›Irrationales‹, das der Aufklärer Freud in die Vernunft integrieren wollte. Dann das Denken der französischen Postmoderne: Es kreist um diese Logik. Deleuzes und Guattaris Wunschmaschinen, das Rhizom, die *différance* als Produktion von Differenzen – es sind Formen des Zusammenhangs, die das identifizierende Denken, den begrifflichen Zusammenhang der Phänomene unterwandern und sich von ihm nicht oder nur sehr schwer beherrschen lassen. Platons Verbannung der Kunst aus seinem Idealstaat hat den Grund, dass sich ihre Wirkung mimetisch und kontagiös verbreitet. Die Affekte, die durch die Tragödien insbesondere aufgerührt werden, folgen einer anderen Logik als Begriffe und Ideen. Aus der Sicht des Philosophen, der einen rationalen Staat zu entwerfen wünscht, muss das subversiv erscheinen. Als Gegenmacht schlechthin zur gesellschaftlichen Rationalität sind Epidemien bei Foucault Schlüsselphänomene, an denen das zumeist Unsichtbare zutage tritt: wie in einer Gesellschaft Herrschaft ausgeübt wird.

Was heißt das, auf unsere gegenwärtige Situation bezogen? Es geht nicht um die Menschen, deren Krankheit und Tod verhindert werden soll. Es geht überhaupt nicht darum, ein Menschenleben zu retten, das sonst nicht gerettet worden wäre. Das war dem Staat immer schon egal und der demokratische Staat, der jeden Monat 250 Verkehrstote in Kauf nimmt, ohne mit der Wimper zu zucken, bildet da keine Ausnahme.

Es geht um Kontrolle. Also, es geht um eine Situation, die außer Kontrolle zu geraten droht. Deswegen ist es so nutzlos, mit Zahlen zu argumentieren. Niemand weiß hier etwas Genaues. Es ist nicht sicher, ob der durch Corona bewirkte *body count* in diesem Jahr niedriger oder höher ausfallen wird als die Zahl der Toten in anderen Jahren. Dass es wegen der Ausgangsbeschränkungen weniger Grippetote geben wird als sonst, ist klar; das Ansteckungsrisiko ist ja generell herabgesetzt. Es werden auch weniger Verkehrstote zu beklagen sein, weil auf den Straßen weniger los ist. Das ist aber letztendlich nicht wichtig. Was jenseits der Zahlen zählt, ist, dass eine Situation entstanden ist, die sich nicht beherrschen lassen könnte.

Wohlgemerkt: könnte. Die Phantasie, unsere Ängste und Hoffnungen spielen eine große Rolle. So ist die Krise: angefüllt mit Zukunft, die wir nicht kennen. Darin liegt die Herausforderung für einen rational planbaren – oder vermeintlich planbaren, das macht keinen Unterschied – Gesellschaftszusammenhang. Deswegen ist diese Krise so fundamental und tiefgreifend, deswegen sind die Maßnahmen, die ergriffen wurden, so drastisch. Die Angst, die Kontrolle zu verlieren, ist so groß, dass man bereit ist, alles aufs Spiel zu setzen, woran man bislang festgehalten hatte, Dogmen zu opfern, die unanfechtbar schienen, um sie wieder zu gewinnen.

## Ungeziefer

> *»Als Gregor Samsa eines Morgens aus unruhigen Träumen erwachte, fand er sich in seinem Bett zu einem ungeheueren Ungeziefer verwandelt.«* (Franz Kafka)

Viren sind keine Lebewesen. Aber es fällt schwer, sich das vorzustellen. Sie sind bzw. sollen sein: tote Materie, die in Kontakt mit lebendiger Materie zum Leben erwacht. Würde man sie sich selbst überlassen, würde sie sterben, das heißt, gar nicht zu leben anfangen. Das verbindet sie mit einem Kreis von Phänomenen, die Angst, Unbehagen, Ekel einflößen – mit Ungeziefer, Unkraut, Parasiten. Wie die Vorsilbe »Un-« verdeutlicht, sind das Lebewesen, die man nicht will, die man aus dem eigenen Lebenskreis ausschließen will. Das gibt es so nicht in der Natur. Symbiosen sind hier das Normale. Das gesamte Ökosystem beruht auf symbiotischen Abhängigkeiten. Die Entgegensetzung, die von der Vorsilbe ausgedrückt wird – und die auch bestimmend ist für das Verhältnis von Begriffen wie »Parasit« und »Wirt« –, ist eine kulturelle Setzung; uralt wie unsere Sesshaftigkeit, als man einen Zaun um sich zog, um das eigene und das andere voneinander zu unterscheiden.

Aber ist das so sicher? Sind wir mit diesen Setzungen vielleicht doch nur ein ›Mittel‹ für evolutionäre ›Zwecke‹? Mit all unserem triumphalen Kulturhochstand doch nur ein Teil der Natur, die bestimmten Lebensformen durch unsere Mithilfe besonders günstige Lebensbedingungen bietet? Was davon ist wirklich, was fällt in unsere Wahrnehmung? Krankenhäuser sind Infektionsschleudern, auf der sauberen Weste sieht man jeden Fleck. Gibt es im Wald weniger Giersch als im Garten? Schon möglich, denn er hat dort mächtige Konkurrenten. Aber er schiebt sich auch weniger ins Bewusstsein als dort, wo er nicht sein soll. Die Negation dient als Sinnesverstärkung. Breitwegerich? Er wird auf einer Wildwiese sein Auskommen haben, niemals aber wird er so abstoßend in die Augen fallen wie auf einer frisch gemähten Wiese, auf der er nistet wie blühende Pickel in einem Gesicht.

Mag dieses Verhältnis bei den Pflanzen schwer zu bestimmen sein: Bei den Fliegen, Ratten, Mäusen – das Reich, über das Goethes Mephisto gebietet; offenbar eine Ursprungsform des Bösen –, scheint die Affinität zur Kultursphäre, die sie aus sich heraussetzt, ebendeswegen größer zu sein. Weil sie nicht sein sollen, werden sie mit den Vorstellungen aufgeladen, die wir seit der Kindheit dafür erlernt haben: Tod, Gestank, Exkremente. Der Haufen wird dadurch nicht kleiner. Gestiegen ist allein das Bedürfnis danach, ihn zu beseitigen, also die Angst vor ihm. So verbannt man ihn aus dem Blick und mit ihm die Müllberge des Verdrängten um und unter uns. Und mit ihnen das Ungeziefer.

Das Ungeziefer macht für die kulturelle Imagination anschaulich, dass das Verdrängte doch lebendige Materie ist, stets bereit, zuzuschnappen und das Terrain zurückzuerobern, wenn die Dämme brechen. Alles ist bewegt, alles ist lebendig, den Tod gibt es nicht und nichts ist auf immer verschwunden. Es ist das Chaos, das durch seine Unterdrückung dämonisiert wurde. Es ist nicht weit weg hinter den Grenzen der Erde, wie es Hesiod naiv formulierte, sondern ganz dicht unter der Oberfläche, in den Kloaken, wo die Ratten wohnen, die durch die Scheißhäuser aufsteigen und uns zu Tode beißen.

Überhaupt die Ratten! Sie sind bei Camus die Vorboten der Pest, das Anzeichen, dass etwas nicht stimmt in dieser Stadt Oran in ihrer Geschäftigkeit und reibungslos ablaufenden Normalität; der Tod unter der Haut, der sich nicht heraushalten lässt. In einer von Stephen Kings großartigsten Erzählungen, ›Graveyard Shift‹, leben die Ratten in einem seit Jahrzehnten verschlossenen Keller einer alten, stufenweise immer wieder überbauten Fabrik am Ufer eines Flusses – wo das Feste und Flüssige ineinander übergehen; gewaltsam zurückgedrängt in die Schlammregion, die voller wimmelndem Leben ist und die wir selbst nicht mehr zulassen können, weil es zu lebendig wäre – klare Kanten, saubere Flächen, Rechnungen, die aufgehen, sind das Prinzip unseres Lebens – und die ein unheimliches, vor Vitalität überbordendes Leben entwickeln; eine überschießende, aus allen Löchern strömende *Multitude*, der wir nicht gewachsen sind und die uns mit dem Tod aus allen Richtungen überflutet …

Die Juden! Mir ist im Grunde nicht klar, vorher der Antisemitismus wirklich kommt. Fest steht aber, dass ihnen mit magischer Gewalt jene Eigenschaften der Parasiten aufgebürdet wurden, eigentlich selbst nicht zu leben, sondern sein Leben aus dem des Wirts zu saugen. Und je besser der Parasit sich anpasst und »assimiliert«, je weniger er demnach als Parasit überhaupt erkennbar ist, desto raffinierter verfolgt er sein biologisches Erfolgsprogramm. Und desto zerstörerischer wird am Ende die Wirkung sein, wenn sein Zeitpunkt gekommen ist. Vergiftung und Verjudung des Volkskörpers: Die nationalsozialistischen Kampfbegriffe, die nichts grundsätzlich Neues brachten, sondern uralte Motive zur Reife entfalteten, drücken alle dasselbe Phänomen der parasitären Unterwanderung aus, die man nicht sieht, bis sie plötzlich ausbricht – dann nämlich, wenn man keine Chance mehr hat. Der Antikommunismus der Fünfzigerjahre, dann der Hass auf die »Zecken« und alles »Linksgrünversiffte« ist letztlich vom selben Schlag, dirigiert vor der Angst vor dem Parasiten, dem Schmutz, der Unterwanderung der Körpergrenzen von innen und außen. Wehret den Anfängen!

Und nun das Virus. Es überführt diese Logik in eine gleichsam ideelle Dimension. Denn wir können es nicht sehen. Gerade darin besteht aber die ultimative Schlagkraft des Ungeziefers. Niemand weiß, was auf jenem Wildtiermarkt in Wuhan vorgefallen ist, als ein chinesischer Feinschmecker eine Schlange oder ein anderes Tier erwarb, das sich vom Kot der Fledermäuse ernährte, die vielleicht seit Millionen Jahren mit diesem Virus koexistierten. Auch das ist sehr mephistophelisch; die Schlange – Mephistopheles' »Muhme«, die Gevatterin des Teufels –; der Kot, die lautlosen nächtlichen Jäger, bei denen sich unsere Ordnung der Sinne verwirrt, weil sie mit den Ohren sehen (King nennt sie in der genannten Erzählung *»flying rats«*, nur durch einen Buchstaben von ihren erdgebundenen Verwandten unterschieden); Menschen, die fremdartige und angsteinflößende Tiere essen, die nicht auf dem westlichen Speiseplan stehen. Aber auch das sind nur Hilfen für unsere gestörte Anschauung, wie die Ratten im Fall der Pest. Eigentlich kommt die Sache aus dem Nichts. Das wahre Geschehen unterläuft unsere Sinne. Es dringt durch die Poren, überwindet spielend die Grenze zwischen Außen und Innen, zwischen Menschen und Nationen. Nachdem die Hürde zwischen Tier und Mensch einmal genommen war, lief alles wie am Schnürchen.

Solange wir uns nicht von der Logik der Verdrängung befreien, die die Zivilisation beherrscht, solange wir nicht Frieden schließen mit dem Ungeziefer und ein Bündnis mit der Angst, solange wir uns nicht die Hände in dem Unrat waschen, den wir perhorreszieren, solange wir das Chaos, das wir selbst als lebendige Wesen sind, nicht kultivieren, anstatt es krampfhaft auszuschließen, solange wir nicht fähig sind zu Kompromissen mit der Natur, der wir in jeder Hinsicht des Wortes entsprungen sind, solange wir nicht den Tod als unser Lebensteil begreifen und den Schmutz als uns zugehörig, wird uns nichts anderes übrig bleiben, als mit steigender Frequenz von Kollaps zu Kollaps zu taumeln, die Toten zu waschen und sie zu zählen.

## Die Scheiße, das Böse, der Tod

Tweet von Stephen King, 27. März 2020

Ein guter, grimmiger Witz? Ja, und doch sehr aufschlussreich – ein Stück Analyse eines viel belächelten Phänomens der letzten Tage.

Jeder, der ›Es‹ kennt, versteht die Anspielung. Im Gully lauert Pennywise, der böse Clown, in dem sich in Stephen Kings vielleicht berühmtestem Roman die Ängste der Stadt Derry verkörpern: und dies umso mehr, als er oder »es« stets die Gestalt dessen annimmt, wovor man am meisten Angst hat. Eines seiner Markenzeichen ist der rote Luftballon; wo er schwebt, ist Pennywise nicht fern.

Aber nicht nur hier auf diesem Bild – und in der berühmten Anfangsszene von ›Es‹ – versteckt sich der Clown in der Kanalisation. Die Kloake von Derry ist insgesamt sein Reich. Sie ist ein wüstes Durcheinander von über- und ineinander zu verschiedenen Zeiten gebauten Abwassersystemen, die niemand in ihrer Gesamtheit überschaut. Es ist das Unbewusste dieser Stadt. Jeder Haushalt ist mit diesem verwucherten Netzwerk verbunden. In ihm gehen die Scheiße, das Böse und der Tod ineinander über.

Nun ist kein Spielzeug ausgelegt, mit dem der Erlkönig die Kinder lockt; es riecht nicht nach Zirkus und Jahrmarkt – auch sie Halbunterweltssphären der Gesellschaft – wie in jener ersten Szene des Romans, die in die Tiefe ziehen, in der man stirbt. Nichts weiter als eine Rolle Klopapier steht da. Das *objet fétiche* unserer Tage. Das ist sardonisch. Denn es ist ja eben das Ding, durch das hier die Sphäre von Gestank, Verwesung und Tod, die gerade die Gesellschaft zu erfassen droht, herausgehalten werden soll. Es ist die ultimative Verlockung, gerade durch sie fällt man aber dem anheim, was man aussperren und wegputzen will.

Hygiene ist ein Grundprinzip zivilisatorischen Fortschritts. Die Reinigung des Körpers, und hier insbesondere der Körperöffnungen mit ihren Schleimhäuten, macht ihn zu einer bewehrten Sonderzone. Hygiene ist eine materielle Voraussetzung von Individualität: Ich bin nicht derselbe wie jemand anderes, wenn ich mich vor den Materieströmen schützen kann, die zwischen den Lebendigen zirkulieren und sie im Guten wie im Schlechten miteinander verbinden. Das ist soweit richtig und vernünftig. Beruht es aber auf Angst – und wie sehr es auf Angst beruht, zeigt die Krise –, ist das System gefährdet. Denn Angst, so lehrt Stephen King, und nicht bloß in dieser kleinen Vignette, ist ein schlechter Ratgeber. Sie selbst bringt dich um. Denn sie macht das andere zu dem, vor dem man Angst haben muss.

## Herakles 14

Hinter dem Gedanken der Impfung – immer wieder in Kontroversen und Kampagnen der letzten Jahre aufgeflammt – steht die Idee der Ausrottung. Die Krankheit soll nicht reguliert und auf einem niedrigen Niveau gehalten werden. Es geht vielmehr darum, sie gänzlich zu beseitigen und vom Erdboden verschwinden zu lassen. Das Besondere scheint dabei zu sein, dass man dabei mit der menschlichen Natur, also dem körpereigenen Immunsystem, kooperiert. Man spielt sozusagen Natur gegen Natur aus – die ›gute‹ Natur eines über Jahrmillionen ausgebildeten, unendlich leistungsfähigen Immunsystems gegen die ›böse‹ Natur der Krankheit. Im Kern aber hat die Aufklärung – als Naturbeherrschung – nie etwas anderes gemacht. Über die Natur kann man ja nicht hinaus. Herakles nutzt die Natur fließenden Wassers, um den Mist der Rinder zu beseitigen. Es ist effizienter als alles, was er mit den eigenen Händen tun könnte, und er macht sich dabei noch nicht einmal schmutzig.

Das muss aber nicht heißen, dass Aufklärung immer Ausrottung bedeuten muss. Es gibt einen anderen Strang, einen anderen Aspekt, eine andere Tradition – all das, was sich mit Züchtung, Domestikation, Regulierung, Kultivierung umschreiben lässt. Recht eigentlich also die Verwandlung der Natur, ihre Annäherung an die Sphäre des menschlichen Zusammenlebens. Blickt man in der Geschichte der Menschheit zurück, so erscheint wahrscheinlich, dass dies für Hunderttausende von Jahren die dominante Form des Naturverhältnisses gewesen ist. Man arrangierte sich mit ihr, bildete Kompromisse im Wissen, dass es einen endgültigen Sieg nicht geben könnte. Der Gedanke der Ausrottung, der Vernichtung der Natur spielte keine große Rolle.

Aber gleichwohl kam sie einmal in die Welt. Und die Figur, um die herum sie sich ikonisch anordnet, ist tatsächlich Herakles. Herakles, so haben wir in Erinnerung, ist der Killer, Herakles besiegt die Ungeheuer, indem er sie tötet, er schließt keine Kompromisse, sondern setzt sich siegreich durch. Oder?

Es ist nicht in allen Geschichten so, unbedingt aber in den ersten zwei, die zu den bekanntesten Heldentaten des Heros gehörten: der Erlegung des Nemeischen Löwen und der Tötung der Hydra. Und die zwei nächsten Kämpfe, in denen ein wildes Tier eingefangen wird – die Kerynitische Hirschkuh und der Eurymantische Eber –, gehen wohl auch noch in die Richtung einer bedingungslosen und kompromisslosen Unterdrückung der feindlichen und übermächtigen Natur.

Im Fortgang der Herakleischen Taten werden freilich andere Aspekte der Naturbeherrschung wichtiger: Ausmisten, Vertreibung, Einfangen, Zähmung. Bis zur letzten Heldentat: dem zeitweiligen Heraufbringen des Totenhundes aus der Unterwelt, liefert der Dodekathlos – also die zwölf von Herakles zu lösenden zivilisatorischen Aufgaben – eine Phänomenologie zivilisatorischer

Naturverhältnisse, die sich nicht auf die gewaltförmige Unterdrückung beschränkten. Problematisch sind vor allem die ersten beiden Taten. Insbesondere die zweite – der Kampf gegen die Hydra –, auf die ich mich hier beschränken will, stellt die gewaltsame Naturbeherrschung nicht als ein Gelingen dar. Es wird vielmehr eine selbstzerstörerische Dynamik in Gang gebracht. Adorno und Horkheimer hätten sie Dialektik der Aufklärung genannt.

Die Hydra ist ein Ungeheuer mit neun Köpfen. Kein Problem für Herakles – wenn nicht für jeden abgeschlagenen Kopf zwei neue nachwachsen würden. Der neunte Kopf kann gar nicht getötet werden; er ist, auch wenn man ihn abschlägt, weiterhin lebendig. Herakles löst das Problem so, dass er für die nachwachsenden Köpfe seinen Cousin Iphikles heranzieht; seine Aufgabe ist es, die Stümpfe auszubrennen, bevor die Köpfe nachwachsen – vermutlich ein mythologisches Sediment der Brandrodung, die für die dorischen Einwanderer von großer Bedeutung war und eben die extensive Viehzucht ermöglichte, ohne die die langsam entstehenden *poleis* nicht wachsen konnten. Den unsterblichen Kopf beschwert er dagegen mit einem Stein. Man sieht: von regelrechter Unterdrückung kann nicht die Rede sein; es wird höchstens ein System der Niederhaltung etabliert, bei dem man sich sagt: Es kann auf Dauer nicht gut gehen. Und so ist es auch. Der Sieg über die Hydra erweist sich als Bumerang, der zu Herakles zurückkehrt und ihn am Ende ums Leben bringt. Dabei kommt eine Logik ins Spiel, von der bislang nicht die Rede war – eine Logik, die unendlich viel feiner ist als das großschlächtige Schneiden, Ausbrennen und Drüberwuchten. Es ist eine Logik der Infektion – und gegen sie erweist sich das Gewaltmodell der Naturbeherrschung letztendlich als machtlos.

Das Blut der Hydra nämlich enthielt ein tödlich wirkendes Gift. Nachdem er sie erschlagen hatte, machte es sich Herakles zunutze und tränkte seine Pfeile damit. Mit einem dieser Pfeile erschoss er den Zentauren Nessos, als dieser Deianeira, die Geliebte des Herakles, entführen wollte. Sterbend empfahl ihr das Ungeheuer – selbst auf der Grenze zwischen Tier und Mensch; ein anderes Naturverhältnis verkörpernd – sein Blut aufzufangen; es vermöge, den Herakles, falls er ihr untreu werde würde, wieder an sie fesseln. Denn Herakles, der Zentaur sieht es voraus, trägt in sich nicht zu bändigende Triebgewalt. Er ist der Held der Naturbeherrschung, der seine eigene Natur keineswegs beherrscht.

Und so kommt es denn auch; Sophokles hat es in den ›Trachinierinnen‹ geschildert. Herakles kehrt mit einer neuen – jüngeren, attraktiveren – Frau von einem Beutezug zurück. Da tränkte Deianeira ein Gewand mit dem Blut des Zentauren und überreicht es ihrem Ehemann als Willkommensgeschenk. Das Gift frisst sich in ihn herein, der Heros verbrennt unter unsäglichen, unaushaltbaren Schmerzen – so schlimm sind sie, dass er sich bei lebendigem Leibe verbrennt; brüllend, kreischend, die Götter lästernd.

Jan Kott spricht in diesem Zusammenhang von der »*Zirkulation der Gifte*«. Es geht aus von der Hydra, nimmt seinen Weg über die Pfeile, das Blut des Zentauren und das Nessosgewand, und findet unbemerkt seinen Weg in den Körper des Helden, der daran stirbt. Es vollzieht sich nicht über eine Tat, sondern über materiellen Kontakt – als Rache der unterdrückten Natur am Unterdrücker durch Infektion.

Wie lässt sich vor dem Hintergrund dieser alten Geschichte die Impfdebatte verstehen? Impfen, soviel ist klar, ist nicht dasselbe wie Niederbrennen und Wegdrängen. Es ist subtiler. Aber es kann im selben Geist praktiziert werden, wenn es als Mittel der vollständigen Ausrottung einer Krankheit eingesetzt werden soll. Und es kann – vielleicht – ähnliche Folgen haben. Insbesondere dann, wenn das ›Gegenüber‹, in diesem Fall ein Virus, nicht stabil ist, sich seinerseits anpasst und mutiert.

Damit meine ich nicht, dass man die Suche nach einem Impfstoff einstellen soll. Ich bin nur der Ansicht, dass man die Impfung nicht zum Heilsversprechen erklären sollte, mit der sich das Problem ein für allemal aus dem Weg räumen lassen würde.

## Auf dem Vulkan

Schon zum zweiten Mal in diesem Jahr kommt es zu einer Eruption des Vulkans Piton de La Fournaise. Im vulkanologischen Monatsbericht vom März 2020 war zwar versichert worden, es herrsche weitgehend Ruhe. Jetzt aber geben die Spezialist:innen an, sie seien vom Ausbruch nicht wirklich überrascht gewesen. Sehr leichte seismische Aktivitäten hätten schon seit einer Weile begonnen, und auch die Inflation habe angezogen. In den letzten 48 Stunden sei dann alles plötzlich sehr schnell gegangen. Seit dem letzten Ausbruch habe sich die Kammer stark gefüllt. Schon ein geringer Druck reiche unter solchen Bedingungen aus, und es gehe wieder los. Und so sei es denn auch gekommen.

Als nun am 2. April 2020 die Gendarmerie in eigens zu diesem Zweck bereitgestellten Hubschraubern die Lage visuell zu erkunden versuchte, habe sich herausgestellt, dass die Wolken viel zu tief hingen und es unmöglich war, zu bestätigen, dass der Ausbruch wirklich begonnen habe. Die Webcams seien beschlagen gewesen. Auch über sie konnten also zunächst keine gesicherten Informationen gewonnen werden.

Durch weitere Erkundungsflüge habe sich aber herausgestellt, dass es in 1900 Meter Höhe einen Spalt gebe, der knapp unter dem Punkt liege, an dem der letzte Ausbruch begann. Die Lava-Fontänen hätten die 30-Meter-Grenze nicht überschritten.

Einzig eine Sache sei im Vergleich zu vorherigen Ausbrüchen als ungewöhnlich zu vermerken. Zwischen dem Ausbruch und dem Tremor seien fast keine Erschütterungen festzustellen gewesen. Im Normalfall gebe es ein Beben der Erde, weil das Magma sich ausbreite. Jetzt aber sei aufgrund der vorherigen Ausbrüche das Gestein schon so brüchig geworden, dass das Magma keinerlei Schwierigkeiten gehabt habe, auszutreten. Es habe sich gar nicht erst eine neue Bahn brechen müssen.

Im Normalfall folgten, so die Vulkanologen weiter, auf die visuelle Erkundung stets die Entnahme und Analyse von Proben, doch die Ausgangssperre verhindere die Beibehaltung des üblichen Protokolls. Jetzt gehe die Sicherheit der Bevölkerung vor. Niemand dürfe sich in Gefahr bringen. Die Beobachtung des Vulkans erfolge daher über die vor Ort installierten Geräte. Ein Vorteil sei, dass sich niemand in der Nähe des Vulkans aufhalte. Zu vertrauen sei auf die ohnehin geltende Ausgangssperre. Zudem spiele sich alles im Inneren des Kraters ab. Sichergestellt werden müsse also allein, dass die Lava nicht austrete.

Nach diesem Bericht kann man eigentlich nur zu einer Schlussfolgerung kommen: Kaum eine Publikation ist in diesen Zeiten so erhellend wie die von Vulkanologen! Die Inflation hatte längst begonnen, die Kammern waren seit geraumer Zeit gefüllt, der Austritt des Magmas erfolgt mit Leichtigkeit, weil das Gestein schon zuvor brüchig war. Aber die offizielle Bestätigung, dass der Ausbruch wirklich da ist, ist aufgrund fehlender Evidenz dennoch erst spät bekannt gegeben worden. Man wusste und wusste nichts. Die Wolken hingen einfach schon zu tief. Und doch gab es – vielleicht gerade wegen der Wolken? – nicht wirklich eine Überraschung. Man wartete nur auf Evidenzen. Die sind jetzt da, in Form des unbezweifelbaren Ausbruchs. Und da das anerkannt werden muss, ist voll und ganz den Geräten zu vertrauen, und ihnen allein. Gibt es sie in ausreichender Anzahl? Das sagen die Vulkanologen nicht. Für das Magma ist in jedem Fall kennzeichnend, dass es der von den vorherigen Ausbrüchen gezeichneten Bahn folgt. Das schafft Voraussehbarkeit bezüglich der weiteren Reaktionen, eine Voraussehbarkeit, die dennoch nicht verhindert hat, dass es noch im Märzbericht geheißen hatte, es sei alles ruhig. Aber das ist leicht zu erklären: Man war durch nichts zu erschüttern, auch durch den sich vorbereitenden Tremor nicht.

Wenn das keine politische Stellungnahme ist! Erneut: Die Kammern waren schon lange gefüllt! Und die Inflation (was immer Vulkanologen damit meinen) eine bekannte Tatsache. Und jetzt die Entnahme von Proben – unmöglich! Die Gegebenheiten verhindern die Einhaltung des Protokolls! Wie wahr, wie wahr! Dann aber auch dies – kritischer? oder ganz und gar unkritisch? –: Der Ausbruch erfolgte mit größter Leichtigkeit. Alles hat sich durch die vorherige Füllung der Kammern und die Brüchigkeit des Ausbruchgebietes schon vorbereitet. Nichts Überraschendes also. Auch wahr. Besonders erschüttert ist man nicht.

Nur in einem Punkt lassen es die Vulkanologen an Genauigkeit fehlen: Die Lava trete nicht aus, verbleibe innerhalb der Grenzen des engeren Ausbruchgebiets. Da sollte man sich nicht so sicher sein! Die Evidenzen sprechen dagegen. Von Saint Pierre aus sieht man den Schein des Feuers schon von den Wohnzimmerfenstern aus. Und das ist ein wahrhaftig erschütterndes Schauspiel.

## Erschütternd

Geolog:innen erklären, der Umstand, dass jetzt die Hälfte der Menschheit Ausgangsbeschränkungen unterliege, bedeute vollkommen neue Zugangsmöglichkeiten zu Informationen über feine Erdbewegungen, die man seit jeher durch Messgeräte festzustellen versuche. Da die Aktivitäten der Menschheit in Zeiten ohne Ausgangsbeschränkungen nicht nur oberirdisch, sondern bis hinein in die Erdkrusten einen enormen Geräuschpegel mit sich brächten, entzögen sich diese kleinen Beben normalerweise der Wahrnehmung durch die Wissenschaftler:innen: Die menschengemachten Geräusche legten sich über die der Erde selbst. Der Menschen Geräuschpegel sei größer als der ihre (das heißt irdische).

Eine Ausnahme stellten nur die Ferienzeiten dar, in denen in der Tat Mikro-Erschütterungen besser beobachtet werden könnten. Unterschiede seien auch festzustellen in den Stunden, in denen ein großer Prozentsatz der in Großstädten tätigen Bevölkerung das Mittagessen einnehme, denn auch da sinke der Geräuschpegel für eine Weile ab. Anders als jetzt entspreche das jedoch nie einer langen Beobachtungsdauer, und schon gar nicht einer weltweiten.

Die jetzige Stille werde also die Sammlung von Informationen möglich machen, durch die dann auch größere, sich durch die kleinen Erschütterungen vorbereitende Erdbeben antizipierbar würden. Vergessen werden dürfe nicht, dass bestimmte menschliche Aktivitäten – Extraktionen, Erdölbohrungen – in manchen Gegenden der Erde Erdbeben hervorbrächten, die mitunter auf der Richterskala die Stärke fünf erreichten. Der Laie liest und staunt. Man stelle sich das einmal vor! Wir machen Ferien vom Anthropozän! Und die Erde macht Ferien von uns!

Weil aber die Arbeitgeberverbände schon jetzt die strenge Forderung erheben, nach der genossenen Ruhe werde man dann aber wirklich ordentlich zupacken müssen, ordentlich und mehr als sonst, ist sofort einzusehen, dass die Informationen, die die Geolog:innen zurzeit noch über die kleinen Erschütterungen zusammenzutragen vermögen, von allergrößtem Nutzen sein werden: Wenn die jetzige Erschütterung, die zurzeit durch den Virus bewirkt wird, nur die Vorwegnahme einer viel größeren, weltweiten ist, wird das Beben, das ökonomisch in Kürze einsetzen wird, unfehlbar auch Beben in der Erdkruste hervorrufen, und zwar weit mehr als sonst.

Das wird aber insofern nicht so schlimm sein wie angenommen, als die gesammelten Informationen aus der Zeit der Stille die Erdbeben des Danach sehr viel besser vorhersagbar machen, was bedeutet, dass man wenigstens weiß, was da auf einen zukommt.

Nur stellt sich rückblickend die Frage, ob nicht ein wenig mehr Ruhe *zuvor* den Vorteil hätte haben können, dass man die Erde und ihre leichten Erschütterungen zumindest in Ansätzen wahrnehmen konnte, was vielleicht bedeutet hätte, dass man das große Beben, das zurzeit in der übergroßen Stille seinen Ausdruck findet und uns in den Ohren dröhnt, hätte voraussagen und sich auf es vorbereiten können. Da dem aber nicht so ist, wird uns also bald wieder der Geräuschpegel der Menschen in den Ohren dröhnen, und die Stille, in die die Erde unter unseren Füßen dann wieder verfallen wird, nimmt unvorhersehbar den großen Knall vorweg, der dann irgendwann den allzu großen Lärm ein für alle Mal zunichte machen wird.

## Katzen

In einer dieser Nächte, in die das Eingeschlossensein mir in die Träume dringt, beginnen draußen zwei Katzen zu schreien. Ob in Liebesbrunst, kämpferischem Gegeneinander oder beidem, ist nicht klar. Aber ich höre, dass sie so schreien wie immer und sich um die Nachtruhe der Menschen einen Dreck scheren. Denn sie sind Katzen und schreien wie Katzen, egal wie die Situation, die Liebesbrunst, das Gegen- und Miteinander der Menschen gerade aussehen. Das ist nicht einmal Gleichgültigkeit. Es ist nichts. Unschuld. Nur das Schreien zweier Katzen, die der Bedeutung ihres Lebens folgen, während ich in meinem Eingeschlossensein den Schreien Bedeutung beimesse, gerade weil ich weiß, dass sie keine haben.

Darin aber eben liegt Bedeutung: Die Katzen wissen nichts, zumindest *das* nicht. Umgekehrt weiß aber auch ich nichts von ihnen und könnte noch nicht einmal sagen, *was* nicht. Darin bin ich ihnen gleich. Und die Gleichgültigkeit, die das Hören auf sie begleitet, wird nur dann durchbrochen, wenn die Schreie nicht allein meine Nachtruhe stören, sondern auch die neue Unruhe, die doch irgendwie nach Teilnahme verlangt.

Dann sind die Katzenschreie plötzlich wie aus einer Welt, in der man sich keine Sorgen machen muss: nicht um die Nachtruhe anderer Wesen, die zu schlafen versuchen, nicht um sich selbst. Und daraus ergibt sich, dass die Katzenschreie, obwohl sie meine versuchte Nachtruhe stören, doch entschieden beruhigend wirken: Die Katzen schreien weiterhin, wie Katzen schreien. Das ist das Ende jeder Dialektik, auch der der Aufklärung.

# Massensehnsüchte

## Masse und Transzendenz

Man kann Canettis ›Masse und Macht‹ so verstehen, dass alle Metaphysik im Bedürfnis nach Masse fundiert ist. Die Masse ist das materielle Fundament der Transzendenzerfahrung, die die Grenzen des Alltags hinter sich lässt. Was wird passieren, wenn wir das überstanden haben? Ich habe das Gefühl, der Druck von innen wächst. Gibt man ihm nach: amöbenartige Massenbildungen, dionysische Umzüge, ein wilder Wahnsinn. Sind das nur meine Phantasien?

## Infektionsmassen

Der Begriff der Infektionsmasse findet sich nicht in Canettis ›Masse und Macht‹. Vielleicht ist das so, weil »Infektion« in einem übertragenen Sinne – schon wieder so ein Infektionswort, das auf den Zusammenhang von Infektion und poetischer Logik aufmerksam macht – den meisten Massenphänomenen zugrunde liegt. Infektion ist basal und bildet deswegen keinen besonderen Massentyp.

Die Logik, nach der Massen entstehen, wachsen und sich verbreiten, ist eine Logik der Infektion. Deswegen werden sie von den Herrschenden gefürchtet. Auf der anderen Seite sind sie auf sie angewiesen. Nicht immer, nicht dann, wenn sich die Gesellschaft im Normalzustand befindet, krisenfest und routiniert. In Zeiten der Krise ändert sich das, in der Stunde der Populisten. Und wer den infektiösen Zusammenhalt der Menschen, der stärker sein kann als jede von oben nach unten durchgedrückte Ordnung, auf seine Seite bringt, hat gewonnen.

## Fürs Demonstrieren demonstrieren?

Aufstände in den Vororten der französischen Städte, Polizeigewalt wie eh und je. In Berlin wird vor der Volksbühne demonstriert. Wofür, ist unklar. Vermutlich für das, was die Demonstration selber darstellt: eine Ansammlung von Menschen, die den geforderten Mindestabstand unterschreiten.

Die ersten Demonstrationen, die jetzt in Deutschland wieder anlaufen – zum Beispiel in Berlin und Stuttgart –, berufen sich darauf, dass die Aufhebung des Versammlungsrechtes verfassungswidrig sei. Das Bundesverfassungsgericht hat sie darin in einem ersten Urteil bestätigt. Wenn die Leute nun aber auf die Straße gehen (und soweit ich es überblicke, beteiligen sich Angehörige aller politischen Lager und sozialen Schichten daran), um für das Recht zu demonstrieren zu demonstrieren, sollte man dennoch nicht glauben, dass das Recht zu demonstrieren für die meisten den Grund zu demonstrieren darstellt. Es ist viel einfacher. Es ist das Bedürfnis, sich zu versammeln, das auf das Recht zu demonstrieren sich beruft: das Bedürfnis nach Masse und physischer Nähe, das die ausgetrockneten Seelen zueinander, das Bedürfnis nach Wärme, nach Resonanz im überindividuellen Teil des Lebens, das Bedürfnis nach Verschmelzung und, wenn man so will, Ansteckung, ein tief erotisches Bedürfnis also und das dionysische Gegengewicht zu den apollinischen Restriktionen, die uns auferlegt wurden.

## Deutsche Rebellen

Die Plötzlichkeit, mit der in dem Moment, in dem die Einschränkungen gelockert werden, gegen die Einschränkungen demonstriert wird, ist in mehr als einer Hinsicht aufschlussreich. Zum einen wirft es sein Licht auf den autoritären Charakter der Protestbewegung. Man gibt ihr den kleinen Finger. Sie ergreift gleich die ganze Hand. Unter der Knute hielt sie still und zeigte sich »einsichtig«. In dem Moment aber, in dem sich der Griff der Herrschenden lockert, wird aufgemuckt. Man verkaufte das eigene Duckmäusertum als Einsicht – vermutlich auch sich selbst. Jetzt aber ist es genug.

Zum anderen muss man sich fragen: Was wäre denn einsichtiges Verhalten? Blinde Unterwerfung wohl kaum, sondern Handeln in dem Bewusstsein, dass mein Handeln Folgen hat für andere: für meine Familie, für die Freunde, doch auch für viele, die ich gar nicht kenne. Ich muss in der Lage sein, mich ihnen zugehörig zu fühlen, auch dann, wenn sie mir fern stehen. Das geht ab ohne Sentimentalität und große Gefühle, es ist ein sachlicher Zusammenhang, der mich trotzdem betrifft und mich etwas angeht. Dann, so würde ich sagen, empfinde ich als soziales Wesen.

Die jetzt aufkeimenden Proteste in den großen Städten lassen vermuten, dass dieses Sozial-Empfinden, flüchtig gestärkt durch das gute Zureden des Staates, nun erodiert ist. Die Mittelsphäre zwischen der Position des vereinzelten Individuums und dem großen Ganzen – Staat oder demonstrierende Masse –, die in früheren Gesellschaftsformen die Basis jeglichen Zusammenlebens bildete, ist zur Miszelle sozialer Vermittlung geworden. Man tendiert zu den Extremen, die ineinander umschlagen. Die Individualist:innen flüchten sich am Ende in die demonstrierenden Massen, die schon einmal die Partys vorwegnehmen, nach denen man sich sehnt. Das Individuum und die Masse, sie sind dasselbe, Vorder- und Rückseite desselben Typs, zu dem wir herangezüchtet wurden.

Soziale Verantwortung kann nicht befohlen werden. In den letzten Monaten war das aber der Fall. Und weil die Deutschen ein gehorsames Volk sind, haben sie sich dem auch gefügt – mehr als andere und zum Glück. Aber genug ist genug. Jetzt wird rebelliert. Und zwar so, wie bei uns üblich: Dann, wenn es erlaubt ist.

## Die Macht der Masse

Warum hat die Polizei auf der Münchner Demonstration vom 10. Mai 2020 nicht eingegriffen? Ihr Sprecher sagte, es wäre »unverhältnismäßig« gewesen. Was sollte das heißen? Meinte er, dass die von den zugelassenen 80 auf 3 000 angewachsene Zahl der Demonstrierenden eine Übermacht darstellte, der die Polizei kräftemäßig nicht gewachsen war? Möglich. Es drängt sich freilich noch ein anderer Verdacht auf. Es wird berichtet, dass die Menschen auf dem

Marienplatz zu großen Teilen unvermummt gewesen seien. Ans Einhalten von Abstandsregeln sei ohnehin nicht mehr zu denken gewesen. Hatte die Polizei vielleicht Angst davor, sich zu tief in diese epidemiologische Gefahrenzone zu begeben? Die gebotene Distanz zu dieser kollektiven Tröpfchenschleuder zu unterschreiten? Mit Menschen aneinanderzugeraten und sie festzunehmen, die alle Vorsichtsmaßnahmen zum Schutz des Nebenmenschen in den Wind schlagen und dafür auf jeden Anspruch verzichten, vor den anderen geschützt zu sein? Es ist eine Gemeinschaft der Infizierten, die sich hier der Polizei entgegenstellt, stark und selbstbewusst. Sie bilden eine nur schwer angreifbare Infektionsmasse – wie Strahlenopfer oder Leprakranke, die man nicht ohne entsprechenden Selbstschutz berühren darf. Normalerweise werden sie isoliert, vor den Toren der Stadt, in hermetisch abgeriegelten Krankenstationen, in ohnehin verlorenen Gebieten. Nun haben sie sich in der Stadt versammelt, demonstrieren und feiern die Feste derjenigen, die nicht mehr dazugehören wollen.

## Orgien

Bei Maupassant werden Epidemien mit der Idee von Fest und orgiastischer Verausgabung verbunden. *»Die Mediziner bringen mich zum Lachen mit ihrer Mikrobe«*, liest man in der Cholera-Erzählung ›La peur‹, ›Die Angst‹. *»Es ist kein Insekt, das die Menschen bis zu dem Punkt in Schrecken versetzt, dass sie aus dem Fenster springen; es ist die Cholera, unsagbares und schreckenerregendes Wesen, das aus den Tiefen des Orients gekommen ist.«* Orgien wären damit Ausdruck für etwas Unausdrückbares, das Fest ein Pendant des Impulses, aus dem Fenster zu springen, das Zusammenfinden der Masse während des Tanzes auf den Straßen die Sichtbarmachung dessen, was niemand fassen kann, die Bebilderung einer Sache, die von ihrer Größe her sogar unter dem ganz Kleinen – nämlich den Insekten – liegt.

Man will meinen, dass Maupassant auf Kontraste aus ist, keine massenpsychologischen Realitäten beschreibt, sondern vielmehr die Cholera als Stoff für seine Suche nach dem Unerklärlichen nutzt, für die erneute, schreckliche Verzauberung einer Welt, die jeden Zauber verloren habe. Wenn das richtig ist, dann hätten wir hier ein literarisches Stimmungsbild vor uns, aber mehr auch nicht. Maupassant würde uns packen wollen mit Bildern, die zu unserer Erfahrung mit Epidemien gar nicht passen.

Doch man soll sich nicht täuschen. Die Ansteckungspartys, die jetzt in den USA gefeiert werden, obwohl noch gar nicht klar ist, ob die mit der Krankheit gewonnene Immunität wirklich existiert und, wenn sie existiert, dann für wie lange, heben Maupassant in unsere eigenen Realität hinein: *»Auf dem ganzen Land rund um die Stadt werden Feuerwerke abgeschossen; Freudenfeuer werden angezündet; Orchester spielen fröhliche Melodien auf allen öffentlichen Spazierwegen.«* Und warum das? *»SIE ist hier, man trotzt IHR, nicht der Mikrobe, sondern der Cholera* […].*«*

Konstatieren, was ist, nicht erklären, das ist eine schwierige Aufgabe. Man feiert, obwohl kein Grund besteht oder weil das ganz und gar Unbestimmte droht; man drückt Freude aus, weil die Lust so groß ist, mit einem Sprung aus dem Fenster der Angst zu entkommen; man trifft sich zu Covid-Partys, weil nichts so wenig ratsam ist wie eben sie. *»*[…] *man will vor ihr* [der Cholera] *schneidig erscheinen, wie vor einem versteckten Feind, der einem auflauert.«* Es ist wie eine Aufsuchung des Feindes: Er hält sich versteckt, doch man lockt ihn hervor durch das eigene Verhalten.

Aushaltbar ist die Konfrontation, nicht die Ungewissheit, nicht die Aussicht, dass das »Es« entscheidet, wann und wie »es« zuschlagen wird. Also geht es irgendwie um die Beherrschung von Zeit: Indem man das »Es« der Gefahr provoziert, es ihm ganz einfach macht, gewinnt man so etwas wie Handlungsmacht zurück. Es geht also nicht einfach nur um eine irrationale Ausblendung von Realitäten. Vielmehr erlebt man sich endlich wieder als jemand, der sie hervorzubringen versteht. Die Unsichtbarkeit der Gefahr wird aufgehoben, eben indem man sie einlädt, einen zu ergreifen. *»ER ist's, für den man tanzt, für den man lacht, für den man schreit, für den man Feuer entzündet, für den man Walzer spielt, für Ihn, den Geist, der tötet, und den man überall spürt: gegenwärtig, unsichtbar, bedrohlich, wie ein antiker Genius der Bosheit, dem die Barbarenpriester zuschworen …«*

Dass der »Orient« und eine unbestimmte »barbarische« Vergangenheit zum Auslöser dieser Rückkehr ins ganz Unheimlich-Atavistische werden und als solche zu besingen sind, hat ebenfalls mit den Covid-Partys zu tun. Immer noch lokalisiert man die unsichtbare Gefahr, die zu einem gewandert sei, dort, in der asiatischen Ferne. Angsteinflößendes und Faszinierendes treffen zusammen. Man will das Fremde ganz aus der eigenen Mitte heraushalten, die Krankheit bannen. Aber zugleich will man auch, dass sie da sei, dass sie mittanze, dass die Umarmung, die man im Zusammensein mit den eigens geladenen Kranken vollzieht, wirklich auch eine Umarmung des »Es« sei.

# Erinnerungen an die Zukunft

## Lernen für die Zukunft

Wenn wir jetzt spazieren gehen, täglich einmal, die volle Zeit – eine Stunde – ausschöpfend, müssen wir immer ein paar Minuten für das letzte Stück Straße wieder zurück einplanen, als Reserve. Denn vor unserem Haus trifft man jetzt regelmäßig Leute, denen es so schlecht geht, dass man ihren Weg besser nicht kreuzt. Volltrunkene Männer, allein oder, jetzt sehr häufig, ein Paar, das, sich gegenseitig anschreiend und bedrohend, vollkommen außer sich ist und das ganze Viertel auf sich aufmerksam macht, einmal auch ein einzelner junger Mann, der wie wild mit den Fäusten in die Luft schlägt und bei sich bietender Gelegenheit sicher auch mehr als nur in die Luft.

Es stellt sich Übung ein. Man geht einen kleinen Umweg, manchmal auch zwei, guckt dabei auf die Uhr, um zu sehen, ob die verbleibenden Minuten, die mit der Zeitangabe auf dem Zettel korrelieren, noch ausreichen, um wirklich pünktlich nach Hause zu kommen.

Und irgendwie ist es plötzlich, als nähmen diese Szenen der Vermeidung eine Zukunft vorweg, in der man trotz Aufhebung der Ausgangssperre manche Begegnungen erneut vermeiden wird. Aber eingeübt hätten wir's ja schon.

## Hoffnung

Man mag das, was im Moment passiert, bewerten, wie man will: als Spiel mit dem Feuer autoritärer Regression, oder umgekehrt, als Eröffnung eines Raums, durch den klarer wird, worauf es in dieser Gesellschaft vor allem ankommt. Aber insgesamt wirkt es so, als sei ein Schleier von der Gesellschaft weggezogen. Sie wirkt nicht mehr so umfassend, so monolithisch, so »alternativlos«. Sie ist, sehen wir, eine Option unter anderen. Weniges genügt, um sie aus dem Gleichgewicht der Selbstverständlichkeit zu bringen, sehr wenig. Dann muss man handeln, wie es vom System eigentlich nicht vorgesehen ist. Es entsteht, so paradox das klingt, ein Gefühl der Freiheit, das heißt das Gefühl, dass wir selber unser Leben und unsere Geschichte in der Hand haben. Diese Freiheit ist eine zum Guten und zum Bösen – wie immer.

## Zur Rolle der Kunst

Ein Zeithistoriker sagt, in dieser Krise seien die Soziolog:innen und Philosoph:innen wichtiger als die Historiker:innen, um die Situation zu verstehen. Der Mann hat ein merkwürdig demütiges Verständnis von seinem Beruf und der Wirklichkeit. Kann ein Historiker sich nur mit der Vergangenheit beschäftigen? Können wir von ihm nicht lernen, einen historischen Blick auf die Wirklichkeit zu werfen, die die Gegenwart als unsere Vergangenheit betrachtet? Ist der Historiker nicht der Wissenschaftstypus, auf den es jetzt gerade ankäme? Was freilich noch mehr verstört, ist die Selbstverständlichkeit, mit der die Kunst als Klarstellung und Reflexionsraum gegenwärtiger Erfahrungen gar nicht erst in Betracht gezogen wird.

Dieser Zeithistoriker ist sicher ein guter Mann, ich möchte ihm nichts unterstellen. Aber ich unterstelle ihm eben doch einen bestimmten Begriff von der Kunst: dass sie nämlich eine private Angelegenheit der Künstler:innen sei, eine besonders schrullige Art und Weise, die eigene Befindlichkeit in ein Produkt zu verwandeln, das sich verkaufen lässt. Dem ist immer und immer entgegenzuhalten: Eine Künstlerin (oder ein Künstler), wenn sie was taugen, sehen, was andere nicht sehen; sie arbeiten gegen die Verdrängungen an, die den vollen Blick auf die Wirklichkeit behindern; sie sind die geschworenen Feinde der Phrasen, die sich an die Stelle der Wirklichkeit setzen, und, nachdem ihre Aufgabe entfallen war, die ewigen Ideen in die Erscheinung zu verfrachten, die wahren Realisten. Das Einzelne und das Allgemeine tritt in der Kunst zusammen und schlägt Funken, von denen den Philosophen und Philosophinnen, den Soziolog:innen und sogar den Zeithistoriker:innen nichts träumt.

## Zukünfte

Die Idee, das Gestern habe sein eigenes Morgen gehabt und dieses sei als unser eigenes Gestern erforschbar, geht davon aus, dass das einstige Morgen immer schon über das damalige Heute hinausgeschaut habe. Gerade der Science-Fiction-Literatur wird, da die Vorstellungen, wie wohl das Morgen aussehen könnte, zu ihrer ureigensten Domäne gehört, die Fähigkeit zugeschrieben, das Kommende zu antizipieren.

Es kann aber auch ganz anders sein. Da die Gegenwart immer eingespannt ist zwischen der Vergangenheit und Zukunft (was immer die dann ihrerseits sein mögen), ist mit Zukunftsvisionen zugleich immer auch (wenn auch nicht unbedingt reflektiert) eine Interpretation von Vergangenheit gegeben. Und von Gegenwart natürlich auch, denn diese denkt sich von dem her, was da kommen könnte.

Wenn es nun aber in der Vergangenheit, der damaligen, und der Gegenwart (der ebenso damaligen) Dinge gab, mit der sich eine Gesellschaft nicht gern auseinandersetzte, etwas also, was aus bestimmten Gründen tabu-behaftet war, dann wirkte sich das auch auf die Zukunftsvisionen aus. Das konnte dazu führen, dass historische Ereignisse, zu denen es schon gekommen war, in ihrer Tatsächlichkeit für die Imagination von Zukunft gar nicht erst einbezogen, sondern im Gegenteil sorgsam umgangen, wenn nicht gar verdeckt wurden.

Das führte wiederum dazu, dass diese Zukünfte hinter ihrer jeweiligen Gegenwart, ja mehr noch: sogar hinter ihrer *Vergangenheit* mit deren Tatsächlichkeiten zurück blieben. Wir haben dann plötzlich Zukunftsentwürfe vor uns, deren Hauptzweck darin bestand, Gegenwärtiges und Vergangenes in Abrede zu stellen.

Das aber würde bedeuten, dass diese Zukünfte hinter den *vorherigen* Zeitstufen zurückgeblieben sind. Zukünfte wären dann sozusagen älter und vergangener als Vergangenheiten gewesen, einfach, weil sie die Auseinandersetzung mit diesen wirklichen Vergangenheiten nicht wagten. Sie blieben an einem bestimmten Punkt stehen, behaupteten aber ganz im Gegensatz dazu, nach vorn auszuschreiten – hin zu dem, was noch nicht war.

Wenn Science-Fiction-Texte auf diese Weise Zukunft entwerfen, dann sind sie im emphatischen Sinne als konservativ zu bezeichnen, als etwas also, was Gegenwart vor bestimmten Fragen bewahren und schützen will. Die Behauptung, Science-Fiction sei auf Zukunft hin zu befragen, müsste, da einem Vorurteil entsprechend, einer Kritik unterzogen und die Erforschung der Frage ins Zentrum gestellt werden, inwieweit sich solche Zukunftsentwürfe an bestimmte Schichten von Vergangenheit klammerten, über diese gar nicht erst hinausgehen mochten.

Es ginge, mit anderen Worten, um die Befestigung bestimmter Überzeugungen bezüglich der Gegenwart und ihrer Vergangenheit, und zwar mit Hilfe der – in Wirklichkeit nur scheinbaren – Zukünfte. Paradox gesprochen: Das Morgen von Gestern wäre in Wirklichkeit ein Morgen, das noch gestriger ist als das damalige Heute. Insofern hätten heutige Untersuchungen zum damaligen Morgen nicht der Frage zu gelten, was aus dem damaligen Heute heraus überhaupt vorstellbar war. Vielmehr erscheint es als wichtig, herauszufinden, welche Verdrängungsmechanismen griffen, als die Zukunft so und so vorgestellt wurde und nicht anders. Forschung zur Geschichte der Zukunft wäre damit plötzlich doch eine Wissenschaft vom Gestern und von den kollektiven Mechanismen, die damals dazu führen, dass Gesellschaften sich ihrer Gegenwart nicht stellen mochten.

Wenn unsere Fragen in diese Richtung gehen, dann ist plötzlich nicht mehr wichtig, ob von dem, was vorgestellt wurde, etwas dann wirklich eingetreten ist oder nicht. Im Gegenteil wäre davon auszugehen, dass etwas ohnehin schon eingetreten war, dieses Eingetretene jedoch sozusagen gegen eine Zukunft eingetauscht wurde, sodass die Gegenwart so tun konnte, als sei es nicht eingetreten. Zukunftsforschung wäre dann nicht Forschung über einen Raum, der ganz und gar nicht offen war, sondern der in einer Art von Gegenwartsmauer sich und die Leser:innenschaft einzuschließen unternahm.

Die sich auch kommerziell niederschlagende Beliebtheit gerade des Genres Science-Fiction hätte dann damit zu tun, dass die Leserschaft sich in Bezug auf ihre Vergangenheiten einen Orientierungsrahmen zu schaffen vermochte –

stets aber in dem Glauben, mit Vergangenheit gar nicht in Auseinandersetzung zu sein.

Ein konkretes Beispiel dafür ist das weitgehende Zurücktreten von Realitäten, das nach dem Atombombenabwurf über Hiroshima und Nagasaki in amerikanischen Phantasien über einen möglichen »Dritten Weltkrieg« zu beobachten ist. Die Folgen dieser Bomben waren allgemein bekannt, doch Atomkriegsphantasien, das heißt Entwürfe für Zukünfte über neue Bombenkriege, sind in ihrer Mehrheit frei von dem Wissen, über das man allgemein verfügte. Die Zukünfte dienten der Besänftigung von Fragen, die an die Vergangenheit hätten gerichtet werden und Gegenwart hätten beeinflussen können. Doch gerade das sollte umgangen werden.

Wenn nun davon ausgegangen wird, dass eine gewisse »Zukunftsfähigkeit« davon abhängt, ob Gesellschaften bereit sind, vergangene Realitäten – hier das Zerstörungspotenzial, das mit den Bombenabwürfen über Japan wirklich ausgeschöpft wurde – als solche überhaupt wahrzunehmen, dann entstehen mit Blick auf die eigenen, heutigen Zukünfte Befürchtungen. Damalige Tabus übertragend auf das Heute, stellt sich die Frage, inwieweit sehr wohl Bekanntes aus unserem Wissen über das mögliche Morgen herausgehalten wird und uns so, blind gleichsam, da geblendet zurückschreckend vor dem Tatsächlichen, in genau dieses hineinlaufen lässt. Anders formuliert: Weil wir irgendwie wissen, dass bestimmte Dinge möglich sind (nämlich, weil sie schon passiert sind oder weiterhin passieren), passieren sie weiter, sich in die Zukunft hinein verlängernd. Und der Grund dafür wäre, dass der Umstand, *dass* sie passieren, schon jetzt unsere Kapazitäten, Angst in Erkenntnis umzusetzen, überschritten hat und Zukunftsentwürfe daher hauptsächlich der Beschwichtigung dieser Angst gelten.

Oder es passiert etwas, was der Erkenntnis genauso abträglich ist: Man beschwichtigt Vergangenes, Gegenwärtiges wie Zukünftiges, doch diese Bekämpfung von Ängsten schlägt, weil kollektiv dennoch vorhanden, unkontrollierbar in das gegenteilige Extrem, das heißt in plötzliche Übertreibungen und apokalyptisch-endzeitliche Visionen um, Visionen, die dadurch gekennzeichnet sind, dass man jede Möglichkeit, irgendwie noch Zukunft zu gestalten, resignativ für unmöglich erklärt.

Dieser dialektische Umschlag, das Auf und Ab von auf Tabuisierung beruhender Sorglosigkeit und – im Gegensatz dazu – geradezu lustvoller Ausmalung der kommenden, superlativischen Katastrophen wäre für eine Analyse von dem, was das Gegenwärtige ausmacht, zu nutzen. Offenbar gehen Zukunftsvisionen, die in extremster Ambivalenz zwischen Beruhigung und düstersten, im prophetischen Ton vorgetragenen Todesbildern zum Morgen hin- und herschwanken – ein regelrechtes Kipp-Phänomen abgebend –, aus einer Gegenwart hervor, die fühlt, sich schon jetzt nicht mehr recht in der Hand zu haben. Die Resignation gegenüber der Zukunft wäre, wenn das stimmte, in Wirklichkeit eine Resignation der Gegenwart gegenüber.

Charakteristisch für eine solche, gegenwärtige Krisenatmosphäre ist jedoch, dass sie gerade aus ihrer Resignation Lust bezieht. Es ist dies eine Katastrophenlust, die sich zwar nicht bezüglich der Gegenwart zu erkennen geben wagt, die Lust jedoch, als rein imaginative, da erst noch kommende ausgebend, an der Zukunft festmacht. So wagt man – um nur ein Beispiel zu nennen – nicht zu sagen, dass die weltweite Pandemie des Coronavirus eine ambivalente Mischung aus Angst und Faszination auslöst. Man behauptet, die jetzigen Ereignisse seien nicht mehr als ein Auftakt für noch viel schlimmere Katastrophen, um auf diese Weise die Faszination (die ganz uneingestanden ist) auf etwas beziehen zu können, was noch nicht da ist.

Es ist, als reiche der Schrecken der Gegenwart nicht aus, sondern als wolle man für sich selbst Handlungsmacht zurückgewinnen, indem man behauptet, genau zu wissen, dass die Zukunft die Gegenwart an Schrecklichkeit noch übertreffen wird. Der Prophet ist dann nicht nur Prophet, nicht nur ein Sprachrohr, das ein von Gewissheit durchdrungenes Wissen übermittelt, sondern mehr noch: einer, der eigentlich Zukunft überhaupt erst *hervorbringt*, sie *macht*. Daher der Eindruck, dass über den Umweg über Zukünftiges Handlungsmacht im Heute zurückgewonnen werden soll, und zwar besonders von Menschen, die mit dem Gefühl leben, man ließe ihnen keinen Freiraum zur Gestaltung und Beeinflussung ihres eigenen Lebens, ihrer persönlichen Gegenwart.

## Komisches Gefühl

Das Gefühl, das sich jetzt langsam breitmacht, lässt sich schwer in Worte fassen. Es ist die Rede von einer kontrollierten Rückkehr zur Normalität. Aber nichts fühlt sich normal an. Und nichts könnte sich in Zukunft wieder normal anfühlen. Wir haben mitbekommen, wie tief der Staat in unser Privatleben eingreift, wenn es nötig ist. Oder auch dann, wenn er es für nötig hält und es vielleicht nicht so nötig ist. Oder auch dann, wenn es noch viel nötiger ist. Wir wissen nun, was es bedeutet, in einer Krise zu leben, und ob sich dieser Eindruck jemals wieder verlieren wird, ist die Frage. Sie sitzt eh unter der Oberfläche. Und das schon seit Jahren. Wir haben erlebt, wie rasch und geräuschlos die Parlamente entmachtet wurden, und auch wenn wir uns in dieser Situation damit einverstanden erklären, können wir nicht ausschließen, dass sich Routinen etablieren, die sich missbrauchen lassen. Wir haben erfahren, wie fragil diese Sache ist, die wir Wirklichkeit nennen, und wie wenig das, was wir aus eigener Anschauung wissen, daran Anteil hat: Das meiste davon entfällt auf vermittelte Informationen, denen wir vertrauen müssen, wenn wir nicht verrückt werden wollen. Woher kommt Vertrauen? Wir erleben, wie schmal die Grenze ist, die das Vernünftige vom Verrückten trennt, und dass wir häufig nicht wissen, wer wo steht – obwohl dieses Wissen jetzt so schön wäre. Wir bekommen mit, wie Linke und Rechte (aber wie moderig sich diese Worte in unserem Mund anfühlen!) gemeinsam für demokratische Grundrechte demonstrieren, dass sie dabei auf die üblichen Abgrenzungsrituale verzichten, und wir vermuten, dass das trotzdem irgendwie nicht gut ist. Wir haben mit allen und keinem Mitleid: mit dem Berliner Barbesitzer, der noch genau drei Wochen bis zum ökonomischen Exitus hat; mit den alten Menschen, die vor der Klinik und den Beatmungsmaschinen geschützt werden müssen; mit Insolvenzselbstmörder:innen, durchdrehenden Familien aller Einkommensklassen, Ärzt:innen und Pfleger:innen, Künstler:innen und Politiker:innen, Lehrer:innen und sogar Pilot:innen. Wir versuchen, die Widersprüche stehen zu lassen, anzuerkennen, dass man aus ihnen heraus nicht immer richtig entscheiden kann. Gut und Böse helfen nicht weiter, was nicht heißen soll, dass es alle gut meinen. Es ist einfach ein heilloses Durcheinander. Und was die Sache noch merkwürdiger macht, ist, dass wir das alles in dieser eigentümlich wattierten Verfassung erleben: Wohnungsisolation, Kontaktbeschränkungen, Sozialverzicht. Das Realste, was wir haben, sind die Widersprüche. Sie fühlen sich bloß gar nicht real an.

# Der Atem

## Beobachtung meines Atems

Ich beobachte seit einiger Zeit meinen Atem. Beim Treppensteigen, wenn ich renne oder die schweren Einkaufstaschen in den vierten Stock hieve: Habe ich Schwierigkeiten beim Atmen? Aber wenn ja, dann ist es wohl eher auf mein Rauchen zurückzuführen, das im letzten Jahr stark zugenommen hat. Oder einfach das Alter? Kein Ausdauersport, weil er mich langweilt? Ich habe ganz sicher kein Corona. Aber ich achte mehr auf meinen Atem – und auf den Atem anderer, denen ich im Supermarkt, auf der Straße und auch bei den nun langsam und gebremst einsetzenden Kulturveranstaltungen begegne. Jeder, der in der Kirche hustet, in der ein Streichorchester, dessen Mitglieder weit voneinander entfernt sitzen und zu versuchen scheinen, mit dem Zusammenspiel, das ihnen in Fleisch und Blut übergegangen war, ganz neu und fast noch einmal von vorn anzufangen, fällt mir auf und mischt sich seltsam in die spätbarocke Musik, die sie intonieren. Die Verwischung des Klangs, bedingt durch die Kirchenakustik, hat fast etwas Bedrohliches, als würde sie die Vermischung unserer Atemzüge figurieren.

## Außer Atem

Auf Fahrradtouren: das für mich untypische Bedürfnis, an die Erschöpfungsgrenze zu gehen. Der Hintergrund, ich will außer Atem kommen, nach Luft schnappen, tief ein- und ausatmen. Die Angst vor dem Erstickungstod ist in mich eingewandert. Corona trifft unser Lebenszentrum an einer entscheidenden Stelle.

## Störenfried

Gespräch über eine Straßenkreuzung hinweg. (Die gibt jetzt den richtigen Abstand vor.) Zwei Mütter tauschen sich über die Erfahrungen aus, die ihre Kinder mit Unterrichtsforen ihrer Lehrer:innen gemacht haben. Eine Mutter beklagt sich: Ein Schüler habe ein echtes *Head-Set* gehabt, ein ganz tolles, doch sein Mikro habe so perfekt funktioniert, dass man die anderen Kindern kaum gehört habe. Dabei habe dieser Schüler gar nichts gesagt. Er sei ganz unbeteiligt gewesen, habe gar nicht mitmachen wollen. Aber geatmet habe er, geatmet so, dass es allen in den Ohren dröhnte! Wie aber sollte man ihm sagen, damit aufzuhören? Das ging ja nicht!

In der Tat: Es wäre schwierig, dem Klassenkameraden das zu sagen. Denn die Online-Foren finden statt, damit die Luft in die Lungen der Schülerinnen und Schüler ein- und ausströme, ohne Atemgerät. Besser also ein *Head-Set*.

## Über das Atmen

Bedingt durch jahrzehntelanges Rauchen – schwere Brazil-Zigarren, die er auf Lunge rauchte – leidet mein Vater an einer chronischen Bronchitis. Hinzu kommen ein Lungenemphysem und ein chronisch kleines Lungenvolumen. Sport hat er, soweit ich mich erinnern kann, nie gemacht.

Nun schnappt der über Achtzigjährige nach 10–15 Schritten verzweifelt nach Luft. Es ist ein merkwürdiges Geräusch, ein Stoßen, ein Auf- und Zuschlagen einer Tür. Alles krampft sich zusammen, jedes Mal steht der Tod neben uns, jedes Mal die Vorstellung, dass dies sein letzter Atemzug sein könnte; dass die dünne, armselige Verbindung, die ihn mit dem Außen, dem Leben verbindet, zusammenbrechen könnte. Der Atem, sein bisschen Luft, das ist doch eigentlich nichts. Und es ist doch viel, eigentlich alles. Dann hört er auf zu atmen, und das ist dann der Tod.

Bisher ist Corona nicht zu meinen Eltern vorgedrungen. Sie haben Glück gehabt – umso mehr, als der Vater in der zweiten Woche des Lockdowns stürzte. Kein Bruch, kein Krankenhaus, keine Infektionsgefahr. Trotzdem ist die

Krankheit ständig unter uns. Sein Atem erinnert mich an andere, die gerade um ihren Atem ringen.

Er ist fraglos, der Atem. Man denkt nicht darüber nach. Gleichzeitig ist er nicht rein vegetativ, wie der Herzschlag und die Verdauungstätigkeit. Man kann auch bewusst atmen, und in dieser Form kann der Atem zum Gegenstand meditativer Erhebung werden. Dann wird das Tiefe zum Höchsten. Der Atem übergreift die üblichen Trennungen von Geist und Körper, Bewusstem und Unbewusstem. Er ist das, was Körperinneres und Körperäußeres am sublimsten miteinander verbindet – durch haarfeine Kapillaren und winzige Lungenbläschen, die den Sauerstoff aus der Luft lösen und ins Blut schicken, und die wiederum das Kohlendioxid aufnehmen und ausatmen.

Einatmen, ausatmen. Es fällt schwer, dieses Zusammenspiel, dieses komplizierte und unendlich fein abgestimmte Mobile von Körpervorgängen nicht Geist zu nennen. Es ist etwas daran, wenn der Atem die Seele verbildlicht, die in den Darstellungen der Alten den Körper des Toten durch den Mund verlässt. Er tat seinen letzten Atemzug, sagt man, und das ist mehr als eine biologische Feststellung. Und es ist plausibler und fassbarer als die Rede vom Hirntod.

Deswegen ist die Vorstellung der »Intubation« in höchstem Grade verstörend: Ein grobes Rohr wird in den Schlund gestopft, das feine Hin- und Hergewoge des Atems durch ein martialisches Gebläse ersetzt. Alptraum der Intubation: Das Monster in »Alien«, das beim Erstkontakt tief in Atemwege und Lunge vordringt und diese Lebensfunktionen übernimmt.

Wieder und wieder schnappt mein Vater nach Luft. Mich überkommt Panik wie in dem Film. Ich weiß nicht, wie er das aushält. Was denkt er? Hat er sich mit dem Tod vertraut gemacht? Oder hat es zur Folge, dass er gerade daran nicht denkt, sondern nur an den nächsten Atemzug? Wenn er doch friedlich einschlafen könnte! Aber ist das auch sein Wunsch? Ich wage es nicht, ihn zu fragen.

## Erstickungsangst

*»Ich glaube, ich habe Angst vor der Enge. So unstatthaft ist es wohl nicht, Sterben gleichzusetzen mit der Verengung meines Lebens. Der Körper redet drein in gleichem Sinne. Vom Leben verlassen werden, den letzten Atemzug tun, ›verseufzen‹, wie es von mir sehr teurer Seite genannt wurde, verstehe ich als Ersticken, ob vielleicht auch die medizinische Wissenschaft diesen Begriff als klinisch unpräzise abweise. Mit dem Atmen aber, das mir dann versagt sein wird, kenne ich mich aus, so gut wie jedermann. Ich habe Atemnot gehabt wie irgendwer: da wurde mir klar, dass der Wunsch nach Freiheit rückführbar ist auf das drangvolle Verlangen nach Atemfreiheit. Im Sterben aber wird die Menge Oxygen, die ich so durchaus für mich will, mir nicht mehr gewährt sein. Mit der verwehrten Atemfreiheit werden alle Freiheiten sich mir entziehen. Mit Bangen um Luft muss ich weitermachen, das ist die Niedertracht, mit einer Furcht, die … ich mit grosser Wahrscheinlichkeit immer genauer werde kennenlernen.«* (Jean Améry)

Amérys Gedanke, die Angst vor dem Tode sei letztlich die Angst vor dem Ersticken und auch der letzte Atemzug bringe keinen Frieden, weil Frieden eben immer nur in der Gewissheit und Möglichkeit des Weiteratmens existiere, gewinnt seine Schärfe durch die Tatsache, dass es die Gaskammern gegeben hat. Da wurde Wirklichkeit, was auch dem Häftling Améry zugedacht gewesen war: dass jemand, der Gift einatmet, nur noch tiefer einzuatmen versucht, weil Atmen eben das Allerursprünglichste und Wichtigste im Leben ist. Aber mit dem Tiefer-einatmen-Wollen holten sich die Opfer nur noch mehr Tod in die Lunge, und so wurde das Ersticken, industriell bewirkt, zu einer millionenfachen Qual.

Ruth Klüger, die Auschwitz als Kind überlebte, schreibt, dass sie lange Jahrzehnte nicht wahrhaben wollte, dass ihr Vater gerade diesen Tod gestorben war. Sie erfand ihm andere, »bessere« Tode und musste doch irgendwann zugeben, dass auch er den Weg in die Gaskammern gegangen war. Die Not der Erstickenden, so wissen wir durch das Zeugnis derer, die diesem Sterben beiwohnten, war so groß, dass die Stärkeren – die Erwachsenen – auf die Schwächsten zu treten begannen, um dahin zu gelangen, wo es noch ein wenig Sauerstoff gab, nämlich: nach oben. Klüger fragt sich, ob auch ihr Vater unter diesen Menschen gewesen sei. Darin steckt die implizite Frage: Hätte der Vater auch auf sie getreten, auf sie, das Kind, wenn man sie, zusammen mit ihm, in die Gaskammer gebracht hätte?

Ich glaube, dass dieser Tod durch Ersticken, der vom Menschen ganz ungewollte, da durch den Virus bewirkte, jetzt so wenig und niemals konkret in Erscheinung tritt, weil hier Selbstverständlichkeiten unseres Alltags zu kippen drohen. Atmen, das ist die Regel, die Grundlage unseres Wohlbefindens und Lebens. Im Gaskrieg des Ersten Weltkriegs wie durch terroristische Giftgasangriffe, durch Genozid oder Folter, die so leicht herzustellen ist, wenn man den Kopf eines Menschen in einen mit Wasser gefüllten Eimer drückt, ist dieser Tod aber immer wieder künstlich hergestellt worden.

Vielleicht wollen wir darum heute so wenig davon wissen. Denn es käme etwas von diesem absoluten Schrecken wieder zurück. Wollen wir uns nicht vorstellen, was den heutigen Patient:innen geschieht, weil es auf gleich mehrfache Weise Angst auslösend ist? Als Krankheit, die uns selbst betreffen könnte? Aber auch als das Wissen, dass Menschen einen solchen Tod bewusst über andere Menschen haben verhängen können? Medizinische Realitäten auf der einen, historische Realitäten auf der anderen Seite?

Es wäre heute wichtig, sich klarzumachen, was es heißt, zu ersticken und was jedem einzelnen Patienten, jeder einzelnen Patientin – was ihnen allen bei diesem Tod geschieht. Denn dieses Wissen müsste das Maß der heutigen Politik sein. Dass Menschen aufgrund des Virus ersticken, ist etwas, zu dessen Verhinderung alles Menschenmögliche unternommen werden muss. Es gibt nichts Wichtigeres als das: atmen, den Atem des anderen schützen und damit sein Leben.

## Atemanhalten

Das Atemanhalten könnte zu einer gesamten, neuen Lebenshaltung werden. Nichts wegschleudern (und zwar, weil man die anderen mit betreffen könnte). Zeitgleich eine Form radikaler Selbstbescheidung. Selbst die Luft ist kostbar geworden. Selbst durch die Luft sind wir mit den anderen Menschen verbunden, einen einzigen, großen Körper bildend, der nur so lange harm-los (hier im Sinne von »unbeschadet«) zu bleiben vermag, wie der Sinn des Wortes »harmlos« – *»unberührt von kummer, mit innerem frieden, ruhig, heiter«* (Grimm'sches Wörterbuch) – von allen respektiert wird.

# Anmerkungen und Nachweise

## Einleitung

Michel de Montaigne, Essais/Essays, III/2. – Theodor W. Adorno, Der Essay als Form, in: Noten zur Literatur, Gesammelte Schriften 11, Darmstadt 1997. – Jean Améry, Über das Altern. Revolte und Resignation, Stuttgart 1977, 10 – Anne D. Peiter, Gewaltige Details. Essays zu Berlin und Neapel, Bochum/Freiburg 2018. – Anne D. Peiter, Träume der Gewalt. Studien der Unverhältnismäßigkeit zu Texten, Filmen und Fotografien. Nationalsozialismus – Kolonialismus – Kalter Krieg, Bielefeld 2019. – »Zeitkern der Wahrheit«: Walter Benjamin, Das Passagen-Werk, Frankfurt am Main 1982, 578.

## Feedbacks der Krise

*Schlaflosigkeit:* Anne D. Peiter, 31. März 2020. – *Krise als Beschleunigung:* Wolfram Ette, Ende März 2020. – *Panik:* Wolfram Ette, April 2020 – *Notstand:* Wolfram Ette, März 2020 – *Auszeit:* Wolfram Ette, 17. März 2020. – Termitentraum: Günter Eich, Träume, in: Gesammelte Werke, Bd 2, Frankfurt am Main 1973, 314–322. – *Fragen:* Wolfram Ette, 31. März 2020. – *Morgendliches Erwachen:* Wolfram Ette, 14. April 2020.

## V-Effekte des Sozialen

*Sehnsucht:* Wolfram Ette, 21. April 2020. – *Im Supermarkt:* Anne D. Peiter, 23. März 2020. – *Stallwärme:* Wolfram Ette, 2. April 2020. – *Der Steinwurf:* Anne D. Peiter, 25. März 2020. – *Negativ:* Anne D. Peiter, 6. April 2020. – *Sich stützen:* Anne D. Peiter, 13. Mai 2020. – *Erklärungsnot:* Anne D. Peiter, 29. März 2020. – *Gläser und Spinat:* Anne D. Peiter, 8. Mai 2020. – *Handtücher I:* Anne D. Peiter, 9. April 2020. – https://www.clicanoo.re/Societe/Article/2020/04/06/Une-famille-en-quatorzaine-stricte-sevade-de-son-hotel_603997 – *Die Kreissäge:* Anne D. Peiter, 1. Juni 2020. – *Handtücher II:* Anne D. Peiter, 15. April 2020. – https://www.clicanoo.re/Faits-Divers/Article/2020/04/08/La-famille-evadee-de-la-quatorzaine-risque-gros_604122?destination%3Dadmin/a-la-une%26page%3D6&sa=D&ust=1608484430021000&usg=AOvVawoVgo4syS2eGHl3uazy8sHR

## Philologie der Krise

*Seit:* Wolfram Ette, 19. März 2020. – *Systemrelevant:* Wolfram Ette, 27. März 2020. – *Überleben, transitiv:* Anne D. Peiter, 7. April 2020. Jemanden Überleben: Elias Canetti, Der Überlebende, in: ders.: Masse und Macht, Frankfurt am Main 1996, 267–332. – *Zynisch:* Wolfram Ette, 31. März 2020. – *Die Krise als Förster:* Wolfram Ette, 4. April 2020. – *Tanzlustbarkeiten:* Wolfram Ette, 21. April 2020. – *Tragische Helden:* Wolfram Ette, 21. April 2020. – DLF-Sendung vom 16. April 2020: https://www.deutschlandfunkkultur.de/das-triage-dilemma-die-aerzte-als-tragische-helden.976.de.html?dram:article_id=474757 – *Positiv:* Wolfram Ette, 27. Juni 2020.

## Die Eingeschlossenen

*Wunschträume:* Wolfram Ette, 23. April 2020. – Eske Bockelmann, Im Takt des Geldes. Zur Genese des modernen Denkens, Springe 2004. – Harald Welzer, Selbstdenken. Eine Anleitung zum Widerstand, Frankfurt am Main 2013, 116. – *Luxus des Eingesperrt-Seins:* Anne D. Peiter, 28. April 2020. – *Agambens Verteidigung des Christentums:* Wolfram Ette, 21. April 2020. – https://www.nzz.ch/feuilleton/coronavirus-giorgio-agamben-zum-zusammenbruch-der-demokratie-ld.1551896 – *Bunkerwelten:* Anne D. Peiter, 27. März 2020. Vgl. allgemein: Anne D. Peiter, Träume der Gewalt, a. a. O.. – *Quad:* Anne D. Peiter, 16. April 2020. Samuel Beckett: Quad I + II, Paris 1997. Vgl. auch: Becketts eigene Inszenierung von 1981: https://www.youtube.com/watch?v=4ZDRfnICq9M. – *Die Bäume:* Anne D. Peiter, 1. Mai 2020. – *Johannespassion:* Wolfram Ette, 17. April 2020. – Johannes-Passion aus der Thomaskirche Leipzig, für Tenor, Cembalo und Schlagwerk, nach Johann Sebastian Bach BWV 245, Johannespassion. Mitwirkende: Benedikt Kristjánsson (Tenor); Elina Albach (Cembalo); Philipp Lamprecht (Schlagwerk); Vocalquintett; Leitung: Gotthold Schwarz. https://www.youtube.com/watch?v=VP0C2hy2XVg – Institutionelle Feigheit: Der Mustertext, der die Dekonstruktion des Gesamtkunstwerks unter dem Druck der Not erläutert, ist Alexander Kluges ›Götterdämmerung in Wien‹ (Chronik der Gefühle, Band 1, Frankfurt am Main 2000, 66–73. Es ist hier der Rundfunk Salzburg, der das in den letzten Tagen des Krieges aus vielen Einzelspuren zusammengetragene, also filmisch nachkomponierte Werk Richard Wagners sich in dieser zerrütteten Form nicht zu senden traute. Das Heiner-Müller-Motto entstammt ebenfalls diesem Text. – Deutsche Singebewegung: Vgl. Pamela Potter, Die deutscheste der Künste, Stuttgart 2000, Kap. 1: Musik und Gesellschaft 1918–1945. – *Procura:* Anne D. Peiter, 24. April 2020. – *Plexiglas*: Anne D. Peiter, 21. April 2020. – *Die Fenster:* Anne D. Peiter, 10. Mai 2020. – *Geistvoll I + II:* Anne D. Peiter, 14. April 2020. Zu Speer: Albert Speer, Spandauer Tagebücher, Berlin 2005.

## Wissenschaft und Politik

*Absolute Wissenschaft:* Wolfram Ette, 28. März 2020. – *Frontberichterstattung:* Wolfram Ette, 28. März 2020. – *Voraussicht der Hände:* Anne D. Peiter, 25. März 2020. https://www.programme-tv.net/news/tv/250016-coronavirus-emmanuel-macron-vivement-interpelle-par-le-cri-dalarme-dun-medecin-on-est-au-bout-video/

## Von der Macht der Zahlen

*Patient Null:* Anne D. Peiter, 11. April 2020. – *Zahlen*: Wolfram Ette, 11. April 2020. – *Vietnam:* Anne D. Peiter, 30. April 2020. – *Unerwünscht:* Anne D. Peiter, 27. April 2020. – *Und wieder Zahlen:* Wolfram Ette, 25. Juni 2020.

## Gespenster des Digitalen

*Flüstern:* Anne D. Peiter, 3. April 2020. – *Gegenschnitte:* Wolfram Ette, 3. April 2020. – *Gegen die Ratlosigkeit:* Anne D. Peiter, 9. April 2020. – *Spionage:* Anne D. Peiter, 7. April 2020. – *Wach-Hunde*: Anne D. Peiter, 14. Mai 2020. – *Videokonferenzen I:* Wolfram Ette, Anne D. Peiter, 25.–27. April 2020. – Der Mensch vor der Apparatur: Walter Benjamin, Das Kunstwerk im Zeitalter seiner technischen Reproduzierbarkeit, in: Gesammelte Werke, Bd. I/2, Frankfurt am Main 1982, 489. – Kaum zu glauben, aber in demselben Jahr (1936), in dem Walter Benjamin an der französischen Übersetzung seines berühmten Aufsatzes über ›Das Kunstwerk im Zeitalter seiner technischen Reproduzierbarkeit‹ saß, wurde in Deutschland der Fernsehsprechdienst für den Publikumsverkehr freigeschaltet. – *Kommunikative Rationalität:* Wolfram Ette, 28. April 2020. – *Videokonferenzen II:* Wolfram Ette, 27. Mai 2020. – In-der-Welt-Sein: Martin Heidegger, Sein und Zeit, Tübingen 1985, Kap 2, 52–62. –

Heideggers »Kehre«: ab ›Was ist Metaphysik‹; das Hauptwerk dieser Periode sind die posthum herausgegebenen ›Beiträge zur Philosophie: Vom Ereignis‹ aus den Dreißigerjahren. – Synthetischer Charakter der Filmwirklichkeit: Benjamin, Das Kunstwerk im Zeitalter seiner technischen Reproduzierbarkeit, a. a. O., 491. – *Uni wohin?:* Wolfram Ette, Juni 2020. – Geistlosigkeit der Universität, Geist als Triebbegriff: Klaus Heinrich, Zur Geistlosigkeit der Universität heute, in: der gesellschaft ein bewußtsein ihrer selbst zu geben. Reden und kleine Schriften 2, Frankfurt am Main 1998, 69–92. – *Digitalisierung von Klassen:* Wolfram Ette, 21. Juli 2020. – https://www.deutschlandfunk.de/schulalltag-in-neuer-normalitaet-diese-kommunikationsformen.680.de.html?dram:article_id=480926.

## Die Maske

*Dankbarkeit:* Anne D. Peiter, 1. April 2020. – *Masken:* Wolfram Ette, 8. April – 15. April 2020. – ›Psycho‹: https://www.youtube.com/watch?v=0WtDmbr9xyY – Elias Canetti, Masse und Macht, Hamburg 1960, 428–433. – Karl Kraus, Die letzte Nacht. Epilog zu der Tragödie ›Die letzten Tage der Menschheit‹, Wien 1919, 6 f. – Edgar Allan Poe, Die Maske des Roten Todes, in: Werke, Bd. 2, Herrsching 1980, 697. – Maske vom türkischen Änderungsschneider: https://www.facebook.com/permalink.php?story_fbid=632887470591095&id=100016095427631 (nicht öffentlicher Post) – Designmasken: https://bellevue.nzz.ch/mode-beauty/corona-virus-an-der-fashion-week-schutzmasken-werden-zur-mode-ld.1539145 – *Keine greifbare Form:* Anne D. Peiter, 7. Mai 2020. – Poe, Die Maske des Roten Todes, a. a. O., 695, 697 f. – *Totentanz:* Anne D. Peiter, 13. April 2020.

## Hier und anderswo

*Frankreich und Deutschland:* Anne D. Peiter, 27. April 2020. – *Jeanne d'Arc:* Anne D. Peiter, 15. April 2020. – https://www.clicanoo.re/Societe/Article/2020/04/11/Lusine-masques-du-CHU-ouvre-ses-portes_604372 – https://www.clicanoo.re/Societe/Article/2020/05/12/Apres-avoir-transporte-plus-de-750-tonnes-de-fret-vers-Mayotte-le – *Robert Koch:* Anne D. Peiter, 12. April 2020. – Anne D. Peiter: Träume der Gewalt, a. a. O. (besonders das Kapitel zum Kolonialismus). – *Akzente:* Anne D. Peiter, 11. April 2020. – *Trump:* Wolfram Ette, 7. Juli 2020.

## Leben und Tod im Leben

*Jetzt war Pest/Gesund und tot:* Anne D. Peiter, 17./29. April 2020. – Adalbert Stifter, Granit, in: Bunte Steine, Berlin 1922, 1–37; vgl.: https://www.gutenberg.org/files/29553/29553-h/29553-h.htm#Granit – *Kommentare zu »Gesund und tot«:* Wolfram Ette, 29. April 2020. – Robert Musil, Der Mann ohne Eigenschaften, 2 Bände, Reinbek 1978, 1015. – *Schwangerschaft und Geburt:* Anne D. Peiter, 25. April 2020. – Daniel Defoe, A Journal of the Plague Year, written by a Citizen who continued all the while in London, London/New York 1908 (https://archive.org/details/in.ernet.dli.2015.208816), 135–137. Übersetzung von Wolfram Ette. – *Die Entstehung des Erzählens aus dem Sterben:* Wolfram Ette, 21. März 2020. – *Die Schritte:* Anne D. Peiter, 30. April 2020. – Michel de Montaigne, Essays. Übersetzt von Hans Stillett, Frankfurt am Main 1998, 51. – Rainer Maria Rilke, Orpheus. Eurydike. Hermes, in: Die Gedichte, Frankfurt am Main 1986, 488–491. – *Stellungnahmen zum Tod »an« und »durch« Corona:* Wolfram Ette, 30. April 2020. – Defoe, Journal, a. a. O., 137 f. – Boris Palmer: https://www.youtube.com/watch?v=ewjjdu40H50 – Castorf: https://www.spiegel.de/kultur/frank-castorf-ueber-angela-merkel-und-corona-moechte-mir-nicht-sagen-lassen-dass-ich-mir-die-haende-waschen-muss-a-5ff19227-383c-4168-a1da-6aef96950855 – *Morphine:* Anne Peiter, 13. Mai 2020: http://www.hhp.uni-trier.de/Projects/HHP/werke/baende/D03/showpage?pageid=D03S0277&mode=1 – *Bekämpfung des Todes:* Anne D. Peiter, 30. April 2020. – *Gesundheit nur und Geldzulage:* Anne D. Peiter, 30. April 2020. – http://www.hhp.uni-trier.de/Projects/HHP/werke/baende/D03/gotopage?page=204&mode=1&pageid=D03S0205 und die folgende Seite. – *Leben und Tod:* Wolfram Ette, 29. April 2020. – Michel de Montaigne, Essais, a. a. O. In dieser Form mündlich mitgeteilt von Michael Theunissen. Bei Stilett heißt es: »Alle Tage sind zum Tode unterwegs, – der letzte, er langt an.« (a. a. O., 52) – Brecht: »Entdeckung an einer jungen Frau«, aus: Bertolt Brecht, Die Gedichte. Herausgegeben von Jan Knopf. © Suhrkamp Verlag Frankfurt am Main 2007. Alle Rechte bei und vorbehalten durch Suhrkamp Verlag Berlin. – Thomas Mann: Buddenbrooks. Verfall einer Familie, Gesammelte Werke, Bd. 1, Frankfurt am Main 1990, 431. – Rilke, Die Sonette an Orpheus, I/13: https://kalliope.org/da/text/rilke2001102313 – Beethoven, Klaviersonate Nr. 32, c-moll, op. 111, III. Arietta: Adiago molto semplice e cantabile, T. 170/171: https://musopen.org/de/music/57-piano-sonata-no-32-in-c-minor-op-111 – Thomas Mann, Doktor Faustus. Das Leben des deutschen Tonsetzers Adrian Leverkühn, erzählt von einem Freunde, Frankfurt am Main 1967, 75. – *Mittwochmittag/Karfreitag 2020 u. a.:* Wolfram Ette, 8./12. April 2020.

## Wie es zugeht

*Ausnahmezustand:* Wolfram Ette, 16. April 2020. – *Leidende:* Wolfram Ette, 6. April 2020. – *Body Count:* Anne D. Peiter, 27. März 2020. – *Fehlender Respekt:* Anne D. Peiter, im April 2020. – *Stufe 3:* Anne D. Peiter, im April 2020. – *Christliche Ermahnung:* Anne D. Peiter, 12. April 2020. – *Ein Angebot:* Wolfram Ette, 29. April 2020. – *Werbung:* Wolfram Ette, 6. April 2020. – *Aktiv und Passiv:* Anne D. Peiter, im April 2020. – *Handlungstheorie:* Wolfram Ette, im April 2020, gesehen auf einem Werbeplakat der Bundesregierung. – *Geben und Nehmen:* Wolfram Ette, im April 2020. – *Einigkeit und Recht und Freiheit:* Anne D. Peiter, 27. März 2020. – *Leben schreiben, Schreiben leben:* 24. März 2020. – *Auf dem Land:* Wolfram Ette, im April 2020. – *Statistiken und ihre Bedeutung:* Anne D. Peiter, 7. April 2020. – *Attacken:* Anne D. Peiter, 28. März 2020. – *Rebellion gegen die Wirklichkeit:* Wolfram Ette, 11. Mai 2020. – *Selbstverteidigung:* Wolfram Ette, 3. Mai 2020.

## Verschwörungstheorie

*Vereinfachen durch Erzählen:* Wolfram Ette, 2. April 2020. – *Selbstorganisation des Systems:* Wolfram Ette, 5. April 2020. Ursprünglich in leicht abgewandelter Form im »Freitag« 15/2020 erschienen (https://www.freitag.de/autoren/wolfram-ette/virale-kommunikation). – Grünwald: https://www1.wdr.de/nachrichten/themen/coronavirus/interview-coronavirus-panik-medien-100.html – A. Paul Weber, Das Gerücht: https://www.weber-museum.de/werk/gesellschaftskritik.html – – Wodarg-Interview: https://youtu.be/Dk8wqJbNhqo – *Rollback:* Wolfram Ette, 11. Mai 2020. – *Das Kaninchen:* Anne D. Peiter, 28. Mai 2020. – *Eine Milliarde:* Anne D. Peiter, 31. Mai 2020. – *Ungeimpft:* Anne D. Peiter, 1. Juni 2020. – *Wie ich zum Verschwörungstheoretiker wurde:* Wolfram Ette, 17. Juli 2020.

## Ökonomisches

*Samstagnachmittag:* Wolfram Ette, 29. April 2020. – *Im Supermarkt:* Anne D. Peiter, 21. März 2020. – *Von Ast zu Ast:* Anne D. Peiter, 23. April 2020 – Defoe, Journal, a. a. O., 89 f. – Canetti, Masse und Macht, a.a.O, 247 f. Vgl. zu Canetti: Anne D. Peiter: Komik und Gewalt. Zur literarischen Verarbeitung der beiden Weltkriege und der Shoah, Köln 2007. – *Konsum als Bulimie:* Wolfram Ette, im Juni 2020. – Klaus Heinrich, Sucht und Sog. Zur Analyse einer gesellschaftlichen Bewegungsform, in: Reden und kleine Schriften 1, Basel/Frankfurt am Main 1997, 29–68. – *Solidarität:* Anne D. Peiter, 3. April 2020. – *Monotonie der Tragik:* Anne Peiter, 6. April 2020. – *Spargelstecherinnen:* Wolfram Ette, 12. April 2020. – https://www.tagesspiegel.de/gesellschaft/ziel-baden-baden-berlin-und-duesseldorf-1800-rumaenische-erntehelfer-warteten-in-massenansammlung-auf-flieger/25735124.html – https://www.dw.com/de/indische-wanderarbeiter-fliehen-massenhaft-aufs-land/a-52962783 – https://www.n-tv.de/politik/Tuerkei-Ausgangsverbot-fuehrt-zu-Panikkaeufen-article21707873.html – *Die Steuererklärung:* Anne D. Peiter, 2. Juni 2020.

## Dialektik der Aufklärung

*Schleim, Saft, Gift:* Anne D. Peiter, im Mai 2020. – *Ansteckung:* Anne D. Peiter, 29. März 2020. – *Phantomschiffe:* Anne D. Peiter, 28. März 2020. Vgl. als kinematographischen Kommentar dazu: Friedrich Wilhelm Murnau, Nosferatu. Eine Symphonie des Grauens, Deutschland 1922. – *Ansteckung II:* Wolfram Ette, 21. April 2020. – Freie Assoziation: Sigmund Freud, Die Freudsche psychoanalytische Methode, in Gesammelte Werke, Bd. 5, Frankfurt am Main 199, 5 (https://www.textlog.de/freud-psychoanalyse-freudsche-psychoanalytische-methode.html) – Wunschmaschinen: Gilles Deleuze/Felix Guattari, Anti-Ödipus. Kapitalismus und Schizophrenie I, Frankfurt am Main 1977. – Jacques Derrida, Die différance. Ausgewählte Texte. Stuttgart 2005. – Platon, Der Staat, 10. Buch. – Michel Foucault, Überwachen und Strafen, Frankfurt am Main 1975, 250 ff. (Ausschnitte: https://www.diebresche.org/foucault-und-corona/) – *Ungeziefer:* Wolfram Ette, 12. April 2020. – Franz Kafka, Die Verwandlung (Anfang). – Schleim, Schlamm, Siff: Klaus Theweleit, Männerphantasien, Neuausgabe, Berlin 2019, bes. Kap. 2. – *Die Scheiße, das Böse, der Tod:* Wolfram Ette, 28. März 2020. – https://twitter.com/StephenKing/status/1243638441834930186 – *Herakles 14:* Wolfram Ette, 3. Mai 2020. – Klaus Heinrich, arbeiten mit herakles. Zur Figur und zum Problem des Heros. Antike und moderne Formen seiner Interpretation und Instrumentalisierung, Basel/Frankfurt am Main 2006. – *Auf dem Vulkan:* Anne D. Peiter, 7. April 2020. – *Erschütternd:* Anne D. Peiter, 18. April 2020. – *Katzen:* Anne D. Peiter, 25. März 2020.

## Massensehnsüchte

*Masse und Transzendenz:* Wolfram Ette, 29. April 2020. – *Infektionsmassen:* Wolfram Ette, 11. Mai 2020. – *Fürs Demonstrieren demonstrieren:* Wolfram Ette, 3. Mai 2020. – *Die Macht der Masse:* Wolfram Ette, 11. Mai 2020. – *Deutsche Rebellen:* Wolfram Ette, 11. Mai 2020. – https://www.sueddeutsche.de/muenchen/muenchen-demo-anti-corona-massnahmen-1.4905625 – *Orgien:* Anne

D. Peiter: 7. Mai 2020. – Guy de Maupassant, La peur: http://www.bmlisieux.com/litterature/maupassant/lapeur.htm; Übersetzung: Wolfram Ette.

## Erinnerungen an die Zukunft

*Lernen für die Zukunft:* Anne D. Peiter, 14. April 2020. – *Hoffnung:* Wolfram Ette, 25. März 2020. – *Künstler und Historiker:* Wolfram Ette, 14. April 2020. – https://www.deutschlandfunk.de/historisches-ereignis-coronavirus-die-seuche-unserer-zeit.691.de.html?dram:article_id=474528 – *Zukünfte:* Anne D. Peiter: 28. Mai 2020. Vgl. dazu auch: Anne D. Peiter: Träume der Gewalt, a. a. O. (vor allen Dingen das Kapitel zum Kalten Krieg). – *Komisches Gefühl:* Wolfram Ette, 7. Mai 2020.

## Der Atem

*Beobachtung meines Atems:* Wolfram Ette, 21. Juli 2020. – *Außer Atem:* Wolfram Ette, 29. April 2020. – *Störenfried:* Anne D. Peiter, 13. April 2020. – *Über das Atmen:* Wolfram Ette, 18. Mai 2020. – *Atemnot:* Anne D. Peiter, 2. Mai 2020. – *Erstickungsangst:* Anne D. Peiter, 3. Mai 2020. – Améry, Über das Altern, a. a. O., 126–128. – Ruth Klüger, weiter leben. Eine Jugend, Göttingen 1994, 28, 34–35, 203. – *Atemanhalten:* Anne D. Peiter, 22. März 2020 (Ende von »Im Supermarkt«). – Grimmsches Wörterbuch: http://dwb.uni-trier.de/de/die-digitale-version/online-version/, Art. »harmlos«. – Ein Hörfilm von uns, der Texte und Bilder zum Atmen kombiniert, findet sich hier: https://wolframettetexte.wordpress.com/2020/06/30/corona-61-atemnoete/